Karin Runge
2.7.92

D1931853

Zu diesem Buch

Es war im Juni 1982, während des Krieges im Libanon. Aharon Barnea wurde vom Pressesprecher der israelischen Streitkräfte gebeten, einen Gefangenen zu interviewen, der als Kommandeur der sogenannten Panzerfaust-Kinder galt, palästinensischer Kinder zwischen zehn und vierzehn, die auf israelische Panzer schossen.
Sie waren einander schon einmal begegnet, der israelische Journalist und der PLO-Mann Salah Ta'mari, der, als Sohn eines Kochs geboren, führendes Mitglied der Fatah wurde und Prinzessin Dina Abd-El-Hamid heiratete, die erste Frau König Husseins von Jordanien.
Eine Freundschaft entwickelt sich zwischen beiden Familien, die politisch unversöhnlichen Lagern angehören. Irgendwann hört Ta'mari auf, «der Terrorist» zu sein und wird ein Mensch mit einem Namen und einer eigenen unverwechselbaren Geschichte. Die Barneas sorgen dafür, daß er aus der Isolationshaft entlassen und in das Gefangenenlager Ansar überführt wird. Dina zahlt in gleicher Währung zurück: Sie überbringt das erste Lebenszeichen von israelischen Soldaten, die von der PLO im Libanon gefangengehalten werden.
Sie halten fest an dieser ungewöhnlichen Freundschaft, obwohl den Barneas ein Gesetz Kontakte mit der PLO verbietet und Ta'mari Morddrohungen von palästinensischen Gruppen erhalten hat, weil er für die Koexistenz von Juden und Palästinensern eintritt: «Einstweilen sind wir noch allein, doch ich bin mir gewiß, daß sich uns auch andere anschließen werden. Wenn die Kinder jener, die ihr umgebracht habt, und die Kinder jener, die wir umgebracht haben, erst einmal groß sind und das Sagen haben, wird hoffentlich alles anders sein. Ich weiß, daß meine Visionen nicht in diese Zeit passen – daß wir nicht in diese Zeit passen.»

Aharon und Amalia Barnea

Freunde trotz Terror und Tod

Der Israeli und der Palästinenser

Aus dem Englischen von Walle Bengs

rororo
Rowohlt

rororo aktuell – Herausgegeben von
Ingke Brodersen und Hubertus Knabe

10.–12. Tausend März 1991

Deutsche Erstausgabe
Veröffentlicht im Rowohlt Taschenbuch Verlag GmbH
Reinbek bei Hamburg, März 1988
Die Originalausgabe unter dem Titel
«Gone into Captivity»
erschien 1986 bei Edanim Publishers, Ltd., Israel
© 1986 by Amalia (Argaman) und Aharon Barnea
© 1988 by Rowohlt Taschenbuch Verlag GmbH,
Reinbek bei Hamburg
Alle Rechte vorbehalten
Umschlagentwurf: Jürgen Kaffer / Peter Wippermann
Foto: Thomas Höpker / Agentur Anne Hamann
Satz Bembo (Linotron 202)
Gesamtherstellung Clausen & Bosse, Leck
Printed in Germany
1280-ISBN 3 499 12259 6

Inhalt

Der «Terrorist»

«Hör mal, Aharon, ich hab da 'ne Story für dich.» Am anderen Ende der Leitung war der Sprecher der israelischen Streitkräfte. Ich spitzte die Ohren. «Wir haben den Kommandeur der RPG-Jungs geschnappt. Willst du ihn interviewen?»
«Und was ist an dem so Besonderes?»
«Also, erstens hat er sich in Sidon freiwillig gestellt.»
«Und...?» Ich wollte erst noch etwas mehr hören.
«Er ist bereit, vor die Presse zu treten.»
Ich dachte einen Augenblick darüber nach. «Hat es noch ein paar Tage Zeit?» erkundigte ich mich. «Ich stecke nämlich bis zum Hals in Arbeit.»
Major Danny lachte. «Klar doch. So schnell kommt der von hier nicht wieder weg.»

Der Anruf hatte mich in den Studios des israelischen Rundfunks erreicht, wo ich als Korrespondent für arabische Angelegenheiten arbeitete. Der Krieg im Libanon zog sich nun schon mehr als zwei Wochen hin, und die israelische Armee hatte alles in einen dichten Schleier der Geheimhaltung gehüllt. Wir waren in unserer Berichterstattung auf die Nachrichtensendungen der arabischen und der anderen ausländischen Sender und auf die Gerüchteküche angewiesen, und ich hatte mich für die Dauer des Krieges mehr oder minder häuslich im Studio niedergelassen. Ich mußte Nachrichten sammeln und auswerten, auf ihre Richtigkeit überprüfen, sie ins Hebräische übersetzen und zu guter

Letzt meine Sendungen zusammenstellen, die wir rund um die Uhr brachten. Zeit war das einzige, was ich so gut wie nicht hatte.

Die Story als solche war, um die Wahrheit zu sagen, so elektrisierend nun auch wieder nicht. Erstens war Sidon längst passé. Die israelischen Streitkräfte waren am 6. Juni 1982 mit dem erklärten Ziel in den Libanon einmarschiert, einen «Krieg für den Frieden von Galiläa» zu führen – der Gegner sollte etwa 45 Kilometer, in die Umgebung von Sidon, zurückgeworfen werden, um die Siedlungen in Galiläa aus der Reichweite von Artilleriebeschuß herauszubekommen. Jetzt, zwei Wochen später, standen sie bereits in Ostbeirut, beinahe 90 Kilometer nördlich der Grenze. Sidon war acht Tage nach Beginn der Kämpfe gefallen, und in der israelischen Öffentlichkeit tobte ein unvorhergesehener und überaus heftiger Streit um das Für und Wider dieser Ausweitung des Krieges.

Soviel zu Sidon. Die «Panzerfaust-Kinder» waren ebenfalls bereits ein alter Hut, und ich persönlich hatte die Nase von PLO-Gefangenen gestrichen voll. Sie erzählten einem alle die gleiche Geschichte, jeder mit seinen speziellen Ausreden. Wenn sie sich einem Mikrofon gegenübersahen, wußten sie nicht mehr, was Nationalstolz heißt, und beendeten ihr «Interview» in aller Regel damit, daß sie den Zorn des Herrn auf ihre Führer herabflehten.

Dennoch war es Major Danny gelungen, meine Neugier in einem Punkt zu wecken: Der Mann war bereit, mit der Presse zu reden, und allein schon das unterschied ihn von der gewöhnlichen Sorte von PLO-Gefangenen. Eine Woche darauf traf Philip Habib in Beirut ein, um ein Abkommen über die Evakuierung der PLO zu vermitteln. Ich rief Major Danny an und fragte ihn, ob das versprochene Interview noch am gleichen Nachmittag arrangiert werden könne. Er versicherte mir, das sei überhaupt kein Problem; wenn ich um vier Uhr im Gefängnis sei, werde der Oberaufseher mich bereits erwarten. Ich rief also meine Frau an und sagte ihr, sie könne damit rechnen, daß ich zeitig zum Abendessen zu Hause sei. Sie war ein wenig skep-

tisch. Ich war während der letzten Wochen nicht gerade das Musterbeispiel eines Ehemanns und Vaters gewesen.
«Du willst mir doch nicht etwa erzählen, daß du schon Feierabend hast?» wollte sie wissen. Es war gegen ein Uhr mittags.
«So gut wie», erwiderte ich. «Nur noch das Nachrichtenmagazin um eins, ein Treffen mit einem BBC-Korrespondenten und ein kurzes Interview mit einem PLO-Gefangenen.»
Amalia, selbst Journalistin von Beruf, blieb mißtrauisch. «Ein Soufflé werde ich jedenfalls nicht vorbereiten», scherzte sie.
Wie sich herausstellte, hätte sie sich das ganze Abendessen schenken können.

Der Oberaufseher erwartete mich in seinem Büro. Er stellte sich als Zuri Ben-Nun vor, bedeutete mir, mich in einem bequemen Sessel niederzulassen, und drückte auf einen Summer, um einen seiner Leute herbeizurufen. «Hol Nummer 129», wies er ihn an. Dann griff er zum Hörer und bestellte Erfrischungen. Inzwischen packte ich mein Tonbandgerät aus und stellte es auf den Boden.
Wenige Minuten später kam die Wache mit dem Gefangenen herein. «Nummer 129» war hochgewachsen, schlecht gekleidet und unrasiert. Er blinzelte, als sei das Licht zu grell für seine Augen. Ich stand auf, Ben-Nun stellte uns einander auf arabisch vor: «Herr Barnea vom israelischen Rundfunk – Salah Ta'mari.»
«Aharon» ergänzte ich und reichte ihm die Hand. Ta'mari nahm sie reichlich flüchtig. Er sah mich nicht an. Er war vollauf damit beschäftigt, den Raum in Augenschein zu nehmen.
Ich sah mir Ta'mari eingehend an. Ein ansehnlicher Mann, gutgebaut, mit heller Haut, grünen Augen und dunkelbraunem Haar. Seine Augen waren gerötet – zweifellos aus Mangel an Schlaf – und wanderten rastlos durch den Raum. Ich wies auf den zweiten Sessel: «*Tfadal* – bitte!» Er setzte sich. Plötzlich ging ein ungewolltes Zucken über sein Gesicht, und er begann sich die Handgelenke zu reiben. Anscheinend waren die Handschellen eben erst entfernt worden. Er hatte mir noch immer nicht in die Augen gesehen.

«Tut's noch weh?» fragte ich auf arabisch, in dem palästinensischen Dialekt, an den ich gewöhnt war. «Ein bißchen» erwiderte er trocken. «Es gibt Dinge, die mehr weh tun.» Ich lehnte mich zurück, um ihn erst einmal jammern zu lassen. Schlechte Behandlung, schlechtes Essen, Entwürdigung – alles schon mal gehört. «Zum Beispiel?»
Eine Spur von Zorn schlich sich in seine Stimme. «Zum Beispiel, wie ihr eure Kriegsgefangenen behandelt. Ich hatte geglaubt, ihr Juden wärt ein bißchen feinfühliger – nach allem, was ihr im Holocaust durchgemacht habt.»
Das war das letzte, was ich erwartet hatte, und ich reagierte ziemlich hitzig: «Kriegsgefangene! In welcher Armee dienen Sie denn? Reguläre Armeen bringen schließlich nicht wahllos Zivilisten – Kinder, Frauen, Sportler – um, wie ihr es tut!»
Er holte tief Luft und legte los. «Was das wahllose Töten angeht, sind eure Piloten auch nicht gerade schlecht! Ein paar Napalmbomben auf ein Flüchtlingslager geworfen, treffen ebenfalls ziemlich wahllos, meinen Sie nicht? Aber es versteht sich ja von selbst, daß die Morde, die ihr begeht, geheiligt sind. Ihr Juden habt schließlich die Gerechtigkeit gepachtet!»
Binnen zwei Minuten war es ihm gelungen, mich in die Defensive zu drängen. Ich war furchtbar geladen, erwiderte aber nichts. Ich war schließlich nicht hierhergekommen, um mich in einen sinnlosen Hahnenkampf darüber einzulassen, wer im Nahost-Konflikt recht oder unrecht hatte. Ich zwang mich in eine lässigere Haltung zurück und begann in meinen Taschen nach einer Schachtel Zigaretten zu kramen.
«Wie wär's mit einer Zigarette?» Ich hielt ihm meine Time-Pakkung hin. Er nahm sich eine und rollte sie zwischen den Fingern. «Jüdisches Erzeugnis, was?» Er wechselte ins Englische und legte jede Menge Verachtung in diese drei Worte. Dann schnipste er die Zigarette auf den Tisch. «Wissen Sie was? Das nächste Mal – wenn es ein nächstes Mal geben sollte – bringen Sie mir lieber Marlboro mit, wenn es Ihnen nichts ausmacht.» Zum erstenmal sah er mir direkt in die Augen.
Es gelang mir nicht, meine Überraschung zu verbergen. Vor

allem sein unerwartetes Überwechseln in die englische Sprache – und dazu noch in ein fließendes Englisch – traf mich unvorbereitet. Noch mehr aber traf und ärgerte mich seine Arroganz. Ich holzte sofort zurück. «Woher sind Sie sich so sicher, daß ich wiederkomme?» Dann fügte ich noch hinzu: «Und wie sind Sie auf den Gedanken gekommen, daß ich Englisch spreche?»
Er antwortete prompt. «Sie machen einen intelligenten Eindruck, wie alle aus Ihrem auserwählten Volk, deshalb habe ich angenommen, daß Sie auch Englisch sprechen.» Ohne auf einen Kommentar zu warten, fuhr er fort: «Ob Sie wiederkommen oder nicht, kann ich nun wirklich nicht wissen. Ich hab nur so eine Ahnung, daß Sie's tun werden.»
Er machte mich allmählich richtig fuchtig mit seinen «Kriegsgefangenen», dem «Holocaust», dem «auserwählten Volk» und jetzt auch noch mit dieser «Ahnung». Auf was wollte er eigentlich hinaus, fragte ich mich, und während ich mir diese Frage stellte, wurde mir bewußt, daß es ihm gelungen war, meine Neugier zu wecken, ob es mir recht war oder nicht. Ich wollte mehr über ihn in Erfahrung bringen. Wo hatte er sein gutes Englisch her? Wo hatte er sein aristokratisches Gehabe her? Was stand hinter seinen «Juden»-Sticheleien? Warum empfand ich plötzlich einen widerwilligen Respekt vor ihm?
Er beobachtete mich jetzt aufmerksam, und ich hatte den Eindruck, daß er sich wie ein Boxer fühlte, der die erste Runde nach Punkten für sich entschieden hatte. Also gut, sagte ich mir, ein Punkt für ihn, aber denk dran, es ist erst die erste Runde.
Ich wechselte einfach das Thema. «Tut mir leid, daß ich keine Marlboro dabei habe, aber diese israelischen Zigaretten sind auch nicht übel. Probieren Sie eine.» Er beugte sich über den Tisch und hob die Zigarette wieder auf. Ich gab ihm Feuer, und er nahm einen tiefen Zug. Ich konnte sehen, wie sehr er sich trotz seiner ganzen Arroganz nach einer Zigarette gesehnt hatte. Doch er ließ sich nicht lange so gehen. Nun fing er an, *mir* Fragen zu stellen.
«Wie kann ich sicher sein, daß Sie vom Rundfunk sind?» Ich deutete auf das Tonbandgerät auf dem Boden. Er gab sich nicht

damit zufrieden. Ich kramte meinen Mitgliedsausweis vom Journalistenverband hervor und hielt ihn ihm hin. «Ich nehme doch an, daß Sie Englisch lesen können.» Ich versuchte, ein wenig Sarkasmus in meine Stimme zu legen, aber er schien das zu ignorieren. Er sah sich den Ausweis ganz einfach gründlich an und gab ihn mir wieder zurück. «Schießen Sie los», sagte er. «Ich werde alle Ihre Fragen beantworten.» Ich versuchte noch einmal, auf die sarkastische Tour Oberwasser zu bekommen. «Sie haben für jede Frage eine Antwort auf Lager, da bin ich mir sicher.»
Ob es geklappt hätte, werde ich nie erfahren. Just in diesem Moment klopfte es an der Tür, und eine der Wachen kam mit einem Tablett herein und stellte es auf das Tischchen. Auf ihm standen ein Kännchen Kaffee, Unterteller und Tassen, ein Schälchen mit Gebäck und zwei Flaschen Coke. Als der Wächter hinausging, rief ihm Ta'mari auf hebräisch *«toda!»* nach – danke.
«Wie ich höre, können Sie auch Hebräisch.» – «Ich hab ein bißchen von den Wachen aufgeschnappt», erläuterte er und sagte zur Demonstration «Danke», «guten Morgen», «gute Nacht» und «Zigarette». Ich goß den Kaffee ein und schob eine Tasse zu ihm hinüber. «Nein, danke», sagte er. «Ich hätte lieber eine Coke.»
Wir tranken schweigend. Dann sagte ich: «Bevor ich auf Tonband nehme, was Sie zu sagen haben, möchte ich Ihnen ein paar Fragen stellen. Das mache ich bei Interviews immer so.» Im allgemeinen stimmte das auch. In diesem Augenblick war es allerdings nicht die ganze Wahrheit. Ich wollte einfach mehr über Salah Ta'mari wissen, als für ein Interview notwendig gewesen wäre. Ich wollte mehr über ihn wissen, als ich mir selbst eingestanden hätte.
«Sie sind mir als Salah Ta'mari vorgestellt worden. Wie lautet Ihr voller Name?» Ich sprach wieder Arabisch. Ein arabischer Name besteht gewöhnlich aus dem Vornamen, dem Nachnamen des Vaters, dem des Großvaters und dem Familiennamen.
«Mein voller Name lautet Salah Ta'mari, seit ich mich der Fatah angeschlossen habe.»
«Sie meinen, das ist Ihr Deckname im Untergrund?»
«Nein!» erwiderte er erregt. «Es ist *kein* Deckname, und die Fatah

ist *keine* Untergrundbewegung. Die Fatah ist die palästinensische Befreiungsbewegung – die zionistische Bewegung der Palästinenser.»

Ich beschloß, seine Provokationen zu überhören. «Lassen wir diese Vergleiche einmal beiseite», sagte ich. «Die Angehörigen Ihrer Organisation legen sich aber doch solche Namen zu – Abu Amar oder Abu Jihad zum Beispiel. Was für ein Abu sind Sie?»

«Ich bin überhaupt kein Abu», beharrte er, «sondern einfach Salah Ta'mari.»

«Sie kommen aus der Gegend um Bethlehem, oder?» Ich zog mein erstes Karnickel aus dem Hut. «Ich stamme nicht aus der Gegend um Bethlehem, ich *bin* aus Bethlehem. Wie haben Sie das erraten?» Seine Überraschung war offensichtlich. «Na ja, ich gehöre schließlich dem auserwählten Volk an. Da muß ich so was doch wissen.» Erst grinste und dann lachte er. Das Eis war gebrochen, und er gab zu, daß die zweite Runde an mich gegangen war.

«Im Ernst, wie haben Sie das erraten?» Er versuchte erst gar nicht, seine Neugier zu verbergen. In Wirklichkeit war ich mir keineswegs absolut sicher, daß er aus Bethlehem stammte. Ich wußte zwar, daß ein Beduinenstamm namens «Ta'mara» existierte, der in der Nähe von Bethlehem seßhaft geworden war, und ich hatte die Vermutung, daß er sich dessen Namen entlehnt hatte. Mir waren aber auch eindeutig beduinische Eigenheiten in seiner Aussprache des Arabischen aufgefallen.

«Mein eigentlicher Name lautet A'sad Suleiman Hasan», sagte er und stellte damit den Arabisten in mir zufrieden. «Und wo haben Sie ein so gutes Englisch gelernt?» – «So gut ist mein Englisch dann auch wieder nicht. Das meiner Frau ist besser.» – «Und wo ...?» Ich verfolgte den Hinweis auf seine Frau nicht weiter. «Ich habe in Kairo Englisch studiert.» – «Universität Kairo», hakte ich nach, «oder Ein Shams?» Das war das Karnickel Numero zwo. Er hob die Augenbrauen. «Ich sehe, Sie kennen sich auch in Kairo aus.» – «Ja. Ich habe fast ein Jahr dort gelebt. Das ist jetzt drei Jahre her. Ich war Presseattaché an der israelischen Botschaft.» Ohne viel darüber nachzudenken, bemerkte ich noch,

ich solle mich wohl auch von ihm interviewen lassen. Dann nahm ich den Faden wieder auf. «Was haben Sie studiert?»
«Ich habe den Magister in englischer Literatur erworben, mit einer Arbeit über T. S. Eliot.»
Wir waren bald – wieder auf englisch – in eine Diskussion über Eliots Gedichte vertieft. Wir hatten aufgehört, einander zu belauern und plauderten nun ganz unbefangen miteinander. Da meine Kenntnis der englischen Dichtung im allgemeinen und der von Eliot im besonderen beschränkt war, redete hauptsächlich er, während ich die meiste Zeit zuhörte. Mir fiel auf, daß er meine Fragen stets ein wenig schulmeisterlich beantwortete. Ich fragte mich, ob er Lehrer gewesen war.
Hin und wieder ertappte ich mich dabei, wie ich in einer weit entfernten, seltsam unbekümmerten Ecke meines Kopfes dachte, daß dieses Gespräch eine herrliche Überschrift für einen Artikel abgegeben hätte: «PLO-Terrorist führt zionistischen Feind in die Bilderwelt Eliots ein». Und ich begann mich zu fragen, wozu ich diese Etiketten überhaupt brauchte. Meine Abwehrmechanismen befanden sich anscheinend in einem harten Kampf gegen meine natürliche Zuneigung. Verdammt noch mal! Am Schluß fing ich noch an, den Kerl zu mögen!
Ich entschloß mich, das Gespräch wieder in konventionellere Bahnen zu lenken. «Wie alt sind Sie?» fragte ich. «Vierzig», erwiderte er. «Das heißt, ich werde im Oktober vierzig.» – «Dann sind wir ja praktisch gleich alt.» Schon wieder erwischte ich mich dabei, wie ich ihm eine Information gab. Ich war genaugenommen zwei Jahre jünger. «Wann haben Sie in Kairo studiert?» – «1962.» – «Und wann haben Sie sich der Fatah angeschlossen?» – «Vor achtzehn Jahren. Ich war damals noch Student.» – «In Kairo?» – «Ja. Ich bin 1965 aktiv geworden, wie alle anderen auch. Es war der Beginn der Bewegung.»
Plötzlich fügten sich diese Informationshäppchen zu einem gewichtigen Ganzen: Mir dämmerte, daß der Mann, der mir da gegenübersaß, zur gleichen Zeit in die Fatah eingetreten war wie Yassir Arafat (Abu Amar), Khalil el-Wazir (Abu Jihad), Salah Khalaf (Abu Ayad) und Farouk Kadoumi (Abu Loutuf), die

Gründer der Fatah und ihre jetzigen Führer. Es schien, daß er zu dieser Gruppe gehörte, obwohl er zehn Jahre jünger war als die anderen. In anderen Worten: Salah Ta'mari gehörte der Führung der Fatah an, und wenn dem so war, dann war er der ranghöchste Angehörige der Fatah, der den Israelis jemals in die Hände gefallen war. Warum hatte ich meine Zeit mit Eliot verschwendet? Ich hatte Arabistik studiert, mit Schwerpunkt Palästina. Ich war Journalist von Beruf, und hier war meine goldene Gelegenheit – Informationen aus verläßlicher Insiderquelle. Ich sah Salah Ta'mari noch einmal lange und durchdringend an. Ich mußte mich auf die neue Lage einstellen. Fürs erste wurde ich aber wieder von etwas abgelenkt. Er hatte seinen Kaffee noch nicht angerührt. Vielleicht befürchtete er, daß irgendwas drin war.

Das Tonbandgerät stand immer noch auf dem Boden im Koffer. Ich würde mich darum kümmern, wenn es Zeit dafür war. Ich wollte mich jetzt auf den Mann konzentrieren, den ich vor mir hatte.

«Was haben Sie nach Abschluß Ihres Studiums getan?» – «Nun ja, ich wollte nach Hause zurück, nach Bethlehem. Ich wollte Englischlehrer werden. Aber das war 1967, und ich konnte nicht mehr nach Hause. Ihr hattet bereits die Westbank besetzt.» Ab diesem Punkt mußte ich keine speziellen Fragen mehr stellen. Ta'mari begann die Geschichte jener Jahre in logischer Folge zu berichten. Statt in die Heimat zurückzukehren, ging er nach Jordanien, auf die jordanische Seite des Jordantals, um genau zu sein. Zu jener Zeit, gegen Ende 1967 und Anfang 1968, waren die palästinensischen Aktivisten in diesem Gebiet konzentriert. Von dort aus überquerten sie den Fluß und führten ihre Kommandoaktionen in den besetzten Gebieten aus.

«Das Oberkommando war in Karama», fuhr er fort, «und ...»

«Karama?» entfuhr es mir. In meinem Kopf hatte sich eine winzige Explosion ereignet. «Was haben Sie am 21. März 1968 gemacht?» fragte ich ihn. Das war der Tag der Schlacht von Karama gewesen, ein unvergeßliches Datum in der Geschichte der Fatah. Nach einer ganzen Serie von Schlägen der Fatah gegen israelische Ziele hatte sich Israel zu einer Vergeltungsaktion ge-

gen Fatah-Basen im Jordantal entschlossen, zuerst und vor allem gegen Karama. Die PLO hatte von dem bevorstehenden Angriff erfahren, sich aber an Stelle eines Rückzugs vor dem überlegenen Gegner für das Bleiben und Kämpfen entschieden.
Er konnte sich keinen Reim darauf machen und zuckte nur mit den Schultern. «Was meinen Sie damit? Ich war der Kommandeur der Fatah in Karama.» – «Sie waren der Kommandeur in Karama? Oh, mein Gott!» Ich schlug mir mit der Hand an die Stirn.
Ta'mari sah mich eine Minute lang an, ohne ein Wort zu sagen. Dann lehnte er sich zurück und überließ sich mit halbgeschlossenen Augen seinen Gedanken. Als er endlich in die Gegenwart zurückgekehrt war, sagte er leise: «Herrgott noch mal, jetzt erinnere ich mich wieder an Ihre verfluchte Stimme.»
Am 21. März 1968 hatte ich für den Rundfunk über den israelischen Angriff auf Karama berichtet. Unmittelbar nachdem wir das Dorf erreicht hatten, war einer der Offiziere zu mir gekommen und hatte gesagt: «Sie sprechen doch Arabisch, stimmt's? Hören Sie mal zu, sie müssen uns helfen.» Er drückte mir ein Mikrofon in die Hand und bat mich, auf das Dach eines Jeeps zu klettern. Er gab mir eine Liste aller Fatah-Leute in Karama. Ich sollte die Namen verlesen, einen nach dem anderen, und ihnen sagen, sie sollten die Waffen niederlegen und sich zum Schulhof begeben. Es war die erklärte Absicht der israelischen Armee, unnötigem Blutvergießen auf beiden Seiten vorzubeugen, indem sie den Fatah-Leuten anbot, ihr Leben zu schonen, wenn sie sich ergaben.
Der erste Name auf der Liste hatte «Salah» geheißen. Jetzt fiel mir wieder ein, was dort gestanden hatte: «Salah, Kommandeur (beduinischer Herkunft).» Nur der Vorname. Dem Namen folgte eine Beschreibung seines Hauses und der Hinweis, daß er tierlieb sei und Hühner halte.
Ich muß diese Liste an jenem Tag dutzende Male, vielleicht sogar hundertmal verlesen haben. Und jedesmal begann ich mit «Salah». Viele von den Leuten auf der Liste kamen schließlich mit erhobenen Händen heraus; Salah nicht. Gegen Abend ver-

ließen wir Karama mit unseren Gefangenen, unseren Toten und unseren Verwundeten.

Jetzt starrten Salah und ich einander ungläubig an. Vor vierzehn Jahren hatte meine «verfluchte Stimme» den ganzen Tag lang seinen «verfluchten Namen» ausgerufen. Ich fragte mich, wie er wohl überlebt hatte, denn am Schluß hatten wir das gesamte Dorf in die Luft gejagt.

«Ich bin den ganzen Tag von einer Stellung zur anderen gerannt und immer wieder vor dem Gewehr- und Artilleriefeuer in Deckung gegangen. Als ich sah, daß eure Panzer anrückten, habe ich in einem der Häuser Unterschlupf gesucht. Dann wurde mir klar, daß eure Pioniere sämtliche Häuser verminten. Ich kroch einfach unter einen Tisch und hoffte das Beste. Schließlich kam der große Knall und das ganze Haus flog in die Luft. Das war ungefähr gegen halb sechs Uhr nachmittags. Eure Leute haben das Dorf in ungefähr einer halben Stunde erledigt und sind dann abgezogen. Ob Sie's glauben oder nicht, ich hab's überlebt – ohne einen Kratzer.»

Er setzte seinen Bericht fort, ergänzte ihn mit Details seiner Arbeit in der Fatah, seiner Zeit in Jordanien, seines Umzugs in den Libanon. Er gab mir einen präzisen Bericht über alles, was ihm vom Ausbruch des Krieges bis zu seiner Kapitulation vor den Israelis widerfahren war. Ich hatte überhaupt nicht mehr an das Tonband gedacht. Wie spät es war, hatte ich ebenfalls vergessen. Ich wußte nur, daß mich dieser Mann in seinen Bann gezogen hatte und ich an jedem seiner Worte hing.

Ta'mari war für jede Überraschung gut. Nicht nur, daß er aufgeschlossen war und über eine gute Allgemeinbildung verfügte – er kannte sich auch in jüdischen Dingen ausgesprochen gut aus: jüdische Geschichte, Geschichte des Zionismus, Holocaust, Israel. Mir fiel auf, daß er den Krieg von 1973 nicht als «Oktoberkrieg» bezeichnete, wie es die meisten Araber tun, sondern als «Yom-Kippur-Krieg» und daß ihm die Bedeutung dieses Feiertags geläufig war. «Sie hätten meine Bibliothek in Sidon sehen sollen», sagte er einmal. «Ich hatte jedes Buch über jüdische Geschichte, das auf englisch erschienen ist.»

Ta'mari hatte viel zu sagen, doch er hatte auch den Willen zuzuhören. Ich ertappte mich immer wieder dabei, wie ich ihm über die unterschiedlichsten Zeiten meines Lebens erzählte. Er war von meiner Kenntnis des Arabischen und der palästinensischen Geschichte genauso fasziniert wie ich von seiner Kenntnis des «jüdischen Problems». Er konnte mir gar nicht genug Komplimente über mein hervorragendes Arabisch machen. «Wo haben Sie bloß so gut Arabisch gelernt?» wollte er immer wieder wissen. «Ach, wissen Sie», erwiderte ich, «die gleiche Frage hat mir Anwar Sadat auch schon mal gestellt.»

Zur Zeit des ersten Besuchs von Sadat in Jerusalem und seiner Rede vor der Knesset verlief mein Leben in zwei parallelen Bahnen: Ich redigierte und verlas die Nachrichtensendungen des israelischen Rundfunks und brachte zugleich mein Studium des Arabischen, der arabischen Kultur und der Geschichte des Nahen Ostens zu Ende. Als ich 1976 nach Abschluß meiner formellen Universitätsausbildung aus den Vereinigten Staaten zurückgekehrt war, hatte mir die Universität Tel Aviv einen Posten als Arabisch-Lektor angeboten. Ich war also auf dem besten Weg, mich voll der akademischen Laufbahn zuzuwenden. Doch Sadats erster Besuch und seine Rede vor der Knesset veränderten nicht nur die Geschichte der israelisch-ägyptischen Beziehungen, sie griffen auch einschneidend in mein Leben ein. Die Hoffnung auf Frieden mit einem arabischen Land schien mir Möglichkeiten zu eröffnen, die jede klösterliche Universitätslaufbahn vergleichsweise langweilig erscheinen ließen.
Ich berichtete über Sadats Besuch und alle folgenden Ereignisse, die mit dem Friedensprozeß in Verbindung standen. Was mir an Kenntnissen des Arabischen und der arabischen Geschichte zu Gebote stand, wollte ich nun ausschließlich für meine journalistische Arbeit nutzen. Und ich bekam Gelegenheit dazu: als Presseattaché in Kairo und als Korrespondent des israelischen Rundfunks für arabische Angelegenheiten.
1979 kam Sadat zu einem kurzen Treffen mit Premierminister Menachem Begin nach Haifa. Nach ihrem Treffen gab Sadat

eine Pressekonferenz im Garten des Hotels *Dan*. Wir saßen auf Gartenstühlen im Halbrund um Sadat und überschütteten ihn mit Fragen. Ich stellte meine Fragen auf arabisch. Sadat war die ganze Zeit über entspannt und gelassen und paffte an seiner Pfeife. Als alles vorbei war, traten wir nacheinander auf ihn zu, um ihm zu danken und uns zu verabschieden.

Als ich ihm die Hand hinstreckte, nahm Sadat seine geliebte Pfeife aus dem Mund und fragte mich auf arabisch: «Der Herr spricht ein ausgezeichnetes Arabisch – wie kommt das?»

«Herr Präsident», erwiderte ich, «dafür gibt es zwei Gründe.»

Sadat merkte auf.

«Erstens», sagte ich so ernsthaft wie möglich, «stammt mein Vater aus Polen.» Sadat grinste. «Aber der zweite Grund ist, daß –», und nun legte ich eine Kunstpause ein, um den Effekt zu steigern – «daß meine Mutter ebenfalls aus Polen stammt.»

Sadat lachte schallend.

Ta'mari hielt sich die Seiten, als ich ihm die Geschichte erzählte. Hätte jemand dieses «Interview» belauscht, er wäre davon überzeugt gewesen, daß wir zwei Schulfreunde waren, die sich seit zwanzig Jahren nicht mehr gesehen und nun jede Menge nachzuholen hatten. Ich will damit nicht sagen, daß wir uns nun etwa in allem einig gewesen wären – zwischen uns lag nach wie vor ein tiefer Abgrund, politisch wie weltanschaulich. Er war ein Gefangener und ich ein Vertreter derer, die ihn eingekerkert hatten. Er war Palästinenser, ich Israeli. Daran führte kein Weg vorbei.

Ich konnte nicht einen Moment lang vergessen, daß er ein führender Offizier der Fatah und Mitglied der PLO war, einer Organisation – oder einer Bewegung –, deren Mitglieder sich in ihrer überwältigenden Mehrheit nicht nur weigerten, das Existenzrecht Israels anzuerkennen, sondern uns vom Erdboden tilgen wollten. Für viele Israelis war die PLO der Hauptfeind Nummer eins, die Verkörperung alles Bösen.

Auch für Ta'mari war ich kein anderer geworden. Ich gehörte zum israelisch-zionistischen Establishment und dessen Propagandainstrument, dem israelischen Rundfunk. Ich war ein Angehöriger jener Besatzungsmacht, die ihm die Rückkehr in die Heimat verwehrte. Wir standen einander nach wie vor auf der jeweils anderen Seite des Schlachtfelds gegenüber und alle wechselseitige Sympathie, die sich an diesem Nachmittag entwickelt hatte, all jenes «Atmosphärische», konnte daran nichts ändern.

Dennoch gestattete uns dieser natürliche Rapport, Scherze zu machen, aber auch bestimmte Probleme offen zu diskutieren, und das sogar mit einer gewissen Objektivität. Ich hatte ein besonderes Interesse daran, seine Ansichten über den Terrorismus in Erfahrung zu bringen; es war für mich vielleicht die entscheidendste Frage von allen.

«Ich bin weder Psychologe noch Psychiater», begann er, «aber ich glaube im Grunde nicht daran, daß irgendein Mensch wirklich gern tötet – außer er ist seelisch krank. Und die Geisteskranken machen in der Regel in jeder Gesellschaft nur einen kleinen Prozentsatz aus; sie stellen jedenfalls keine Kategorie dar, die man als eigene Klasse oder als speziellen Sektor der Öffentlichkeit ansprechen könnte. Man darf eine Widerstandsbewegung nicht an den Terrorakten einer winzigen Gruppe messen.»

Ich glaubte ihm, und ich glaubte, daß er selbst nie ohne Not getötet hatte. Aus dem, was er mir erzählte, hatte ich entnehmen können, daß er sich sogar selbst in Gefahr begeben hatte, um Menschenleben zu retten. Einmal zum Beispiel hatte er verhindert, daß ein wütender Mob von Palästinensern – und der Bürgerkrieg im Libanon hatte den Palästinensern genügend Gründe geliefert, wütend zu werden – achtzig Christen massakrierte, die sich in Damur in eine Kirche geflüchtet hatten.

Gegen sieben Uhr warf ich (mit der Intuition des alten Nachrichtenhasen) einen beiläufigen Blick auf meine Uhr und erschrak. Ich hatte drei Stunden mit Salah Ta'mari verbracht, ohne auch nur ein Wort auf Band zu haben. Darüber hinaus hatte ich seit Mittag keine Nachrichten mehr gehört. Wer weiß, was sich in der Zwischenzeit alles zugetragen hatte, in Beirut, im Krieg, in der Welt! Ich zog ein kleines Transistorradio hervor und stellte «Kol Yisreal» ein. «Aus Beirut wird berichtet», lautete die Hauptmeldung, «daß der amerikanische Vermittler Philip Habib, der zur Zeit in Damaskus weilt, mit den letzten Einzelheiten der PLO-Evakuierung aus Beirut befaßt ist.» Die zweite Meldung lautete: «Die israelischen Streitkräfte fuhren den ganzen Nachmittag über fort, Stellungen der Terroristen in Westbeirut zu bombardieren.»

Anschließend stellte ich ganz automatisch Radio Monte Carlo ein. Es war ein ziemlich verbreiteter, berufsbedingter Instinkt; außerdem wollte ich, daß auch Ta'mari das Neueste erfuhr. Wir hörten schweigend zu. Als die Nachrichten zu Ende waren, fragte ich ihn, was er jetzt tun würde, wenn er Arafat wäre.

«Ich kenne die genaue Lage in Westbeirut zwar nicht», antwortete er, «aber ich nehme an, daß auch ich versuchen würde, ein Abkommen zu erreichen, das es unseren Leuten ermöglicht, Beirut zu verlassen – aber nur unter einer Bedingung: daß sie nicht in ihrer Soldatenehre verletzt werden.»

Es war höchste Zeit, das Interview auf Band zu nehmen, wenn ich an diesem Abend noch nach Hause wollte. Ich räumte den Tisch ab und stellte das Tonbandgerät in die Mitte. Ich begann mit einigen Fragen zu Ta'maris Kindheit und Jugend, seiner Studienzeit, seinem Eintritt in die Fatah und zu 1967. Dann fragte ich: «Was bedeutete es, damals Fatah-Mitglied zu sein, und was bedeutet es heute?»

«Es bedeutete damals – und das bedeutet es auch heute noch –, an die Prinzipien der Fatah zu glauben, jedem persönlichen Ehrgeiz abzuschwören, den man hat, und sich ausschließlich der Sache des palästinensischen Volkes zu widmen.»

«Auf welchen Gebieten haben Sie sich seit 1967 vor allem betätigt?»

«Eine Zeitlang war ich Militärkommandeur in Karama. Danach war ich ‹Kommissar› einer militärischen Einheit. Außerdem war ich für bestimmte Bildungsaufgaben innerhalb der Fatah zuständig. Ich würde sagen, ich war ein Hansdampf in allen Gassen.»

«Wie lautet Ihr Rang?»

«Oberstleutnant.»
«Werden Offiziere in der Fatah von einem Rang zum nächsten befördert wie in den meisten Armeen?»
«Natürlich, aber ich bin nicht der Ansicht, daß der Dienstgrad so furchtbar wichtig ist. Manchmal habe ich das Gefühl, daß mir mein Dienstgrad regelrecht aufgedrängt wurde. Krieg mag eine Kunst sein oder nicht; doch wenn er eine Kunst ist, dann ist er die niederste von allen Künsten. Ich kann es also wirklich nicht berauschend finden, daß ich einen hohen Dienstgrad habe.»
«Tragen Sie eine Uniform mit Ihren Rangabzeichen?»
«Nein, nie. Das habe ich nie getan, nicht einmal in den besten Zeiten. Ich kann dem militärischen Dienstgrad als solchem einfach nichts abgewinnen.»
«Aber es gibt doch auch Leute, die das tun, nicht wahr?»
«Natürlich gibt es die, und sie haben jedes Recht dazu.»
«Wie würden Sie sich selbst in der Fatah-Führung einstufen?»
«Ich erstatte direkt Abu Amar (Arafat) Bericht.»
«Ihre Befehle bekommen Sie auch direkt von ihm?»
«Zum größten Teil.» Zum erstenmal zögerte er. «Allerdings handle ich in der Regel aus eigener Initiative...» Er machte eine zweite Pause. «Aber er ist mein Vorgesetzter, mein Führer.»
«Das möchte ich näher wissen», hakte ich nach. «Wenn Sie etwas vorhaben, müssen Sie dann zuerst eine Genehmigung einholen?»
«Manchmal hole ich die Genehmigung erst ein, wenn die Fakten geschaffen sind.» Er lächelte. «Manchmal auch auf halbem Weg.»
«Zwischen Ihnen und Arafat besteht also immer ein direkter Draht? Gibt es keine Zwischeninstanz – Abu Jihad zum Beispiel, den Führer des militärischen Zweigs der Fatah?»
Ta'mari formulierte seine Antwort diplomatisch. «Ich wurde von Abu Amar auf meinen letzten Posten berufen, ich habe ihm Bericht erstattet – bis in die kleinsten Einzelheiten. Und ich bin damit prima zurechtgekommen.»
«Was war Ihr letzter Posten?»
«Ich war der Kommandeur der Jugendorganisation der Fatah

und Mitglied des Exekutivkomitees der Fatah im Libanon. Ich bin verschiedentlich auch im Ausland tätig geworden, habe Vorträge und Reden gehalten, Seminare durchgeführt und dergleichen.»

«Was meinen Sie mit ‹Ausland›?»

«Ausland ist Ausland. In der ganzen Welt. Wo ich mit meinem Paß hinkonnte.»

«Warum haben Sie sich gestellt?»

Ta'mari zögerte wieder und wog seine Worte sorgfältig ab. «Aus einer ganzen Reihe von Gründen», begann er. «Zuerst einmal war – durch den sogenannten ‹Krieg für den Frieden Galiläas› – eine bestimmte Etappe der Entwicklung beendet worden. Es waren neue Realitäten geschaffen – und ein Toter mehr, ob Palästinenser oder Israeli, hätte daran auch nichts mehr geändert. Im Gegenteil, es hätte nur noch eine weitere Familie unglücklich gemacht. Eine neue Lage zwingt einen, die Dinge neu zu überdenken. Zweitens wollte ich denen, die mich versteckt hielten, nicht zur Last werden; sie hatten ihre Kinder auf Posten geschickt, um mich jedesmal zu warnen, wenn sich eine israelische Patrouille näherte. Sie haben mir nie offen gesagt, daß sie Angst hatten, aber ich konnte es spüren.»

«Bevor wir mit der Aufnahme dieses Interviews begannen, haben wir uns ein wenig unterhalten, und Sie haben mir erzählt, was Sie in El-Jiyya und Damur für die christliche Gemeinde getan haben. Würden Sie uns das ein wenig genauer berichten?»

«Ich hoffe, Sie nehmen es mir nicht übel, aber ich habe nicht die Absicht, dasselbe noch einmal zu erzählen. Wenn ich etwas tat, dann aus Überzeugung, in Einklang mit den Prinzipien, die ich mir in der Fatah angeeignet habe. Ich habe nur meine Pflicht getan oder das, was ich für meine Pflicht hielt. Die Menschen dort können davon berichten, wenn sie wollen. Ich möchte es vorziehen, darüber zu schweigen.»

«In Ordnung. Aber könnten Sie nicht wenigstens etwas allgemeines zu diesem Thema sagen?»

«Nun, ich denke, daß Krieg grundsätzlich etwas Schreckliches und Unmenschliches ist – selbst wenn man davon überzeugt ist, für eine gute Sache zu kämpfen. Und besonders grausam ist er für Menschen, die das Leben genießen möchten, die lieber in Frieden leben würden, sich aber von allen Seiten eingekreist sehen. Ich empfinde keine Freude am Krieg, und ich meine, daß es von einer gewissen Noblesse zeugt, wenn man versucht, das Leiden der einfachen Leute zu lindern. Das klingt nicht eben realistisch. Vielleicht ist es sogar verrückt: Die Gesetze des Krieges scheinen den Gesetzen des menschlichen Lebens diametral zuwiderzulaufen. Manchmal ist man gezwungen, eine ganze Operation abzublasen, um einen verwundeten Mann, eine verwundete Frau oder ein verwundetes Kind zu retten und sich hinterher mit den eigenen Leuten herumzustreiten, ob es das wert war oder nicht. Ich bin nach wie vor dieser Überzeugung. Der Krieg könnte weniger häßlich sein, wenn wir uns alle an einen großmütigeren, nobleren Ehrenkodex hielten. Ich habe jedenfalls nach einem solchen Kodex zu leben versucht. Ob es mir gelungen ist oder nicht, ist schwer zu entscheiden, aber die Tatsache, daß ich es versucht habe, verschafft mir eine gewisse Befriedigung.»

Er sprach mit Überzeugung. Doch jetzt wurden die Fragen härter. «Sind Sie der Meinung, daß die Morde an den Sportlern in München, die Morde an den Kindern von Ma'alot oder die Sprengung des Hotels *Savoy* in Tel Aviv durch Mitglieder einer Organisation, deren stolzes Mitglied Sie sind, mit dem ‹großmütigen und noblen Ehrenkodex› vereinbar sind, von dem Sie soeben gesprochen haben?»

Ta'mari rutschte ein wenig in seinem Sessel hin und her.

«Ich will eine Antwort darauf geben. Es gibt keine Frage, die ich nicht beantworten würde. Es gibt keine Frage, die zu beantworten mir peinlich wäre. Es gibt für alles eine Erklärung, und es hängt auch davon ab, wer fragt und warum, und ob er meine Antworten wirklich hören will – oder ob er jenen Antworten den Vorzug gibt, die er schon hat.»

«Das Mikrofon steht zu Ihrer Verfügung.»

«Wahlloses Töten ist, wie ich Ihnen bereits erklärt habe, grundsätzlich verabscheuenswert. Morde an unschuldigen Männern,

Frauen und Kindern sind etwas Schreckliches. Warum verurteilen wir diese Leute dann nicht nach dem Umfang ihrer Mordtaten, also nach der Zahl ihrer Opfer? Kinder wurden auch in der Schule von Bahr el-Bakr in Ägypten umgebracht, bei dem Überfall auf Dir Yassin, in Beirut. In Beirut habe ich von Schrappnellgeschossen in Fetzen gerissene Kinder gesehen. Warum beginnen wir nicht, *alle* diese Taten zu verurteilen – und zugleich die Ungerechtigkeit, die zu ihnen geführt hat? Sie wissen, daß die Menschen auf Ungerechtigkeit unterschiedlich reagieren, je nach ihrer seelischen Beschaffenheit. Wenn Sie mir eine Backpfeife geben, gebe ich Ihnen vielleicht eine zurück; dann wären wir quitt. Es könnte aber auch sein, daß ich Sie umbringe. Vielleicht würde ich auch nur anfangen zu weinen. Vielleicht würde ich um mein Leben laufen. Vielleicht würde ich Sie aber auch nur fragen, warum Sie das getan haben. Es gibt Palästinenser – und solche Israelis gibt es auch –, die Vergeltung und Rache zu rationalisieren versuchen. Es gibt andere, die den Versuch machen, eine originellere Antwort auf das Problem zu finden. Sie können junge Palästinenser finden, die Schüsse mit Schüssen erwidern – das ist Vergeltung, Rache. Ich persönlich meine, daß der Pilot, der König der Lüfte, der die Bombe auf die Schule abwarf und alle Kinder in ihr umbrachte, ein härteres Urteil verdient hat als der verängstigte, verbitterte junge Mann, den Sie einen Terroristen nennen.

Die Tatsache», fuhr er fort, «daß Sie außerordentlich begabte Propagandisten sind, muß nicht bedeuten, daß Sie auch recht haben. Selbst wenn es Ihnen gelingt, jede Greueltat in den rosigsten Farben zu malen, ändert das an den Fakten gar nichts. Wir haben den Überfall auf Dir Yassin nicht ausgeführt, wir waren seine Opfer. Auch in Bahr el-Bakr waren wir die Opfer. In Beirut waren ebenfalls wir die Opfer.»

«Haben Sie sich nie gefragt warum?» warf ich ein.

«Selbstverständlich. Ich frage mich immer nach dem Warum. Ich habe keine Heimat. Die Israelis wollen meine Existenz als Palästinenser vernichten. Ich kann mir keinen anderen Grund

vorstellen. Das ist meine Erklärung für den Terrorismus, ob Sie mit ihr konform gehen oder nicht.
Vielleicht ist es die alte Geschichte vom weißen Mann und dem Indianer. Wird der Weiße umgebracht, dann wird das dem Umstand zugeschrieben, daß der Indianer primitiv und von Natur aus grausam ist. Wird der Indianer umgebracht, dann, weil der weiße Mann so tapfer ist. Genauso ist es mit uns. Sie können Schulen bombardieren, ohne es mit irgendwelchen Schuldgefühlen zu tun zu bekommen. Aber wir sind der Abschaum dieser Erde, weil einige unserer jungen Leute abscheuliche Verbrechen verüben. Das ist nicht das, was ich eine faire oder objektive Betrachtungsweise nennen würde.»
«Sie haben mir vorhin gesagt», leitete ich zu einem anderen Thema über, «daß Sie, wenn Sie der Fatah-Kommandeur in Beirut wären, ein Abkommen über eine Evakuierung zu erreichen versuchen würden, allerdings unter der Voraussetzung, daß Ihre Soldaten nicht erniedrigt werden. Wo würden Sie dann hingehen?»
«Das ist eine völlig andere Frage. Wissen Sie, ich habe den Eindruck, daß uns letztlich niemand haben will. Es ist unmöglich, zwischen Himmel und Erde noch ein Stockwerk einzuziehen. Wir können keine Insel am Nordpol pachten, und um den Südpol wird sowieso gestritten. Selbst den Weltraum teilen die Weltmächte schon unter sich auf. Es handelt sich also um ein echtes Problem, das wir wohl aus eigener Kraft lösen sollen. Sie wissen aber auch, daß es eine simple Lösung gibt – lassen Sie uns nach Hause zurückkehren, nach Palästina.»
«Haben Sie – praktisch gesprochen – Yassir Arafat irgendwelche Vorschläge zu machen?»
«Ich denke, ich kann das ihm überlassen. Ich vertraue seinem Urteil. Wenn er einen Fehler macht, dann häufig wegen des Einflusses anderer Menschen auf ihn oder die Umstände. Das bedeutet aber nicht, daß ich ihm blindlings folgen würde. Aber ich glaube, daß er in den wirklich wichtigen Fragen recht hat. Ich hoffe, daß er gehen kann, wohin er will.»
«Und was sollte er dort tun?»

«Den Kampf weiterführen, das versteht sich von selbst. Wir haben auf politischem und diplomatischem Gebiet bereits bedeutende Fortschritte erzielt. Wir haben überall Freunde. Es gibt sogar viele Israelis, die mit unseren Zielen sympathisieren. Das ist noch längst nicht das Ende, bei Gott. Es ist nur das Ende einer Epoche. Wir glauben wirklich – und hoffen und beten nicht etwa nur –, daß wir am Ende doch noch zu unserem Recht kommen.»

«Denken, glauben oder fühlen Sie, daß die Periode des bewaffneten Kampfes vorüber ist?»

«Praktisch gesehen ja, zumindest für die nächsten paar Jahre. Wir haben übrigens, nebenbei gesagt, niemals behauptet, daß die Fatah allein in der Lage sei, die israelische Militärmaschinerie zu zerschlagen oder diesem Ziel auch nur nahe zu kommen. Wir sind stets davon ausgegangen, daß wir einen Kern bildeten, um den herum sich die arabischen Länder vereinigen würden. Seit 1973 haben wir jedoch auf allen Ebenen allein gegen Israel gekämpft. Sollte der militärische Kampf wiederaufgenommen werden, dann jedenfalls nicht, wie ich glaube, von den zentralen Kräften in der PLO.»

«Anders gesagt, Sie sehen den politischen Kampf inzwischen für wichtiger an?»

«Es hat sich seit jeher um einen politischen Kampf gehandelt. So etwas wie den bewaffneten Kampf um seiner selbst willen gibt es nicht. Jeder Krieg wird politischer Ziele wegen ausgefochten, aber wenn es möglich ist, unsere Ziele auf irgendeinem anderen Weg zu erreichen, warum sollten wir dann kämpfen? Das Kräfteverhältnis zwischen uns ist ungleich: Ihr seid bis an die Zähne bewaffnet, wir nicht. Ihr habt eine breite und starke Basis, wir nicht. Der bewaffnete Kampf mag in der einen oder anderen Form weitergehen, aber er muß zu unserem Nachteil ausschlagen. Das ist der Grund, warum ich der politischen Aktion und dem politischen Kampf den Vorzug gebe.

Unsere Generation hat getan, was sie tun mußte. Ich habe achtzehn Jahre meines Lebens dem Kampf geopfert. Und ich werde weitermachen, obwohl ich mir darüber im klaren bin, daß jeder vernünftige aktive Soldat nach so langer Zeit seinen Abschied nehmen würde. Ich ziehe mich nicht zurück, ich schalte lediglich auf andere Methoden um. Ich bin mir sicher, daß sie genauso wirksam sind, wenn wir sie erst beherrschen. Ich glaube, wir werden auch diese Lektion lernen. Einige von uns haben es bereits getan.»

Dies war ein guter Schlußpunkt für das Interview, und ich drückte die «Stop»-Taste. Wir nahmen das Interview zweimal auf Band, einmal auf arabisch für die arabische Welle von Radio Israel, und einmal auf englisch mit einer hebräischen Übersetzung für «Kol Yisrael». Das ganze nahm ungefähr eine Stunde in Anspruch. Ta'mari wirkte erschöpft. Er hatte sich auf jedes einzelne Wort konzentriert, das er sagte. Er wußte, daß sehr viele Menschen in den arabischen Ländern die arabischen Sendungen aus Israel hörten, doch genausosehr kam es ihm darauf an, auch die Israelis gehörig zu beeindrucken. Er bat mich, alles noch einmal abzuspielen. Ich war genauso erledigt. Auch für mich war es ein langer Tag gewesen, doch ich ließ das Band noch einmal laufen, und wir hörten beide schweigend zu.
Ich konnte ihm die Zufriedenheit ansehen, als es vorbei war. «Sie wissen ja», sagte ich, «daß das alles bearbeitet wird, bevor es über den Sender geht.» Er nickte. «Lassen Sie mich die überarbeitete Fassung hören?»
Was er meinte, war, ob ich wiederkommen würde. Ich sagte ja. Ich wäre auch gekommen, wenn er nicht gefragt hätte. Seine Ahnung war richtig gewesen.
Es war nach neun Uhr abends, als ich aufstand, um zu gehen. Dabei hatte ich Amalia versprochen, zum Abendessen zu Hause zu sein. Ta'mari stand ebenfalls auf, und ich gab ihm die Hand. Er hielt sie ein wenig länger als nötig, so als ob er noch etwas auf dem Herzen hatte.
«Könnten Sie mir einen Gefallen tun?» fragte er schließlich auf englisch. «Ich wäre Ihnen wirklich dankbar, wenn Sie meine Frau anrufen und ihr sagen würden, daß ich noch am Leben bin.» – «Kein Problem», antwortete ich und kramte einen Stift

hervor. «Wo kann ich sie erreichen?» – «Versuchen Sie es mal mit dieser Nummer in Kairo», sagte er, und während ich sie auf die Rückseite einer Zigarettenschachtel kritzelte, fügte er noch hinzu: «Verlangen Sie Prinzessin Dina.»
Ich mußte gleich zweimal schlucken. Er lachte. «Ja, ja, sie ist eine Königin, und ich bin der Sohn eines Kochs.»
Einen Moment lang glaubte ich, daß er einen Witz machte. Aber er stellte sofort klar, daß das nicht der Fall war. «Meine Frau ist die frühere Königin von Jordanien, die erste Frau von König Hussein.»
Mir fiel ein, daß er mir meine erste Chance gegeben hatte, als er erwähnte, daß seine Frau besser Englisch sprach als er; doch ich hatte sie vorübergehen lassen. Trotzdem: fünf Stunden auf seiner kleinen Tretmine zu sitzen und sie erst hochgehen zu lassen, als ich mit einem Fuß aus der Tür war...! «Also gut», sagte ich und setzte mich wieder. «Was ist das nun für eine Geschichte?»
Mehr als eine Stunde lang klärte er mich darüber auf, wie er Dina kennengelernt und sie schließlich geheiratet hatte. Sein letzter Satz war: «Und sagen Sie ihr, daß alles so gekommen ist, weil wir das mit dem Blatt Papier vergessen haben. Sie weiß schon, was ich meine.» Diesmal fragte ich beim Aufstehen halb im Scherz: «Sind Sie sich sicher, daß es sonst nichts mehr gibt, was ich für Sie tun könnte?» Salah Ta'mari grinste. «Also jetzt, wo Sie es sagen, fällt mir doch noch was ein. Wenn Sie meinen Freund David Cornwall auftreiben können, dann sagen Sie ihm, es täte mir leid, daß ich keine Zeit mehr hatte, sein Manuskript zu lesen.» Ich hatte seinerzeit keine Ahnung, daß David Cornwall unter dem Namen John le Carré weitaus bekannter war. Genausowenig wußte ich, daß es das Manuskript von ‹*The Little Drummer Girl*› war, um das es ging. Es war viel, was ich damals noch nicht wußte.

Ich kam nach Mitternacht nach Hause. Amalia wartete auf mich, krank vor Angst, daß irgend etwas passiert war. Ich versicherte ihr, daß alles in Ordnung war und begann ihr von Salah

Ta'mari zu erzählen. «Kannst du dir vorstellen ... » setzte ich an, um sechs Stunden neuer Eindrücke loszuwerden, doch Amalia fiel mir ins Wort. «Ich bin nicht an deinem Terroristen interessiert.» Sie war richtig aufgebracht. «Ich will in diesem Haus kein Wort über ihn oder sonst einen Mörder hören!»
Zwei Wochen später schenkte sie ihm in unserem Wohnzimmer Kaffee ein.

Wer kämpfen will, muß überleben

Salah Ta'mari sah vom Eßtisch auf, als er das Grollen der näher kommenden Flugzeuge hörte: israelische Phantoms. Das Geräusch der Triebwerke war unverwechselbar. Eine halbe Minute später zitterte im Flüchtlingslager Shatila in Westbeirut alles unter der Wirkung der Einschläge.

Ta'mari rannte nach draußen. Der Lärm wurde unerträglich, als die Phantoms über dem nahe gelegenen Stadion in den Tiefflug gingen und einen Regen der Verwüstung auf das anscheinend harmlose Sportgelände niedergehen ließen. Er rannte in das Haus seines Freundes, packte die beiden kleinsten Kinder und brüllte: «Alles raus hier!» Ta'mari, der die Kinder halb trug, halb hinter sich herschleifte, wies den anderen, die ihm folgten, den Weg zum nächst gelegenen Unterstand.

Die Bombardierung des Stadions in Westbeirut war der Eröffnungszug des «Krieges für den Frieden Galiläas.» Als die Tribünen zusammenbrachen, begannen die Munitionsdepots unter ihnen in die Luft zu fliegen. Das Stadion beherbergte das Hauptarsenal der PLO. Yassir Arafat war an diesem Tag nicht in Beirut. Er war im Auftrag der Islamischen Liga nach Saudi-Arabien gereist.

Ein ganzes Jahr schon war zwischen Israel und der PLO ein Waffenstillstand in Kraft. Es war zwar zu einigen kleineren Übertretungen gekommen, doch im großen und ganzen hatten sich beide Seiten an das Abkommen gehalten. Nichtsdestoweniger waren Ta'mari und andere Angehörige der PLO-Führung der

Meinung, daß die israelischen Streitkräfte schließlich doch noch eine massive Invasion in den Libanon starten würden.
Ta'mari sagte später, er sei sich seit dem Augenblick, als Ariel Sharon Verteidigungsminister der Regierung Begin wurde, sicher gewesen, daß Abu Musa recht hatte, der glaubte, daß Israel versuchen werde, in einer breiter angelegten Aktion Beirut und das östlich davon gelegene Bekaa-Tal zu erreichen: «Das gibt ihnen die Gelegenheit, gleich auch noch die Syrer zu treffen.»
Das Gespenst Ariel Sharons saß den Palästinensern seit 1953, seit Kibya, im Nacken. (Der Schlag gegen dieses jordanische Dorf war die erste wichtige Sprosse auf Sharons militärischer Karriereleiter gewesen – er hatte eine Fallschirmjägereinheit geführt, die für die Ermordung einer israelischen Familie Vergeltung übte. Fast das gesamte Dorf wurde dem Erdboden gleichgemacht. Neunundsechzig Menschen kamen ums Leben, die Hälfte davon Frauen und Kinder. Zwar war das Ausmaß der Aktion scharf kritisiert worden, doch hatte Sharon die nachträgliche Billigung des damaligen Premiers Ben-Gurion erwirken können.)
Abu Jihad schlug bei einer Krisensitzung im Bunker des Oberkommandos vor, die PLO solle sich für die Bombardierung mit massivem Artilleriebeschuß israelischer Siedlungen längs der libanesischen Grenze revanchieren. Der Vorschlag wurde einstimmig angenommen, und die entsprechenden Befehle erreichten die Artillerieeinheiten der PLO im südlichen Libanon binnen zweier Stunden. Am selben Abend noch, am Freitag, dem 4. Juni 1982 um fünf Uhr dreißig, wurden Safad von «Grad»-Raketen und Nahariya von «Katjuschas» getroffen. Die Kibbuzim der Huleh-Senke und der Naphtali-Ebene im Norden wurden mit Artillerie- und Mörserbeschuß belegt.
Der Beschuß von beiden Seiten der Grenze hielt die ganze Nacht über an. Ta'mari verfolgte die Entwicklung vom Bunker des Oberkommandos aus. Im Laufe der Nacht wurde das Nachbarhaus getroffen: Die israelische Luftwaffe hatte die zentrale Befehlsstelle der PLO nur um wenige Meter verfehlt.
Ta'mari war anfangs ziemlich zuversichtlich. Er kannte die

Kampfstärke der PLO-Einheiten genau. Vor drei Wochen erst hatte er an einem Kommandeurstreffen der Kastel-Brigade im südlichen Libanon teilgenommen, deren sechs Bataillone bis hinauf nach Sidon in Stellung lagen. Haj Ismail, der Kommandeur der Brigade, hatte berichtet, daß die frisch beschafften 130-Millimeter-Geschütze in Richtung Süden, zur israelischen Grenze hin, verlegt worden seien. Ta'mari selbst hatte die Mobilmachung der Mitglieder der Ashbal-Jugendbewegung – der «Jungen Löwen» – vom zwölften Lebensjahr aufwärts und ihre Einberufung zu Einheiten angeordnet, in denen ältere Angehörige ihrer Familien dienten. Er wußte, daß eine totale Urlaubssperre verhängt und die gesamte Miliz im Süden in Alarmbereitschaft versetzt worden war.

Am Sonntagabend war er schon weniger optimistisch. In der Nacht zum Sonntag und den ganzen Sonntag über hatten israelische Kampfflugzeuge den südlichen Libanon bombardiert, besonders jene Gegenden, in denen sich unterirdische Munitionslager befanden. Ta'mari hatte selbst bei der Planung dieser unterirdischen Arsenale in den Bergen mitgeholfen, und nun wurde ihm in voller Schärfe bewußt, daß die Israelis sie unzugänglich machten, indem sie die Hänge mit spätzündenden Explosivkörpern pflasterten.

Am Sonntagmorgen, als bekannt wurde, daß ein israelischer Panzerkeil die Grenze überschritten hatte und sich in nördlicher Richtung auf Tyrus zubewegte, brach Ta'mari in seinem VW-Käfer nach Sidon auf. Er hatte sich geschworen, bei seinen Männern zu sein, wenn es zum Kampf kommen sollte. Er wollte dafür sorgen, daß seine Milizen zusammen mit den Ashbal tapfer kämpften. Er wollte den Israelis beweisen, daß ein Einmarsch in den Libanon kein Spaziergang war.

Am Mittag des 6. Juni saß Ta'mari in Sidon mit Dina zu Tisch. Es war ihr letztes gemeinsames Mahl. Er wußte, daß die Israelis auf dem Weg nach Sidon waren, vielleicht sogar auf dem Weg nach Beirut, und er wollte, daß Dina außer Landes ging.

Es war kein glückliches Zusammensein. Ta'mari war nervös. Er schilderte die Situation und erklärte Dina, er wolle, daß sie so schnell wie möglich nach Beirut fahre und ein Flugzeug nach Kairo nehme. Dina suchte ihn zu beruhigen und zum Essen zu bewegen. Sie war überhaupt nicht darauf erpicht, außer Landes zu gehen und gab sich alle Mühe, ihren Standpunkt Ta'mari verständlich zu machen, doch er ließ sich nicht erweichen.

«Ich *muß* hierbleiben. Ich muß meine Pflicht tun. Aber diese ganze Geschichte hat nichts mit dir zu tun. Es gibt nicht den geringsten Grund, dich auch noch hineinzuziehen. Du wirst niemandem helfen können. Bitte.» Dann versuchte er es auf einem anderen Weg: «Schließlich ist deine Mutter in Kairo. Sie wird sich sehr freuen, dich wieder einmal zu sehen. Du weißt doch, daß sie nicht gesund ist. Sie wird noch verrückt vor Angst, wenn sie nichts mehr von dir hört. Wer weiß, was hier noch alles passiert.»

Dina war noch immer nicht überzeugt. Sie werde auf keinen Fall im Weg sein. Sie werde ihn nicht von seinen Pflichten abhalten. Schließlich sei sie doch seine Frau. Ihr Platz sei an seiner Seite.

Genau in diesem Moment klingelte es an der Haustür, und Ta'mari ging aufmachen. Es war Abdallah, sein Fahrer. Durch den Flur konnte Dina mithören, was er sagte: Die Juden hätten bereits die Kasemiya-Brücke über den Litani überschritten, nördlich von Tyrus.

Es war halb drei Uhr nachmittags. Sidon lag etwa dreißig Kilometer von Tyrus entfernt. Es war also nur noch eine Sache von Stunden, bis die Israelis Sidon erreicht haben würden. Ta'mari machte sich auf die Suche nach Dina. Sie war inzwischen in der Küche und kochte Kaffee. «Geh und pack deine Sachen», sagte er, «und zwar sofort – ich bestehe darauf!» Dina erkannte, daß ihr nichts anderes übrigblieb.

Dann instruierte er Abdallah: «Fahr Dina zum Flughafen Khalde und schaff sie in irgendein Flugzeug ins Ausland. Wohin, ist mir gleich.» Khalde lag wenige Kilometer südlich von Beirut. Anschließend ging er in die Küche und goß drei Tassen Kaffee ein. Eine gab er Abdallah, und die beiden anderen nahm er ins Schlafzimmer mit.

Dina packte gerade einen kleinen Koffer. Anders als sonst schien

sie diesmal sehr wenig mitzunehmen. Gewöhnlich stopfte sie alles in Sichtweite in so viele Koffer, wie dazu eben nötig waren. Heute packte sie überlegt. Außer ein paar Kleidungsstücken nahm sie nur ein Foto von Salah und eine kürzlich von ihm gezeichnete Skizze eines Pferdes mit.
Ta'mari reichte ihr den Kaffee. Im gleichen Moment hörten sie das ohrenbetäubende Pfeifen einer Granate. Alles im Zimmer wackelte. Draußen hörten sie Scheiben bersten. Ta'mari stopfte alles in Reichweite in den Koffer, knallte ihn zu und trug ihn nach draußen. Dina folgte ihm. Abdallah stand schon bereit.
«Gebe Gott, daß ihr heil durch den Beschuß kommt!»
An der Tür des VW-Käfers packte er sie an den Schultern – halb, um sie zu umarmen und halb, um sie schneller in den Wagen zu bekommen. «Gott schütze dich!» sagte er noch.
«Salah!» rief Dina plötzlich aus dem halboffenen Fenster, als ob ihr noch etwas Wichtiges eingefallen war, doch Salah brüllte Abdallah gerade «Na los, fahr schon!» zu.
Wenig später fiel ihm ihr vergeblicher Ausruf wieder ein. Dina glaubte seit jeher fest an Omina und Talismane. Ta'mari, der Vernunftmensch, hatte sich heimlich über sie lustig gemacht, aber dennoch immer mitgespielt. Vor jeder Reise riß Dina ein Blatt Papier entzwei und gab ihm die eine Hälfte. Wenn sie sich wiedersahen, fügte sie die seine wieder mit ihrer Hälfte zusammen. Ta'mari war es stets gelungen, im Besitz seiner Hälfte zu bleiben. Jetzt, zum erstenmal in den zwölf Jahren ihrer Ehe, hatten sie ihr kleines Ritual vergessen.

Wenige Stunden später, als sich die Dunkelheit über Sidon senkte, machte sich Ta'mari in einem Jeep auf den Weg zum gemeinsamen Oberkommando der palästinensischen Organisationen auf, dem Nervenzentrum der PLO im Süden, das unter dem Befehl von Haj Ismail – dem Kommandeur der Kastel-Brigade – stand.
Die Hauptstraße von Sidon war voll von allem, was Räder hatte – Autos, Lastwagen, Pickups, Eselskarren. Tausende Familien versuchten, sich nach Norden durchzuschlagen, dem näher-

rückenden Krieg auszuweichen. Die Wagendächer der Fahrzeuge waren mit Habseligkeiten bepackt und so viele Menschen wie irgend möglich in den verfügbaren Raum gepfercht.
Am späten Abend erreichte er das Hauptquartier. Es lagen Meldungen vor, daß eine israelische Panzervorhut das Städtchen Sarafand zwanzig Kilometer südlich von Sidon erreicht hatte. Es war nicht klar, ob Tyrus und die Flüchtlingslager in seiner Umgebung bereits besetzt waren. Es war nur klar, daß sich die Israelis den Weg durch Tyrus freigekämpft hatten und ohne Halt weiter nach Norden vorstießen.
Ismail befahl seinen Offizieren, ihre Einheiten in Verteidigungsstellungen am Südrand von Sidon zu führen. Ta'mari brach nach Ein Hilweh auf, dem Flüchtingslager, das den südlichen Zugang zur Stadt abriegelte. Er war sich absolut sicher, daß die Israelis nicht nur versuchen würden, durch das Lager hindurch in die Stadt vorzustoßen, sondern daß sie diesen strategisch gelegenen Punkt auch erobern wollten.
Die Befehle aus Beirut waren glasklar: den Israelis sollte hinhaltender Widerstand geleistet werden. Die Amerikaner hatten Israel «grünes Licht» für eine kurze, begrenzte Operation gegeben. Die PLO war überzeugt, daß innerhalb weniger Stunden ein Waffenstillstand in Kraft gesetzt würde. Die Israelis mußten um jeden Preis daran gehindert werden, Beirut zu erreichen.
In der Nacht erhielt Ismails Vereinigtes Oberkommando die Meldung, daß israelische Kommandoeinheiten unweit der Mündung des Awali *nördlich* von Sidon an Land gegangen seien und einen Brückenkopf gebildet hätten. Ismail setzte zur Überprüfung dieser Meldung unverzüglich einen Erkundungstrupp in Marsch, der nach seiner Rückkehr berichtete, es würden dutzendweise Panzerfahrzeuge aus Trägern vor der Küste ausgeschifft. Nun war jedermann klar, daß Sidon in einer Zangenbewegung eingekreist worden war.
Ta'mari versuchte alle zu beruhigen, die wachsende Panik zu unterbinden: «Wir müssen uns wegen der Panzer keine Sorgen machen. Sie werden nicht nach Sidon kommen; sie werden weiter nach Norden vorstoßen.» Er war der festen Überzeugung,

daß die Israelis nach Beirut wollten. «Wir müssen sie im Süden aufhalten.»
Wenigstens in einem Punkt war er ruhig und gefaßt. Er war sich gewiß, daß es Dina gelungen war, noch rechtzeitig nach Beirut zu kommen und einen Flug nach Kairo zu ergattern. Er wußte nicht, daß sie den letzten Flug verpaßt hatte, daß der internationale Flughafen von Khalde bereits geschlossen war, als sie dort anlangte. Und er sollte die Wahrheit erst Monate später erfahren, als er bereits Gefangener in Israel war.
In der Morgendämmerung des folgenden Tages setzte Haj Ismail seine Kommandeure davon in Kenntnis, daß er die Lage am Awali erkunden wollte. Einige von ihnen wurden mißtrauisch, als sie ihn in einen Ambulanzwagen steigen sahen. Im Laufe des Tages verlor das Hauptquartier den Funkkontakt mit dem Fahrzeug. Ein Spähtrupp, der losgeschickt wurde, um nachzusehen, was mit dem Krankenwagen geschehen war, kehrte mit leeren Händen zurück; das Fahrzeug war in der fraglichen Gegend nirgends zu finden. Der Oberkommandierende der Kastel-Brigade war desertiert.

In der Geschichte des Libanon-Kriegs war die Schlacht von Ein Hilweh die härteste; in diesem Punkt sind sich Israel und die PLO vollkommen einig. Die Palästinenser betrachten sie als ihr «Masada» – nach dem heroischen Endkampf der jüdischen Zeloten gegen die römischen Eroberer am Ende des ersten nachchristlichen Jahrhunderts. Viele palästinensische Kämpfer waren bereit, lieber zu sterben, als sich zu ergeben, selbst wenn das bedeutete, Frauen und Kinder mit sich zu nehmen. Es gelang ihnen, den Vormarsch der Israelis längs der Küstenstraße volle zwei Tage aufzuhalten. Der hartnäckige Widerstand der palästinensischen Milizen in diesem Flüchtlingslager – zu einem Zeitpunkt, als sich die PLO-Einheiten im Süden in voller Auflösung befanden – traf die Israelis völlig überraschend.
Der Widerstand in Ein Hilweh wurde hauptsächlich von kleinen Verteidigungstrupps auf Nachbarschaftsbasis sowie von Freischärlern getragen. Es war letztlich die Schlacht von Ein Hil-

weh, die die Israelis an einem triumphalen, unbehelligten Durchmarsch nach Beirut hinderte. Obwohl das Lager aus der Luft «aufgeweicht» worden war, sahen sich die in ihren gepanzerten Fahrzeugen anrückenden Israelis zum Absitzen gezwungen. Sie mußten sich den Zugang zum Lager zu erkämpfen, weil die Panzer für die Panzerfäuste und Raketen bequeme Zielscheiben bildeten. In der Schlacht von Ein Hilweh mußten die *Panzer* der Infanterie folgen. Das Lager wurde schließlich Haus um Haus, Viertel um Viertel in einer Zermürbungsschlacht erobert, die den palästinensischen Widerstand im südlichen Libanon vollends auslöschte. Als sich der Rauch verzogen hatte, war der größte Teil von Ein Hilweh nur noch ein Schutthaufen.

Wenige Stunden bevor die israelischen Fallschirmjäger die Hauptstraße durch Sidon schließlich freigekämpft hatten, gelang es Ta'mari, sich aus dem Lager abzusetzen. Er brauchte ein paar Stunden Schlaf, und er wollte nach seiner Schwester Rim und nach Abdallah sehen. Während er in seinem Jeep die Hauptstraße entlangfuhr, sah er, daß die meisten Wohnhäuser auf beiden Seiten eingestürzt waren. In seiner Straße fiel ihm ein schwarzes Loch ins Auge, wo das Minarett der Moschee gestanden hatte. Einen Augenblick lang befürchtete er, sein Haus hätte ein ähnliches Schicksal erlitten. Ihm fiel ein Stein vom Herzen, als er entdeckte, daß nur die Außenwand seines Studierzimmers zerstört war.

Rim war mit Faris, dessen Frau und Mutter in der Küche. Faris zeigte ihm ein Flugblatt, das von israelischen Flugzeugen über der Stadt abgeworfen worden war: «Die israelischen Streitkräfte werden Sidon in Kürze besetzen», hieß es darin. «Alle Zivilisten werden aufgefordert, sich zum Strand nördlich des Hafens zu begeben. Waffen müssen zurückgelassen werden. Jeder, der mit einer Waffe angetroffen wird, wird sofort erschossen. Die israelischen Streitkräfte werden Zivilisten unbehelligt lassen. Terroristen, die sich freiwillig stellen, haben nichts zu befürchten.» Am unteren Rand des Flugblatts wurde die Botschaft wiederholt: «ALLE AN DEN STRAND!»

«Niemand geht zum Strand!» befahl Ta'mari. «Ihr bleibt alle hier im Haus. Keiner rührt sich von der Stelle.» In Rims Gesicht malte sich Verzweiflung. «Mach dir keine Sorgen», sagte er, «ich bleibe die Nacht über hier.» Rim goß Wasser in den Kessel. «Wo ist Abdallah?» wollte Ta'mari wissen. Die Frauen sahen in Ta'maris schmutzbedecktes Gesicht und senkten die Augen. Faris mußte sich der schweren Pflicht unterziehen, die schlimme Nachricht auszusprechen: «Er hat dein Auto in die Garage gestellt und ist nach Ein Hilweh gegangen, in den Kampf.»

In dieser und den nächsten Nächten schlief Ta'mari – mit einer Kalaschnikow – auf der Veranda. Bevor er sich hinlegte, stellte er den Käfig seines Papageis «Merhaba» hinter den Sessel im Wohnzimmer und hängte ihn mit einer Decke zu. Das Tier schlief am liebsten im Dunkeln.

Bis zum endgültigen Fall von Sidon verbrachte Ta'mari seine Tage damit, von einer Stellung in der Stadt zur nächsten, von einem Bunker in den anderen, von einem Apartmenthaus zum nächsten, von einem schmalen Gäßchen in der Kasbah – der Altstadt – ins nächste zu hetzen. Diese Stellungen waren teilweise mit Angehörigen der Ashbal-Jugendbewegung besetzt, die unter seinem Befehl stand. Ta'mari verbrachte einen Großteil seiner Zeit mit diesen Jungen, beobachtete sie, wie sie im größten Bunker von allen, der unter dem christlichen Krankenhaus lag, in fliegender Hast Munitionskisten auspackten und wenig später aus dem Hinterhalt die israelischen Panzerkommandanten unter Feuer nahmen, die aufrecht in ihren Geschütztürmen standen. Ta'mari bewunderte ihre Hingabe, ihre beharrliche Weigerung, den Kampf verloren zu geben, obwohl sie wußten, wie schlecht die Chancen für sie standen. Ihr Mut, so erzählte er mir später, war ihm angesichts der Katastrophe der Niederlage ein gewisser Trost.

In der Morgendämmerung des vierten Tages wurde Ta'mari von einem lauten Klopfen aus dem Schlaf gerissen. Er sprang aus dem Bett und versteckte sich hinter der Verandatür. Rim ging barfuß zur Haustür und öffnete.

Draußen standen ein israelischer Offizier und drei Soldaten. Ta'mari konnte jedes Wort mithören.

«Merhaba», sagte einer von ihnen auf arabisch. «Salah Ta'mari – ist das Ihr Vater oder Ehemann?»

«Mein Bruder.»

«Uns liegen Informationen vor, daß er aus Beirut zurückgekommen ist. Wir möchten das Haus durchsuchen. Wir werden Ihnen nichts tun.»

Rim stammelte: «Ich weiß von nichts. Ich hab schon lange nichts mehr von ihm gesehen oder gehört.»

Zwei Soldaten gingen in die Küche, während der dritte das Wohnzimmer betrat. Der Offizier blieb bei Rim. Auf einmal rief unter dem Sessel eine schrille Stimme «Merhaba! Merhaba!» hervor. Der Soldat stürzte in die Richtung, aus der der Schrei kam, während die drei anderen ebenfalls herbeistürzten. Er sah die Decke und zog sie weg, worauf der Papagei eine weitere Probe seiner Sprachbegabung bot. Ihre Gesichter konnte Ta'mari von dort, wo er stand, nicht sehen, aber es fiel ihm dennoch schwer, sich das Lachen zu verkneifen. Während er sich an seine Kalaschnikow klammerte, wurde ihm zugleich bewußt, daß er die vier Männer mit Leichtigkeit für immer daran hindern konnte, jemals wieder in ein arabisches Haus einzudringen.

Als die Soldaten ihre Fassung wiedergewonnen hatten, wandten sie sich zum Gehen. «Wenn Sie Ihren Bruder sehen, dann richten Sie ihm aus, sich freiwillig zu stellen sei das beste, was er jetzt noch tun kann. Seine ‹Jungs› haben uns erzählt, daß er ein schlauer Bursche ist.»

Als er den Kübelwagen anfahren hörte, ging er zu Rim, die weiß wie ein Bettlaken war. «Ich mache erst mal einen Kaffee», sagte er und ging in die Küche. Rim hörte, wie er leise *«Khalas»* sagte, ein Wort, das «aus und vorbei» bedeutet, oder «das ist das Ende».

Ta'mari wollte seine Nachbarn im oberen Stock nicht damit erschrecken, daß er sie so früh aus dem Schlaf riß. Er wartete stattdessen, bis sie von selbst nach unten kamen und sagte ihnen dann, er wolle, daß Rim von jetzt an bei ihnen übernachte. Rim

bat er um etwas anderes. «Du triffst dich mit mir heute abend Punkt acht am Tor des Orangenhains von Abu Majdi.» Dann ging er. Seine Kalaschnikow nahm er nicht mit.
Zehn Tage hielt sich Ta'mari versteckt, in Orangen- und Bananenhainen, und zog von Haus zu Haus, um festzustellen, wer von den Fatah-Leuten noch am Leben, wer gefangen und wer verwundet war. Jeden Abend um acht kam Rim und brachte ihm etwas zu essen. Zuerst spielte er mit dem Gedanken, alle zusammenzuholen, die noch übrig waren, und den örtlichen Widerstand gegen die Besatzungsmacht zu organisieren. Es waren jedoch nur noch sehr wenige übrig. Die meisten befanden sich in bedrückender Enge in dem vorläufigen Lager am Strand. Außerdem stand die gesamte Stadt unter strikter Ausgangssperre. In den Häusern waren nur noch verängstigte Frauen, die sich in den hintersten Zimmern aufhielten, und Kinder, die den ganzen Tag im Schlafanzug herumliefen. Hier und dort traf er auf Flüchtlinge, die zurückgekehrt waren, nur um ihre Häuser zerstört, vernichtet zu finden. Sidon war zu einer Stadt von Menschen geworden, deren Hauptsorge im Auftreiben von Trinkwasser bestand.
Am Freitag stellte sich Rim nicht zur vereinbarten Stunde ein. Ta'mari hatte ein wenig zu lange geschlafen – auf dem Dach einer Hütte in einem der Orangenhaine – und war selbst ein bißchen spät dran, aber nicht so sehr, als daß das ihre Abwesenheit hätte erklären können. Sie war stets pünktlich gewesen und hatte geduldig auf ihn gewartet, wenn er sich verspätet hatte. Jetzt überkamen ihn Schuldgefühle. Er hatte sie unnötig in Gefahr gebracht.
Schließlich kam sie doch noch; sie atmete schwer. «Ich hab nicht aufgepaßt», entschuldigte sie sich. Sie hatte sich im Hof der Moschee im Stacheldraht verfangen, und ihr Knie blutete. Ta'mari riß sich das Hemd vom Leib und verband ihr Bein.
«Gehen wir nach Hause», sagte er, und dann murmelte er wieder *«khalas»*, aber diesmal deutlicher.
Sie schlichen mühselig durch die Orangenhaine zurück, immer wieder von Suchscheinwerfern und Leuchtgranaten gezwun-

gen, sich zu ducken. Ta'mari mußte sie stützen; sie konnte kaum allein gehen. Nachdem sie das Haus erreicht und sich in die dunkle Küche gesetzt hatten, gab Ta'mari ihr einen Fetzen Papier: «Wenn mir etwas zustößt, dann sorge dafür, daß Dina das da bekommt.»
Rim wollte wissen, was es war.
«Mein Testament.»
«Wann hast du es aufgesetzt?»
«Gestern», sagte er ihr. «Da habe ich eine Zeitlang geglaubt, nun sei das Ende gekommen. Ich war auf dem Weg zum Haus von Saruji.» Saruji war der Rektor der örtlichen Schule. «Aber plötzlich fuhr ein israelisches Halbkettenfahrzeug auf und blokkierte die Straße, und in wenigen Sekunden war alles umstellt. Ich saß die ganze Nacht in dem Orangenhain fest, und während ich dort festsaß, habe ich meinen Letzten Willen und mein Testament niedergeschrieben.»
Zum erstenmal sah er seine Schwester weinen.
«An dem Testament ist nur eines wichtig», fuhr er fort. «Ich will, daß dieses Haus verkauft und der Erlös dafür verwendet wird, 10000 palästinensischen Kindern ein Musikinstrument zu kaufen. Dina wird schon wissen, wie das zu machen ist.»
Rim schien sich ein wenig zu schämen und wischte sich die Augen. «Was soll jetzt geschehen? Wo willst du hin?»
«Ich weiß nicht so recht. Es ist fast unmöglich, aus Sidon herauszukommen. Die Israelis und die christliche Falange haben sämtliche Straßen abgesperrt. Und als ob das nicht schon schlimm genug wäre, sind sie auch noch hinter mir her.»
Plötzlich sah Rim ihren älteren Bruder in einem anderen Licht. Sein Elan, sein unverwüstlicher Optimismus waren verschwunden. Er wirkte bedrückt – schwer bedrückt.
«Wir wollen sehen, ob wir es zu Ibrahim El-Hilou schaffen. Er wird uns helfen können, uns zu verstecken. Zumindest werden wir uns dort eine Weile ausruhen können. Ich brauche etwas Schlaf.» El-Hilou war der maronitische Erzbischof von Sidon.
Die letzten zehn Tage hatten nicht nur Ta'maris physische Re-

serven erschöpft; sie hatten etwas im Zentrum seines Selbstverständnisses zerbrochen. Sein Glaube an die militärische Schlagkraft der PLO, die in den zehn Jahren im Libanon unter Schweiß, Blut und Tränen geschaffen worden war, war erschüttert. Nein, nicht nur erschüttert, sondern im Laufe der Ereignisse völlig erloschen. Die Palästinenser waren auf dem Schlachtfeld von einem überlegenen Gegner geschlagen worden. Der bewaffnete Kampf war nicht die richtige Antwort. Es mußte auch noch andere Wege geben.

«Ich befand mich in einem Schockzustand», erklärte er mir später. «Und ich begann mich schuldig zu fühlen, obwohl ich eigentlich nicht glaube, daß ich mir jemals etwas habe zuschulden kommen lassen. Mein ganzes Leben lang habe ich versucht, im Kampf anständig zu bleiben, sauber – auch in diesen zehn Jahren im Libanon. Meine Schuldgefühle rührten von der Tatsache her, daß ich mit meinen eigenen Augen sah, wie 400 000 Palästinenser im südlichen Libanon zu Opferlämmern für hundert Millionen Araber in der ganzen Welt gemacht wurden. Ich fühle mich für sie verantwortlich, und das läßt mir keine Ruhe. Ich weiß, daß wir Fehler gemacht haben, und jetzt zahlen diese bedauernswerten Menschen die Zeche dafür. Ich kann nicht sagen, daß mich ihr Elend nicht berührt. Das ist der Grund, warum ich Sidon bei Kriegsbeginn nicht verließ. Ich hätte es tun können. Doch ich wollte ihnen Mut machen, ihre Moral heben, sie davon überzeugen, daß nicht alles aus war, wollte dazu beitragen, daß sie nicht den Glauben verloren. Aber die Wirklichkeit war anders. Und der Ring um mich wurde immer enger. Ich hatte nie daran gedacht, mich freiwillig zu stellen. Ich wollte nur noch überleben. Das ist der Grund, warum ich mich schließlich auf dem Weg zu Erzbischof El-Hilou wiederfand.»

Im Schutz der Dunkelheit gingen Rim und Ta'mari zur Kirche der Maroniten. Ihr Freund, der Erzbischof, war nicht da. Sie wurden von seinem Stellvertreter empfangen, einem Mann, der in Sidon als *Abuna* Hanna, «unser Vater Hanna», bekannt ist. Ta'mari hatte ein mulmiges Gefühl. «Ich würde gern einen

oder zwei Tage hier übernachten, bis sie mit den Durchsuchungen aufhören.»
Hanna zeigte sich anfangs aufgeschlossen. «Warum nicht? *Tfadal!* Sie sind ein Freund, Sie haben viel für uns getan. Wir stehen schließlich in Ihrer Schuld.» Er führte sie in das Empfangszimmer und gab Anweisung, einen Kaffee aufzubrühen.
Ta'mari begann seine Sicht der gegenwärtigen Lage zu erläutern. Er spürte das Bedürfnis, Vater Hanna von bestimmten Dingen zu überzeugen, die El-Hilou intuitiv verstanden hätte. Hanna wurde immer unbehaglicher zumute. «Sie wissen ja, daß es gefährlich ist, Sie hierzubehalten», sagte er schließlich. «Wir könnten Schaden erleiden. Nicht nur durch die Israelis oder die Palästinenser, sondern auch durch bestimmte libanesische Gruppierungen, die den Maroniten feindlich gesinnt sind. Die lassen uns bestimmt nicht in Frieden, wenn sie herausfinden, daß wir Ihnen Zuflucht bieten.»
«Was schlagen Sie dann vor?» fragte Ta'mari. «Daß Sie sich den Israelis stellen. Um Ihnen die Wahrheit zu sagen – wenn Sie es nicht tun, dann werde ich sie holen.» Sein Ton war entschieden. «Wenn Sie nicht zu ihnen gehen, dann hole ich sie her.»
«In Ordnung. Sie sind mein Bürge. Gehen Sie zu den Israelis – ich bin mir sicher, daß Sie wissen, wo Sie sie finden werden –, und sagen Sie ihnen, daß ich bereit bin, mich zu stellen. Aber nur unter einer Bedingung – daß sie mich nicht entwürdigend behandeln.» Es war schon schlimm genug, von einem Ortspfaffen gedemütigt zu werden.
Zu Rim sagte er: «Mein Kampf fängt gerade erst an. Um kämpfen zu können, muß ich überleben. Du verstehst das schon.» Er versuchte verzweifelt, seiner verängstigten jüngeren Schwester seine Lage zu erklären.
Der Priester brachte ihnen Kaffee und ging anschließend zum Büro der israelischen Militärverwaltung im Shab-Hospital. Nach einer knappen Stunde war er zurück. Als er eintrat, stand Ta'mari auf. Abu Hanna war in Begleitung eines Majors und zweier Soldaten zurückgekehrt.
Der Major wandte sich zuerst an Rim. «Sie können nach Hause

gehen. Ihnen geschieht nichts.» Dann ging er zu Ta'mari hinüber und stellte sich vor: «Ich bin Major Yitzchak Rabin. Ich bin von der Zivilverwaltung in Sidon.»
Ta'mari stutzte. Ihm war nicht gerade nach Scherzen zumute, obwohl der Mann tatsächlich eine starke Ähnlichkeit mit Rabin hatte. Es war das erste Mal, daß er einem Israeli von Angesicht zu Angesicht gegenüberstand. Und er ging – wie er das bei späteren Begegnungen dieser Art noch öfter tat – als erster zum Angriff über.
«Wie Sie die Zivilisten und Kinder behandeln ist brutal, Major», sagte er auf englisch. «Eines Tages werden Sie sich dafür verantworten müssen. Wundern Sie sich nicht, wenn sämtliche jüdischen Werte, für die Sie angeblich stehen, jede Bedeutung verlieren.»
Der Offizier war baff. Von einem Terroristen, der sich gerade eben erst gestellt hatte, hätte er ein solches Verhalten nicht erwartet. Er blieb dennoch gelassen. «Bitte, geben Sie mir Ihre Personalien.»
Doch Ta'mari war noch nicht soweit. «Ich stelle mich nur, wenn Sie versprechen, sich an die Versprechungen von Ariel Sharon zu halten.»
«Was hat Sharon denn genau versprochen?» fragte der Major. «Etwas Persönliches?»
«Nichts Persönliches. Aber wer weiß – vielleicht sind seine Versprechungen auch nicht mehr wert als alle anderen, die Ihre Führer machen, einschließlich Ihres Premierministers. Sie sind alle ziemlich wertlos. Begin hat eine Operation von 45 Kilometern Reichweite angekündigt, und jetzt belagern Sie bereits Beirut. Nein, ich meine das, was ich im Radio gehört und in Ihren Flugblättern gelesen habe, daß jeder palästinensische Kämpfer, der sich freiwillig stellt, nicht entwürdigend behandelt wird. Das ist alles, worauf ich bestehe.»
«Niemand wird es Ihnen gegenüber an Respekt mangeln lassen. Wir haben Vater Hanna versprochen, daß Sie anständig behandelt werden, und genau das tun wir auch.»

Es war nach Mitternacht, als der Jeep die Tore des «A-Safa»-Lagerhauses am östlichen Ende der Hauptstraße von Sidon erreichte. Umfriedet von einer Hohlblockmauer, diente sein Gelände als Übergangslager für Kriegsgefangene. Ein Militärpolizist öffnete die schweren Flügel des Tors, der Jeep fuhr in den Hof und parkte vor einer Baracke, die zum Hauptquartier umfunktioniert worden war. Durch das Fenster konnte Ta'mari ein Meer von auf dem Boden kauernden Gefangenen sehen. Der Offizier führte ihn vor den Lagerchef. «Der Mann gibt an, Oberstleutnant der PLO zu sein. Er hat sich freiwillig gestellt.»

Ta'mari fiel auf, daß der leitende Offizier den gleichen Rang wie er bekleidete.

«Ihr Name?» fragte er.

«Oberstleutnant Salah Ta'mari. Ich möchte mit den anderen zusammen bleiben.»

Oberstleutnant Yehuda Shatz sah den neuen Gefangenen prüfend an. Ihm fiel auf, daß er zitterte. «Nehmen Sie sich eine Decke», sagte er, «dann können Sie zu den anderen.»

Ta'mari wickelte sich in eine Decke, die er sich von einem Stapel genommen hatte, und ging zu den anderen hinüber. Die genaue Zahl der dort versammelten Männer ließ sich nur schwer abschätzen – es waren Hunderte, vielleicht sogar Tausende. Die meisten trugen Handschellen, und alle hockten mit dem Kopf zwischen den Knien da. Erst als er sich ebenfalls hinsetzte, traf ihn der Gestank mit voller Wucht. Anscheinend war es den Männern nicht erlaubt, sich vom Fleck zu rühren – egal wozu. Manche weinten leise vor sich hin, andere stöhnten, wieder andere murmelten Gebete. Israelische Soldaten gingen von einem Gefangenen zum anderen und schrieben ihnen mit Filzstiften Nummern auf den Hemdrücken. Ta'mari stand wieder auf und ging zu Shatz.

«Sie behandeln diese Männer wie Tiere», sagte er, «und selbst Tiere werden in der Regel besser behandelt.»

Shatz horchte auf. «Was wollen Sie im einzelnen?»

«Ich verlange, daß Sie Befehl geben, mit dieser Behandlung

Schluß zu machen. Außerdem ist mir kalt, und wenn ich friere, frieren die anderen auch.»

«Tut mir leid», erwiderte Shatz, der sich Mühe gab, Geduld zu beweisen. «Ich kann da leider gar nichts tun. Die Umstände sind eben so. Wir sind hier alle in der Kälte draußen. Wenn Sie wollen, können Sie in dem Fahrzeug da schlafen.» Er wies mit dem Kopf auf ein großes Fahrzeug.

Ta'mari sah zu dem in der Nähe abgestellten Vehikel hinüber. «Ich hätte den Anblick dieser leidenden, stöhnenden Leute nicht ertragen können», sagte er mir später. «Ich hatte Angst, die Nerven zu verlieren und durchzudrehen.»

Er kletterte in den Wagen, bat aber schon nach wenigen Minuten die Wache, Shatz zu rufen. «Ich kann nicht hier drinnen sitzen, während die da draußen alle frieren, und ich kann auch nicht draußen sitzen, weil ich dann womöglich etwas Verzweifeltes tun würde.» Shatz wurde klar, daß er es mit einem seltsamen Kunden zu tun hatte. Doch Ta'maris menschliche Schwäche und sein Versuch, sie zu verbergen, rührten ihn. «Wissen Sie was», sagte er, «gehen Sie nach Hause, holen Sie sich, was Sie brauchen und kommen Sie morgen früh wieder.» Ta'mari war perplex. «Und was, wenn ich stiften gehe?»

«Dann gehen Sie eben stiften.»

Gemessenen Schrittes kehrte Ta'mari zu dem Fahrzeug zurück. Er wußte nicht recht, wie er den Vorschlag von Shatz verdauen sollte und dachte die ganze Nacht darüber nach. Am Morgen ging er wieder zu Shatz und fragte ihn, ob sein Angebot noch gelte. «Warum nicht?» meinte er. «Wieso haben Sie es sich nun doch noch anders überlegt?» – «Ich sehe, daß das eine lange Geschichte wird. Ich brauche etwas Wäsche und ein paar Bücher.» Außerdem wollte er Rim noch einmal sehen, um in Erfahrung zu bringen, ob sie gut nach Hause gekommen und – vielleicht – eine Nachricht von Dina eingetroffen war.

«In Ordnung», sagte Shatz. «Ich fahre Sie in meinem Jeep hin.» Und kurz darauf fuhren zwei Obristen, der am Steuer von den Israelis und der andere, der ihm den Weg wies, von der Fatah, durch die Straßen der Geisterstadt.

«Iftah tarik», sagte Shatz, als sie vor der Tür standen. «Gehen Sie rein.» Shatz war mit den arabischen Sitten vertraut. Ta'mari stand wie angewurzelt. «Na los, gehen Sie rein», wiederholte Shatz, «und schicken Sie die Frauen weg.»
Ta'mari hatte eine plötzliche Panik befallen. Ihm war auf einmal der Gedanke gekommen, daß die Falange das Haus an sich gebracht haben könnte, falls sie von seiner Gefangennahme erfahren haben sollte. Er wandte sich an Shatz: «Kommen Sie mit mir rein.»
«Sie gehen zuerst rein», erwiderte Shatz. «Schicken Sie die Frauen raus, dann komme ich nach.»
In diesem Augenblick entschloß sich Ta'mari, Shatz lieber aufzuziehen, als ihm seine Furcht zu zeigen. «Sie haben also wirklich keine Angst, daß ich stiften gehe?»
«Versuchen Sie's», sagte Shatz. «Ich bin der schnellste Schütze im ganzen Osten.»
Ta'mari betrat das Haus, und Shatz folgte ihm. Rim und Frau Faris saßen im Wohnzimmer. Ta'mari forderte Shatz auf, Platz zu nehmen, und bat Rim, der völlig schleierhaft war, was hier eigentlich vor sich ging, einen Kaffee zu machen. Shatz setzte sich zu Frau Faris. Ta'mari verschwand und kehrte wenige Minuten darauf mit einem Koffer zurück.
«Ich bin soweit», erklärte er Shatz. Dann sagte er mit erhobener Stimme zu Rim, jedoch für Shatzens Ohren bestimmt: «Es ist die Hölle dort im Lager.»
Als die beiden Männer zurück im Lager waren, schlug Shatz Ta'mari vor, den Koffer im Büro abzustellen. Ta'mari ließ ihn dort und ging zu den anderen Gefangenen auf den Hof.
Im Tageslicht konnte er die Gefangenen genauer in Augenschein nehmen. Er kannte viele von ihnen; eine ganze Menge waren Zivilisten, die mit der PLO nichts zu schaffen hatten. Er entdeckte überdies, daß der größte Teil der führenden Bürger von Sidon ebenfalls hier war: Angehörige von Schulen und Krankenhäusern, der Stadtverwaltung und anderer öffentlicher Einrichtungen. Die Soldaten waren immer noch damit beschäftigt, ihre Zählung zu Ende zu bringen, alle Gefangenen zu identifizie-

ren und ihre Listen in Ordnung zu bringen. Die Morgensonne brannte bereits gnadenlos. Alle hatten Durst.
Ta'mari verbrachte nicht sonderlich viel Zeit unter den Gefangenen bzw. «Zusammengefaßten», wie sie seit kurzem genannt wurden. Nach etwa einer Stunde hörte er seinen Namen aus dem Lautsprecher dröhnen. Shatz wollte ihn sprechen.
«Ich habe Befehl, Sie zu verlegen.»
«Wohin?»
«Nach Israel.»
«Warum?»
Shatz gab keine Antwort. Er machte Ta'mari lediglich darauf aufmerksam, daß sein Koffer noch im Büro stehe.
Ta'mari wurde von einem Pick-up abgeholt. Wie allgemein üblich wurden auch ihm Handschellen angelegt. Er saß zwischen zwei Soldaten auf dem Rücksitz. Oberstleutnant Shatz saß neben dem Fahrer. Auf der Fahrt zum Grenzübergang Rosh Hanikra sah Ta'mari eine verwüstete Landschaft: verbrannte Orangenhaine und Obstplantagen, zerstörte Brücken, zerschossene Häuser, verlassene Dörfer. Als sie die Grenze überquerten, ließ Shatz den Wagen halten und forderte Ta'mari auf, sich nach vorn zu setzen. «Ich möchte, daß Sie den Staat Israel sehen.»
In Nahariya kehrten sie zum Frühstück in einem Café ein. «Nahariya an diesem Sommermorgen hat mich an Paris erinnert», sagte mir Ta'mari Monate später.
Wenige Kilometer vor der Ankunft in dem israelischen Gefängnis wurden Ta'mari die Augen verbunden. Seine Müdigkeit, zusammen mit dem monotonen Schaukeln des Wagens, ließ ihn einnicken. Als er aufwachte, wurde ihm die Augenbinde abgenommen und er sah sich einem anderen Israeli gegenüber – einem rundlichen Mann um die Vierzig, der eine schiefsitzende Kibba auf dem Rotschopf trug: Zuri Ben-Nun.

In den Händen Gottes

Jenen ganzen Sommer hindurch, den Sommer des Jahres 1982, begann sich Israels Krieg im Libanon zu einem politischen und militärischen Alptraum auszuwachsen. Derweil saß Salah Ta'mari untätig in seiner Zelle, die meiste Zeit in Isolationshaft.

Weil ich kommen und gehen konnte, wie ich wollte, fand ich die Zelle nicht besonders deprimierend. Sicher, der Eingang war eine massiv gesicherte Tür; die kleine Klappe ließ sich nur von außen öffnen; und die beiden vergitterten Fenster sahen auf nackte Mauern hinaus. Die Zelle als solche jedoch war geräumig und konnte sich sogar eines kleinen, abgeteilten Waschraums rühmen. Auf einem kleinen Tisch lagen Bücher und Schreibzeug und es waren sowohl ein Stuhl wie auch ein Sessel vorhanden. Ihm waren sogar ein elektrischer Wasserkessel, Kaffee und Zukker sowie der unbegrenzte Bezug von Zigaretten erlaubt. Darüber hinaus durfte er Besuch empfangen – zwar keineswegs in regelmäßigen Abständen, aber doch ohne allzu viel Papierkrieg. Das zweite Mal besuchte ich ihn, um ihn das sendefertig bearbeitete Interview hören zu lassen. Beim drittenmal, kaum eine Woche später, hatte ich eigentlich keinen besonderen Anlaß für mein Kommen – außer meiner angeborenen Neugierde und jener eigenartigen Anziehung, die zwischen uns zu herrschen schien.

Ta'mari war wenige Tage nach seiner Ankunft in sein jetziges Quartier eingewiesen worden. Seitdem durfte er täglich eine halbe Stunde in einem kleinen, von einem Drahtgitter überspannten Innenhof im Freien verbringen. Während der ersten Tage war er allerdings in einer winzigen, stickigen Zelle eingesperrt gewesen, deren einziger Komfort in einem Kübel und einer Decke bestand. Bei diesem Besuch erzählte er mir von jenen ersten Tagen – Tagen, die das erste Kapitel dessen bildeten, was er später seinen «Kampf gegen das Überschnappen» nannte. Der Kübel, berichtete er mir, geriet ihm zum Symbol seines Widerstands.

«Ich saß also da, sah ihn an und schwor mir, daß ich ihn kein einziges Mal benutzen würde. Das sollte meine Art und Weise sein, mich der Entwürdigung zu widersetzen. Aber einfach war das nicht. Es bedeutete, daß ich nichts mehr essen durfte. Also tat ich das. Am ersten Tag habe ich gefastet. Ich habe keinen Bissen von dem Essen angerührt, das sie mir hinstellten. Das Ergebnis war, daß ich mich schwach zu fühlen begann. Am zweiten Tag erkannte ich, daß ich, hätte ich mich geschwächt, nicht mehr die Kraft zu irgendeiner Form von Widerstand gehabt hätte. Ich wäre zusammengebrochen – und genau das wollte der Feind ja. Ich ließ mich also auf einen Kompromiß ein. Ich aß jeden Tag ein wenig Marmelade. Die Kraft, die ich brauchte, fand ich dann schließlich in einem Traum von meiner Mutter. Ihre letzten Worte, als sie wieder verschwand, waren: ‹*Avda'tak l'allah*› – ‹Ich gebe dich in die Hände Gottes›. Das sagen palästinensische Eltern zu ihren Söhnen, wenn sie das Elternhaus endgültig verlassen. Genaugenommen meinen sie damit: ‹Mein Kind, von nun an bist du auf dich selbst gestellt.›»

«Als ich aufwachte, fühlte ich mich auf wundersame Weise gestärkt – als könnte ich die Gefängnismauern mit meinen bloßen Händen einreißen. Das Gefühl von Schwäche und Verzweiflung war verschwunden.

Nach diesem Traum», fuhr er fort, «sah ich den Kübel mit anderen Augen. Ich begann auf einmal darüber nachzudenken, zu wieviel interessanten Dingen ich ihn benutzen konnte – von seiner Bestimmung einmal abgesehen. Ich konnte ihn umdrehen und auf ihm sitzen oder stehen. Ich konnte mit ihm tanzen. Ich konnte ihn als Trommel benutzen. Aber erst einmal drehte ich ihn um und setzte mich drauf. Meiner langen Beine wegen endete ich in der Pose des ‹*Denkers*› von Rodin. Ich fand das furchtbar komisch und mußte lachen. Die Wachen glaubten wohl, ich hätte nicht mehr alle Tassen im Schrank. Vielleicht war ich sogar wirklich ein bißchen plemplem, aber es hat mir gutgetan.

Das Problem», trug er in den ersten paar Wochen im Gefängnis in sein Tagebuch ein, «ist nicht das bloße Überleben. Das nackte Überleben ist ziemlich einfach. Die Frage ist vielmehr, *wie* man überlebt. Man kann zusammenbrechen oder verbittert auf Dauer resignieren, oder man kann versuchen, alles zu vergessen. Man kann ohne die geringste Mühe zu einem zerlumpten Häufchen Elend werden. Das Problem ist, wie man im Überleben die eigene Identität bewahrt, wie man wahrhaft Mensch bleibt, zu den richtigen Schlüssen kommt und zu positivem Handeln gelangt. Man muß lernen, seinen Zorn hinunterzuschlucken, konstruktiv umzusetzen und zu einem beständigen Rückhalt gegen Ungerechtigkeiten jeder Art, große oder kleine, zu machen, die einem zugefügt werden. Man darf nicht zulassen, daß irgend etwas die Oberhand über einen gewinnt. Man darf sich nur auf sich selbst verlassen.»

Er nahm seine Mahlzeiten in der Zelle ein. Von Anfang an begann er Olivenkerne zu sammeln, die er mit den primitivsten Hilfsmitteln zu Gebetsperlen verarbeitete: der Boden war sein Sandpapier, ein Stückchen Draht aus der Fensterbespannung sein Bohrer, und Fäden aus seiner Decke benutzte er zum Auffädeln.

Für die Oliven, von denen er anscheinend reichliche Portionen erhielt, fand er aber auch noch eine andere Verwendung. Ich brachte ihm jedesmal, wenn ich ihn besuchte, ein paar Stangen Marlboro mit. Einmal aber begrüßte er mich mit den Worten: «Diesmal habe *ich* ein Geschenk für *Sie*!» Er ging zur Fensterbank hinüber und holte zwei Gläser mit Gurken und Oliven herunter, die er selber eingelegt hatte. Es rührte und überraschte mich zutiefst. Ich wußte, daß seine Rationen alles in allem nicht eben großzügig bemessen waren. Er hatte ganz einfach jeden

Tag ein kleines bißchen zurückbehalten, Zucker und Salz dazugegeben und die Gläser in die Sonne gestellt. Er war zu Recht stolz auf sich. «Das ist für Ihre Frau», sagte er.
Noch hatte Amalia Salah nicht kennengelernt. Für sie war er nach wie vor «dieser Terrorist». Sie wußte nicht so recht, wie sie zu seinem Geschenk stehen sollte.

Während der ersten Monate seiner Gefangenschaft auf israelischem Territorium gelang es Ta'mari, das beste aus der Sache zu machen. Er freundete sich mit den Wachen an, die sich immer wieder einmal bereit erklärten, kleine Einkäufe in der Gefängniskantine für ihn zu tätigen. Ein Wächter brachte ihm nach seinem freien Tag immer Leckereien aus der Küche seiner Mutter mit, die marokkanisch kochte. Er genoß es, so verwöhnt zu werden, und fragte noch lange nach seiner Freilassung nach ihm, wenn wir uns weit fort trafen.
Zuri Ben-Nun, der Oberaufseher, war der Mann, der meine Besuche bei Ta'mari ermöglichte – selbstverständlich erst, nachdem er die Genehmigung seiner Vorgesetzten eingeholt hatte. Er erklärte sich auch vorbehaltlos bereit, die ungewöhnlichste meiner Bitten weiterzuleiten: Ta'mari einen Tag Ausgang zu gestatten, damit er sich einmal im Land umsehen konnte.
Es war jedermann bewußt, daß Ta'mari kein gewöhnlicher Gefangener war. Er war der ranghöchste PLO-Offizier, der je in israelische Hand gefallen war. Es lag außerdem so gut wie auf der Hand, daß er nicht ewig in einem israelischen Gefängnis bleiben würde. Und wenn er dann schließlich freikam, mußte er den wichtigsten Leuten in der PLO Bericht erstatten. Das war der Grund, warum es meiner Meinung nach für *uns* so wichtig war, ihm das andere Israel zu zeigen. Vielleicht – immer: vielleicht – erkannte er, daß dieses Land doch nicht so war, wie es die bösartige palästinensische Propaganda hinstellte; daß es doch nicht so war, wie er selbst fest glaubte.
Vier Wochen nach seiner Gefangennahme und nur zwei Wochen nach meinem ersten Interview mit ihm wurde mir die Erlaubnis erteilt, ihn einen Tag mit «nach draußen» zu nehmen. Ich galt als

sein «Führer», und wir sollten von zwei Wachen begleitet werden. Ich war in Hochstimmung, als ich seine Zelle betrat, um ihm die frohe Botschaft zu überbringen. Seine einzige Reaktion bestand in der trockenen Frage: «Und wo gehen wir hin?»
«Wo *wollen* Sie denn hin?»
Er antwortete nicht sofort. Er wog die verschiedenen Möglichkeiten offenbar sehr sorgfältig gegeneinander ab. Mir kam der Verdacht, daß er über eine solche Möglichkeit schon nachgedacht hatte, bevor sie überhaupt Gestalt angenommen hatte. Seine Antwort überraschte mich: er wollte Yad Vashem besuchen, die Gedenkstätte für die sechs Millionen Opfer des Holocaust.
In seiner Wahl lag keine Arglist. Ich war bereits in der Lage, den Mann zu «lesen». Er wollte das wirklich. Bevor ich überhaupt eine Chance hatte, diesen Vorschlag zu verdauen, machte er schon den nächsten.
«Ich würde auch gern mit einem israelischen Schriftsteller zusammentreffen – Amos Oz oder Amos Kenan. Ich weiß, daß sie beide für den Frieden eintreten. Meinen Sie, daß Oz bereit wäre, mit jemandem wie mir zu reden?»
Ich sagte ihm, ich würde versuchen, es zu arrangieren – und zwar alles für den kommenden Tag. Bevor ich ging, nahm er mich beim Arm. «Ich würde gern noch jemanden kennenlernen.»
Ich sah ihn an. Was kommt denn jetzt noch, fragte ich mich.
«Ihre Frau.»

Am nächsten Tag stieß Amalia zu uns. Irgendwann unterwegs hörte Ta'mari auf, «dieser Terrorist» zu sein und wurde ein Mensch mit einem Namen und einer eigenen, unverwechselbaren Geschichte. Er war nun kein x-beliebiger Terrorist mehr, der sich um so leichter hassen ließ. Für Amalia war dies eine regelrechte Revolution: sie war in einem religiösen Elternhaus in Jerusalem aufgewachsen, und ihre Eltern waren Mitglieder der nationalistischen «Betar» unter Menachem Begin gewesen. Vielleicht hatten die eingelegten Gurken, vielleicht meine endlosen Erzählungen über ihn etwas damit zu tun. Einmal, ganz am Anfang, hatte Amalia zu mir gesagt: «Du bist zum Gefangenen eines Gefangenen geworden.»

Amalia unterscheidet sich in dieser Hinsicht in keiner Weise von den meisten Israelis, die im Schatten des palästinensischen Terrorismus aufwuchsen. Vom ersten Schultag an, wenn ihnen beigebracht wird, jeden verdächtigen Gegenstand – bei dem es sich schließlich um eine Zeitbombe handeln könnte – dem nächsten Erwachsenen zu melden, bis zu der Zeit, wo sie selbst Eltern werden und im Kindergarten und in den Schulen Wachdienst versehen, leben die Israelis mit einer handgreiflichen, augenfälligen Gefahr – Explosionen in Bussen, Messerstechereien in der Jerusalemer Altstadt, Kommandoüberfällen auf Grenzstädte und Kibbuzim. Nach beinahe vierzig Jahren Feindschaft zwischen Juden und Arabern ist es für beide Völker schwierig, Angehörige des jeweils anderen ohne Vorbehalte zu akzeptieren.

Amalia war bereit, den Umstand zu akzeptieren, daß ich die Dinge anders sah, obwohl sie sich schwertat, mir zuzustimmen. «Die Araber sind dein täglich Brot», sagte sie dann stets. «Du kennst ihre Sprache und Geschichte, und du kennst die Unterschiede zwischen ihnen. Für dich ist es sogar wichtig, diese Unterscheidungen treffen zu können. Ich kann das nicht.»

Schließlich und endlich gelang es ihr aber doch. Vorurteile und Verallgemeinerungen gerieten ins Wanken. Sie begann zwischen den palästinensischen Organisationen und ihren Forderungen zu unterscheiden, und sie begann an Salah Ta'mari menschliche Maßstäbe anzulegen. Besonders wichtig war ihr, daß er sich der Mühe unterzogen hatte, sich eingehend mit der jüdischen Geschichte und dem Zionismus zu befassen. Von so vielen gemischten Gefühlen belastet, trat Amalia Ta'mari dann schließlich von Angesicht zu Angesicht entgegen. Alles übrige schien sich wie von selbst zu ergeben.

Die tatsächliche Begegnung zwischen Amalia und Ta'mari an jenem Morgen war, glaube ich, für ihn schwieriger als für sie, wenn auch für beide unter den gegebenen Umständen doch ziemlich peinlich. Der Tag war überaus gründlich geplant, bis ins letzte Detail. Am Morgen wollten wir Amos Oz in seinem Kibbuz «Hulda» besuchen, und Yad Vashem am Nachmittag. Am Abend war dann ein gemeinsames Abendessen in unserem Haus in Ramat Hasharon vorgesehen. Ich sollte Ta'mari und die Wachen im Gefängnis abholen, während Amalia an einer nahe gelegenen Tankstelle auf uns wartete.

Schon bevor wir zur Tankstelle einbogen, war meinem Fahrgast nicht sonderlich wohl zumute. Ta'mari saß auf dem Rücksitz, eingequetscht zwischen zwei mit Maschinenpistolen bewaffneten Wachen, die uns völlig unbekannt waren und sich wahrscheinlich fragten, wie zum Teufel ich dazu kam, mit einem lausigen Terroristen eine Landpartie zu veranstalten. Amalia wartete aufgeregt am Straßenrand. Von meinem Platz aus, dem Fahrersitz, konnte ich Ta'mari im Rückspiegel beobachten: er atmete schwer, und sein Gesicht war so weiß wie ein Bettlaken. Er trug eine Binde vor den Augen.

Der Wagen hielt, und ich machte Amalia die Vordertür auf. Der betörende Duft von Parfum breitete sich im Fahrzeuginnern aus. Salah konnte sie nicht sehen, aber ihren Duft atmen. Wir legten einige Kilometer in bedrückendem Schweigen zurück, bis zu dem Punkt, an dem die Wachen Ta'mari die Augenbinde abnahmen.

«Wenn ich Sie mit meiner Frau bekannt machen darf», sagte ich gequält auf englisch. «Das ist Amalia.»

«Schön, Sie zu sehen», erwiderte er kalt. «Ich wünschte, ich hätte Sie unter angenehmeren Umständen kennenlernen können.» Es gab keinen Zweifel – es peinigte ihn, als Mann wie als Araber, einer unbekannten Frau in einer derart entwürdigenden Lage vorgestellt zu werden.

Amos Oz öffnete die Tür seines Arbeitszimmers und forderte uns auf, einzutreten und Platz zu nehmen. Die beiden Wachen blieben draußen. Oz verschwand in der kleinen Küche, in der er bereits einen Kaffee gekocht hatte. In der Zwischenzeit sahen wir uns um. Die Wände waren vom Boden bis zur Decke mit Bücherregalen zugestellt. Auch auf seinem Schreibtisch – mit Blick auf einen Feigenbaum – häuften sich Bücher und Zeitungen. Als er mit einem kleinen Tablett zurückkam, erläuterte er Ta'mari, daß er in diesem Raum nur arbeite und mit seiner Familie woanders wohne.

Der Kaffee und die Süßigkeiten halfen, das Eis zu brechen, und Oz erwies sich als hinreißender Gastgeber. Er war über Ta'mari bestens im Bilde und hatte das Interview im Radio gehört. Ta'mari erkundigte sich, woran Oz derzeit arbeite. Oz erwiderte, er schreibe einen Artikel über den Krieg im Libanon.

Ta'mari stürzte sich geradezu auf diese Antwort und kam ohne jede weitere Erwähnung literarischer Dinge direkt auf die Politik zu sprechen. Er sagte Oz, er halte diesen Krieg für unmoralisch. Ariel Sharons Versprechen, daß PLO-Kämpfer, die sich freiwillig stellten, anständig behandelt würden, werde nicht gehalten. Er fügte hinzu, mit Begins Versprechen, daß der Krieg nicht weiter als 45 Kilometer vorgetragen werde, sei es das gleiche gewesen; die israelische Politik sei in Bausch und Bogen unmoralisch.

Amos Oz, dessen ablehnende Haltung zum Libanon-Krieg wohlbekannt war, wechselte bald zu einem anderen Thema über. «Erzählen Sie mir von sich, Salah –» er nannte ihn beim Vornamen – «und dann erzähle ich Ihnen etwas über mich.»

Ta'mari begann. «Ich bin ein Palästinenser aus Bethlehem. Und ich gebe mein Äußerstes, wieder nach Bethlehem zurückzukehren, um dort ein menschenwürdiges Leben zu führen.» Er berichtete von seinen beduinischen Vorfahren, seiner Kindheit, seinem Onkel, der ihn auf dem Pferd nach Herodion mitgenommen hatte, einer uralten jüdischen Festung südlich von Jerusalem – an jenen Ort, an dem er, Ta'mari, sich immer gewünscht habe, ein Haus zu bauen.

Oz antwortete einfühlsam; er erzählte von seiner Kindheit in Jerusalem, von seinen Freundschaften mit arabischen Kindern aus der Nachbarschaft, und von seinem Eintritt in den Kibbuz als junger Mann. Oz' Worte haben einen ganz bestimmten Zau-

ber, und seine Stimme ist sanft und eindrucksvoll. Dennoch war Ta'mari mit seiner so gut wie nicht vorhandenen Unsicherheit die dominierende Persönlichkeit im Raum.
Er sprach von der Künstlichkeit der Grenzen. «Wir stellen uns Grenzen gern als etwas Absolutes vor, als hätte Gott sie persönlich gezogen. Aber jedem Menschen mit einem wachen Geist und ein klein wenig moralischem Anstand ist bewußt, daß Grenzen von Menschen gemacht werden. Menschen bleiben Menschen, egal auf welcher Seite einer Grenze sie leben. «Dennoch», fuhr er fort, «haben die Menschen den Wunsch nach Zugehörigkeit. Man kann seiner Straße zugehören, seinem Dorf, seiner Rasse, seinem Kontinent, man kann der Menschheit als ganzer zugehören. Nach 1967, als meine Überzeugungen Form anzunehmen begannen, kam ich zu dem Schluß, daß mein Endziel vielleicht darin bestand, Weltbürger zu werden. Es gibt aber noch etwas anderes, das für die Zugehörigkeit bestimmend ist», fuhr er fort, «und das ist die Gefahr.»
Oz unterbrach ihn. «Wollen Sie damit sagen, daß Sie die gemeinsame Gefahr zu einem Mitglied Ihrer Organisation gemacht hat?» – «Absolut», erwiderte Ta'mari. «Und ich will Ihnen noch etwas sagen. Eines Tages wird sich die ganze Menschheit angesichts einer gemeinsamen Gefahr – aus dem Weltall oder vielleicht wegen einer tödlichen Seuche – zusammenschließen. Aber wir sind bis auf weiteres nicht in der Lage, uns von unseren unmittelbaren Nachbarn zu lösen. Sie üben eine diktatorische Macht über uns aus. Es ist in jeder Gesellschaft wichtig, populär zu sein. Und das ist der Grund, warum ich um mein Recht auf Zugehörigkeit kämpfen muß, einmal mit dieser, einmal mit einer anderen Taktik.»
Die Fatah erwähnte er nicht. Er zog es vor, das Gespräch auf einer allgemeinen, philosophischen Ebene zu halten. «Ich kämpfe nun schon mein ganzes Leben um mein Recht auf Zugehörigkeit – aus dem einfachen Grund, daß mir dieses Recht genommen worden ist. Die Gefahr ist da, und ich muß ihr zusammen mit jenen entgegentreten, die das gleiche Schicksal haben. Wir müssen uns dazu der verschiedensten Strategien bedienen –

nicht notwendigerweise, um das Glück zu finden, sondern um weniger zu leiden.»

Die Diskussion zog sich noch eine ganze Weile hin, bis Oz den Vorschlag machte, eine Mittagspause einzulegen. Ta'mari und Amalia setzten sich als erste und waren bald in eine lebhafte Unterhaltung über Dina vertieft. Ihre ursprüngliche gegenseitige Befangenheit hatte sich in nichts aufgelöst. Mir fiel auf, daß Ta'mari mit Frauen umzugehen wußte – wenn er nicht von Wachen mit Maschinenpistolen gebremst wurde. Im übrigen hatte ich so eine Ahnung, daß Amalia, die ja schließlich auch Journalistin war, sich bereits im Hinterkopf jede Menge Notizen zur späteren Verwendung machte.

Bis ich mich gesetzt hatte, war Ta'mari schon mit dem Essen fertig. Er hatte seinen Teller sozusagen blitzsauber geputzt, und mir wurde unter Gewissensbissen bewußt, daß er sehr, sehr hungrig gewesen sein mußte.

Nach dem Mittagessen führte uns Oz durch den Kibbuz. Wir besichtigten die landwirtschaftlichen Gebäude – Viehstall, Hühnerhof, Traktorenschuppen. Ta'mari hielt Augen und Ohren offen, und ab und zu riß er von einem Strauch ein Blatt ab, zerrieb es zwischen den Fingern und sog seinen Duft ein. Schließlich landeten wir im Klub des Kibbuz; und diesmal führte Oz das Wort. Er referierte die Geschichte des Kibbuz bis zum Krieg von 1948 und verweilte ausführlich bei den freundschaftlichen Beziehungen, die vor diesem Krieg zwischen dem Kibbuz und dem nahe gelegenen arabischen Dorf bestanden hatten. Inzwischen war von dem Dorf nichts mehr übrig. (600000 palästinensische Araber waren während des Krieges aus Israel geflohen, manche aus freiem Willen, manche aus Angst und manche auf «Aufforderung» der israelischen Armee.)

Unsere letzte Station war das Kinderhaus. Wir gingen auf Zehenspitzen, weil die Kleinen ihren Nachmittagsschlaf hielten. Auf ihre kleinen Liegen hingegossen, schliefen sie den Schlaf der Unschuldigen. Ta'mari schien zu versteinern.

Viele Monate später, in einem anderen Land, gestand er mir, daß jener Besuch im Kinderhaus für ihn beinahe unerträglich schwer gewesen sei. «Zum erstenmal in meinem Leben wurde mir bewußt, wie schuldig ich war – obwohl es sich in Wirklichkeit um die Schuld an einem Verbrechen handelte, das ich gar nicht begangen hatte. Ich spürte alle eure Augen auf mich starren; spürte, wie sie prüften, ob auf mich das stereotype Bild paßt, das ihr von einem Palästinenser habt – das eines Kindermörders. Es war schrecklich», erinnerte er sich. «Meine Schuldgefühle und eure Gefühle mir gegenüber – und all diese schlafenden Kinder. Ich wußte nicht, was ich mit mir anfangen sollte. Ich fing an, mir die Bilder an den Wänden anzusehen. Ich bin damit vertraut, wie kleine Kinder zeichnen und malen. Ich habe viel mit ihnen gearbeitet, in den Flüchtlingslagern. Ich war wie benommen, fing an, alle möglichen Sachen in die Hand zu nehmen – Handtücher, Tassen, Blumenvasen. Alles, was mir vor die Finger kam. Und die ganze Zeit war mir, als sagte mir Amos Oz, daß dies die Menschen seien, die meine Kameraden umbrachten. Selbst wenn er das nicht dachte – ich war davon überzeugt, daß er es dachte.»

Als es Zeit zum Gehen war, verabschiedete sich Oz von Ta'mari mit Handschlag. «Wissen Sie», sagte er, «ich gehe nie zu Empfängen, obwohl ich häufig eingeladen werde. Aber ich verspreche Ihnen eines: Wenn der Tag kommt und Sie der Botschafter Ihres Landes in Israel sind, und wenn Sie mich zu Ihrem ersten diplomatischen Empfang einladen – dann gehe ich hin.»

Den ganzen Weg nach Jerusalem war Ta'mari still und hing seinen Gedanken nach – wie auch wir anderen. Und als wir in Yad Vashem ankamen, wurde er sogar noch verschlossener. Er ging wie hermetisch in eine Glaskugel eingeschweißt durch das Museum, als hätte er sich vorgenommen, nichts zu sehen, keine Reaktion zu zeigen. Anfangs versuchte ich mich noch als Führer, erläuterte die Exponate, doch seine völlige Unzugänglichkeit entmutigte mich. Die meisten Besucher gehen langsam durch das Museum, halten reflexartig vor jedem Ausstellungsstück inne. Ta'mari hingegen ging im Geschwindschritt von einer Greuelszene zur nächsten, ohne auch nur annähernd vor

einer zu verweilen. Amalia beobachtete die ganze Zeit über seine Miene, versuchte in seinen Gedanken zu lesen.
Was ihm in diesen Augenblicken durch den Kopf ging, erfuhr ich erst, als wir zeitlich und räumlich weit von Jerusalem entfernt waren.
«Während unseres Rundgangs durch Yad Vashem», sagte er mir, «ging mir auf, wieviel Sie und ich gemeinsam haben, Sie und ich persönlich und Ihr Volk und meines. Ich sah, was die Nazis getan hatten. Es waren antisemitische Mörder. Als Antisemiten hätten sie sich schließlich auch uns vorgenommen, meine Eltern und meine Familie. Es war nur eine Frage der Zeit. Sie und ich, wir sind beide Semiten – wir vielleicht sogar noch mehr. Die Dinge, die ich dort gesehen habe, waren mir nicht neu. Ich weiß, was Völkermord bedeutet. Ich weiß, was Morden heißt. Es war nicht das erste Mal, daß ich Leichenhaufen gesehen habe. Ich habe zu viele verstümmelte Glieder und gemarterte Körper gesehen, bei meinen eigenen Leuten. Nur daß –» und hier machte er eine bedeutungsvolle Pause – «nur daß wir kein Museum haben.»
Ich mochte ihm darauf keine Antwort geben. Es wollte mir nicht in den Kopf, wie ein Mann von seiner Intelligenz und Aufgeschlossenheit den Holocaust der Nazis mit der Tragödie der Palästinenser vergleichen konnte – gleich, welchen Teil der Verantwortung Israel dafür zu tragen hat. Ich wußte, daß er das schwere Leiden seines Volkes am eigenen Leib erfahren hatte, doch dieser Vergleich kam mir wie Propaganda reinsten Wassers vor.
Die Rückfahrt nach Tel Aviv verlief ohne besondere Vorkommnisse. Wir waren alle ziemlich wortkarg. Amalia und ich sagten ebenfalls nichts; es war ohnehin zweifelhaft, ob irgendein Wort von uns Ta'maris Sperre durchdrungen hätte. Als wir den Stadtrand erreichten, wies ich darauf hin, daß wir in Tel Aviv seien. Anscheinend reichte das, um ihn aus seinen Gedanken zu holen; er fragte nämlich sofort, ob wir nicht kurz einmal halten könnten. Er wollte unserer Tochter ein kleines Geschenk mitbringen. Ich stoppte an einem Kiosk und kaufte einen Beutel Luftballons für ihn.
Als wir im Haus waren, die Wachen immer hinterher, zeigte

Ta'mari keine Neigung, sich wie ein gewöhnlicher Gast zu benehmen. Weder bewunderte er die Bilder an den Wänden noch setzte er sich geduldig auf die Couch und wartete darauf, daß ihm seine Gastgeber ein Stichwort gaben. Statt dessen ging er von einem Zimmer zum nächsten – ins Kinderzimmer, in die Küche, hinaus in den Garten – und kehrte dann ins Wohnzimmer zurück. Er nahm den Hörer ab, hörte sich den Wählton an, legte wieder auf. Es war, als ob er sich vergewissern wollte, daß er sich in der wirklichen Welt befand.

Wir waren in diesen ersten paar Minuten genauso unsicher, wie wir unseren Gast behandeln sollten. Gast? Bekannter? Gefangener? Und so setzten wir uns einfach hin und überließen ihm die Initiative. Bald schütteten wir uns alle aus vor Lachen. Ta'mari hatte den Beutel mit den Luftballons hervorgekramt und blies sie auf, einen nach dem anderen, bis das ganze Wohnzimmer voll von ihnen war. Unsere Tochter Reyout – ihr Name bedeutet «Freundschaft» –, damals zweiundzwanzig Monate alt, hatte nur noch Augen für ihn.

Als er mit den Ballons fertig war, nahm Salah Reyout auf den Schoß und schaukelte sie auf den Knien. Amalia sah mich an, und ihr Blick verriet mir alles, was ihr durch den Kopf ging: *Unsere Tochter* auf den Knien eines Fatah-Kommandeurs! Und fühlte sich pudelwohl!!

«Wie hübsch sie ist!» sagte er. «Und ihre blauen Augen sind eine Sensation. Sie ist fast so hübsch wie die Kleine meiner Schwester. Die hat auch so große blaue Augen. Sie heißt Dina.» Dann ging er in die Küche, machte den Kühlschrank auf, schloß ihn wieder und begann in die Töpfe auf dem Ofen zu schauen.

«Was kochen Sie denn?»

«Makkaroni», erwiderte Amalia.

«Auf dem Herd?» rief er ungläubig. «Makkaroni macht man doch im Ofen! Eines Tages bring ich's Ihnen bei.»

Ich gab ihm Teller und Gläser zum Hinaustragen in den Garten, wo der Tisch gedeckt wurde. Die Wächter wußten nicht so recht, ob sie sich zu uns an den Tisch setzen sollten. Einer verfiel auf den Kompromiß, sich etwas zu nehmen und es auf dem Rasen

zu verzehren. Der andere blieb im Haus und döste auf der Wohnzimmercouch.
Zwei Nachbarinnen kamen Kinderwagen schiebend vorbei und blieben stehen, um guten Tag zu sagen. Wir stellten ihnen Ta'mari vor. Sie waren völlig perplex. Sie wußten genau, wer er war. Salah genoß jeden Augenblick. Ihm gefiel es, Menschen um sich zu haben, und unsere beiden Nachbarinnen setzten sich schon bald zu uns an den Tisch. Wir unterhielten uns auf englisch – obwohl keiner von uns es so gut sprach wie er.
Eine der Frauen flüsterte mir auf hebräisch zu: «Also, gut aussehen tut er ja!»
«Sei vorsichtig», ermahnte ich sie. «Wenn er gut aussieht, könnte er sich am Ende noch als menschliches Wesen entpuppen.» Es war faszinierend zu beobachten, wie alle ihre ewigen Weisheiten über «die Terroristen» im Gespräch mit Ta'mari ins Wanken gerieten – schon beim ersten Zusammentreffen mit einem leibhaftigen palästinensischen Offizier.
Wir saßen noch ungefähr eine Stunde zusammen, kämpften mit den Moskitos und tranken Kaffee, bis Ta'mari befand, daß es Zeit zum Aufbruch sei. «Die im Gefängnis müssen ja denken, daß ich Sie alle entführt habe.»
Die Rückfahrt verlief ausgesprochen beschwingt. Die Peinlichkeit am Morgen und die Beklemmung am Nachmittag waren verflogen. Wir fühlten uns wohl miteinander; die Höhen und Tiefen des Tages hatten uns einander nahegebracht. Wir plauderten über dieses und jenes, und ich sagte ihm, ich sei froh, daß er und Amalia sich so gut verstanden hätten. Wir redeten über unsere Frauen, Ehe und Familie und... Frauen im allgemeinen...
Als wir kurz vor dem Gefängnis waren, drehte er sich zu mir um und sagte: «Bei Ihnen zu Hause zu sein war verdammt schwer für mich. Es war nicht einfach, aber es war schön. Wenn ich vergessen haben sollte, ‹danke› zu sagen, dann deshalb, weil ich an etwas zu knapsen hatte – ich habe versucht, mit meinem Heimweh fertig zu werden.»

Nichts wird mehr sein wie es vorher war

«El Al-Flug 338 aus London soeben gelandet.»

Es war kurz vor neun Uhr abends. Über dem Flughafen hing ein schwüler, schwerer Augusthimmel. Ich – im besten Anzug samt Krawatte – saß in einer VIP-Lounge mit Air-conditioning und rauchte eine Zigarette nach der anderen wie ein nervöser Bräutigam. Obwohl alles nach Plan zu laufen schien, lag eine spürbare Spannung in der Luft, die von einer gewissen Unsicherheit herrührte: Kam sie nun, oder kam sie nicht?

Das Außenministerium hatte Dalia Ne'eman, eine seiner erfahrensten Kräfte, als persönliche Begleiterin für die Besucherin abgestellt. Dalia gestand mir, «ganz verrückt vor Neugier» zu sein. Mir ging es genauso. Ich hatte in meinem ganzen Leben noch keine leibhaftige Königin kennengelernt.

Die Durchsage brachte uns auf die Beine. Ich drückte meine wer weiß wievielte Zigarette aus, und Dalia würgte ihren restlichen Kaffee hinunter. Zusammen gingen wir über das Vorfeld zum Flugzeug, wo bereits eine schwarze Limousine des Außenministeriums wartete.

Dina war unter den ersten Passagieren, die ins Freie traten. Der warme Wind fuhr ihr ins Haar, und sie strich sich einige Locken nach hinten, während sie die Gangway herunterkam, auf der sie ein wenig jonglieren mußte, weil sie eine kleine Reisetasche und zwei Pakete zu tragen hatte. Ich hatte bisher nur ein Bild von Dina gesehen – in ihrem und Salahs gemeinsamem jordanischen Paß. Und obwohl zwischen der Frau auf dem verblichenen Bild

und der, die gerade die Treppe herunterkam, recht wenig Ähnlichkeit bestand, war eine Verwechslung ausgeschlossen. Ich erkannte sie auf den ersten Blick.
Die Initiative zu diesem Besuch in Israel war allein von Dina ausgegangen. Noch in der Nacht nach dem Interview mit Ta'mari hatte ich versucht, sie per Telefon ausfindig zu machen. Obschon es bereits nach Mitternacht war, hatte ich mich schnurstracks in die Studios von «Kol Yisrael» begeben und von dort in Kairo angerufen. Ta'maris Schwester Jihad hatte sich am anderen Ende der Leitung gemeldet. Als ich ihr eröffnete, ich hätte eine Nachricht von Salah, stieß sie einen freudigen, herzzerreißenden Schrei aus: Es war das erste Lebenszeichen von ihrem Bruder. Als sie sich beruhigt hatte, sagte sie mir, daß Dina möglicherweise mit Rihab – einer weiteren Schwester und der Frau von Nur Ali – in Belgrad sei.
Belgrad und PLO, das leuchtete ein, Kader der PLO waren dort häufig auf Kurs, und das schien derzeit auch auf Nur Ali zuzutreffen. Der zweite Anruf bei der Nummer, die Jihad mir gegeben hatte, erwies sich ebenfalls als Sackgasse. Wieder Freudenschreie und ungläubiges Staunen; ich konnte mithören, wie Rihab ihrem Mann zurief: «Nur! Salah lebt! Die Juden halten ihn gefangen.» Aber immer noch keine Dina. Rihab sagte mir, sie habe noch am Morgen mit Dina gesprochen. «Sie versucht schon seit Kriegsbeginn herauszufinden, was aus Salah geworden ist.» Nein, sie wisse nicht genau, wo Dina sei, aber das könne ich von einer Freundin von ihr erfahren, die in Rom arbeite. Könne ich ihr bitte meine Telefonnummer in Tel Aviv geben?
Ein paar Tage darauf erhielt ich einen Anruf aus Rom. Es war Dinas Freundin; sie redete zum erstenmal in ihrem Leben mit einem Israeli. «Dina ist auf dem Weg nach Kairo. Sie wird Sie morgen nachmittag direkt von dort anrufen.» Es hatte ein paar Tage gebraucht, bis die Nachricht Dina erreichte, aber in der Minute, in der sie sie erhielt, war sie von ihrem derzeitigen Aufenthaltsort abgereist, nur um hier anrufen zu können.
Als der Anruf aus Kairo dann kam, war es Amalia, die abnahm.

Anfänglich reagierte sie formal, nachgerade kühl, doch gelang es ihr nicht, dem Sturm von Gefühlen am anderen Ende der Leitung standzuhalten. Bald schon beruhigte sie die aufgewühlte Fremde: «Machen Sie sich keine Sorgen. Ihrem Mann geht es gut. Sie können mir glauben.» Amalia rief mich ein paar Minuten darauf im Studio an. «Dina wartet in Kairo auf deinen Anruf», sagte sie mir. «Ruf sofort zurück, laß sie bloß nicht warten.» Auch Amalia, das wurde mir jetzt bewußt, war mit einemmal in dieses menschliche Drama einbezogen. Ich meldete den Anruf beim Fernamt an. Amnon, der für die sendefertige Bearbeitung meines Interviews mit Ta'mari zuständige Tontechniker, hatte den Mitschnitt des Gesprächs vorbereitet. Er war beinahe so aufgeregt wie ich.
Das Telefon hatte in Kairo noch gar nicht richtig geklingelt, als eine Stimme am anderen Ende rief: «Hallo? Hallo! Endlich! Vielen, vielen Dank!» Ihre Stimme zitterte. «Die Nachricht hat mich erst gestern am späten Abend erreicht. Ich bin so schnell hergekommen, wie ich konnte. Ich bin ja so dankbar. Es war ja so nett von Ihnen, nach mir zu suchen. Vielen, vielen Dank!»
Ich sparte mir sämtliche am Telefon üblichen Floskeln. «Ich kann verstehen, daß Sie sehr erregt sind. Ich möchte Ihnen versichern, daß Ihr Mann wohlauf ist. Ich habe ziemlich viel Zeit mit ihm verbracht.»
«Wann – wenn ich fragen darf?»
«Also, zum letztenmal habe ich ihn vor ungefähr einer Stunde gesehen.»
«Werden Sie ihn wieder besuchen können?»
«Ich hoffe doch. Ich sehe keinen Grund, der dagegen spräche.»
Und dann entschuldigte ich mich im voraus für die intime Botschaft, die ich nun auszurichten hatte. Mir war selbst ein wenig peinlich dabei, aber ich war entschlossen, es hinter mich zu bringen. «Ihr Mann hat mich gebeten, Ihnen auszurichten, daß er Sie liebt. Er möchte, daß Sie wissen, daß ihm der Gedanke an Sie in seinen schlimmsten Stunden den Mut zum Durchhalten gegeben hat.» Ich hielt mich getreulich an Ta'maris Worte. «Er hat

mich gebeten, Ihnen zu sagen, daß er Sie eines Tages für all die Zeit entschädigen wird, die er fort sein mußte.» Schließlich fiel mir noch etwas ein. «Und dann hat er mich noch auszurichten gebeten, daß anscheinend alles wegen des Papierstückchens so gekommen sei.»
«Das hat er tatsächlich gesagt?» fragte sie überrascht. «*Ich* bin doch abergläubisch, nicht er.»
«Vielleicht hat er sich verändert», sagte ich, endlich ein wenig erleichtert.
«Ich hoffe, es ist die einzige Veränderung», sagte sie und fügte dann noch hinzu: «Sagen Sie ihm, daß ich ihm meine Liebe sende. Oder, noch besser: Sagen Sie ihm, daß Penelope wartet und hofft ... und daß ich stolz auf ihn bin, gleich, wie die Dinge liegen, gleich, was er getan hat oder tun will. Sagen Sie ihm, er soll sich keine Sorgen um mich machen.»
Amnon wendete das Band. Das Gespräch war noch nicht zu Ende; Dina hatte noch etwas zu sagen, und sie sagte es unumwunden, ohne lange Vorrede: «Meinen Sie, ich könnte ihn besuchen? Wäre so etwas überhaupt möglich? Es ist das, was ich am allerliebsten möchte und wenn es nur für eine Stunde wäre.»
Ihre Frage traf mich unvorbereitet. «Ich weiß es nicht», sagte ich, «da muß ich erst einmal vorfühlen. Aber ich werde nachfragen, das verspreche ich.»
Nun mußte ich also den Versuch unternehmen, diejenigen, die darüber zu entscheiden hatten, davon zu überzeugen, Dina einen Besuch in Israel zu gestatten. Ich war jedoch der Ansicht, daß ich am besten zunächst einmal sondierte, was denn wohl Ta'mari von dieser Idee hielt. Seine Reaktionen waren alles andere als vorhersehbar. Und außerdem mußte ich auch erst einmal selbst mit mir darüber ins reine kommen, wo eigentlich in diesem menschlichen Drama die Scheidelinie zwischen meiner Rolle als Journalist und meiner Rolle als «Freund» – wenn ich das so nennen durfte – denn nun genau verlief.
Am nächsten Morgen um sieben Uhr wurde das Interview in voller Länge gesendet und später im wöchentlichen Nachrichtenmagazin wiederholt. Am Tag darauf erhielt ich die Genehmi-

gung, Ta'mari ein weiteres Mal zu besuchen. Zuri Ben-Nun wartete schon auf mich, als ich eintraf. Er begrüßte mich mit einem verschmitzten Lächeln. «Also, diese Medienfritzen sind ja unersättlich. Jetzt will das Fernsehen auch noch mitmischen.» Ta'mari, berichtete er, habe nichts dagegen – vorausgesetzt, er werde von mir interviewt. Das Fernsehen wolle Ta'mari zur Aufnahme des Interviews in seine Tel Aviver Studios holen. «In diesem Fall muß der Prophet zum Berg gehen.»
Ich ging zu Ta'maris Zelle. Bei meinem Eintreten stand er auf. Es war mein dritter Besuch in kaum einer Woche. Er war gespannt darauf, was ich Neues wußte, aber zuerst – *noblesse oblige* – wollte er mir einen Kaffee machen.
Ich stellte erleichtert fest, daß ich Dinas Botschaften an ihn auszurichten vermochte, ohne jede Peinlichkeit zu verspüren. «Sie sagte, ich solle Ihnen ausrichten, daß sie Ihnen ihre Liebe schickt...» – «Oder, noch besser», unterbrach er mich, «daß Penelope wartet und hofft.» Ein trockenes Lächeln huschte über sein Gesicht. «Und daß sie eine *Oumra* –» eine private Pilgerfahrt nach Mekka – «unternommen hat, um für Sie zu beten.»
Dann kam ich ganz nebenbei darauf zu sprechen, daß sie ihn ja vielleicht – aber nur vielleicht – sogar besuchen könne. Seine Reaktion war prompt – und empört.
«Hier? In diesem stinkenden Loch? Haben Sie den Verstand verloren? Nie im Leben!»
«Wollen Sie sagen, daß Sie sie nicht sehen wollen? Sie sind dagegen, daß sie kommt und Sie besucht?»
«Genau! Ich bin dagegen, daß sie mich besucht.»
«Können Sie mir sagen warum?»
«Sicher. Weil ich sie liebe und an einem Ort wie diesem nicht mit ihr zusammen sein will. Meine Erinnerungen an sie sind das einzige, was das Leben hier – wenn man das hier überhaupt Leben nennen kann – erträglich macht. Wenn ich an sie denke, wird es hier viel heller. Ich habe ihr einmal geschworen: Wenn ich jemals mein Land aufgebe, müßte ich auch sie aufgeben.»
«Okay», sagte ich, «lassen wir es erst mal auf sich beruhen. Die

Genehmigung ist sowieso noch nicht erteilt, und ich glaube nicht, daß viel Hoffnung darauf besteht.»
«Die Genehmigung», sagte er. «Genau das regt mich so auf.»

Tags darauf wiederholte Ta'mari unter den Bogenlampen des Fernsehens die Kernpunkte dessen, was er schon in seinem Rundfunkinterview gesagt hatte. Hinterher schlug der Begleitoffizier vor, doch auf einen Kaffee am Dizengoff-Boulevard vorbeizuschauen, wo sich die beliebtesten Tel Aviver Cafés aneinanderreihen. Die meisten waren gesteckt voll – es war Mittagszeit –, aber im *Park* fanden wir dann doch noch einen freien Tisch. Keiner der Stammgäste des *Park* oder des *Ditza* oder des *Cassit*, die ein und aus gingen oder auf dem Boulevard vorbeiflanierten, hatte auch nur einen Blick für unseren «Gast» übrig. Nur eine Korrespondentin, die das Interview am Morgen gehört hatte und kurz vorbeischaute, um guten Tag zu sagen, musterte ihn mißtrauisch.
Als wir wieder aufstanden, fiel Ta'mari eine Buchhandlung in der Nähe auf, und er fragte, ob es uns etwas ausmache, dort auf eine Minute hineinzuschauen. Wir waren länger als eine Minute drin. Nachdem er sich umgesehen hatte, borgte er sich etwas Geld von mir und kaufte sich zwei Bücher von Amos Oz in englischer Übersetzung, einige Bücher zur Geschichte des Zionismus und zur jüdischen Geschichte und vier über den Holocaust.
Wenige Minuten nachdem ich nach Hause gekommen war, klingelte das Telefon. Dina war dran. Die Verbindung war miserabel, aber wir machten das beste daraus.
«Ich habe Ihrem Mann von der Idee mit dem Besuch erzählt», sagte ich, da ich mir vollkommen darüber im klaren war, daß sie nur deswegen angerufen hatte. Ich wußte nicht so recht, wie ich sie anreden sollte; ich war mir nicht sicher, ob ich sie beim Vornamen nennen konnte, und «Frau Ta'mari» kam schon gar nicht in Frage. Sie war in ihrem ganzen Leben noch nicht mit «Frau Ta'mari» angesprochen worden.
«Ist er dagegen?» wollte sie wissen.

«Sie haben recht, aber ich habe immer noch Hoffnung.»
«Er ist also dagegen. Und was sagen Ihre Behörden?»
Plötzlich kam mir ein glänzender Einfall. Da Dina ägyptische Staatsbürgerin war, konnte sie doch schlicht und einfach zur israelischen Botschaft in Kairo gehen, sich ein Visum geben lassen und als Touristin hierherkommen. Meine Begeisterung verflüchtigte sich allerdings rasant: So konnte eine Königin ihren Mann in der Gefangenschaft des Feindes auf keinen Fall besuchen. «Ich habe Ihnen versprochen, das abzuklären, und das werde ich auch tun. In der Zwischenzeit», fügte ich hinzu, «können Sie Ihren Mann morgen auf der arabischen Welle von Radio Israel hören. Und morgen abend können Sie ihn im israelischen Fernsehen sehen.»
Ihr blieben vierundzwanzig Stunden, um von Kairo nach Amman zu gelangen, wo Rundfunk und Fernsehen aus Israel ausgezeichnet zu empfangen sind. Sie brauchte nicht so lange. Ich dagegen brauchte schon etwas länger, um die Genehmigung für ihren Besuch in Israel aufzutreiben.
Als ich zum erstenmal vor einem ranghohen Offizier der israelischen Armee auf das Thema zu sprechen kam, zuckte er einfach mit den Schultern. Die Idee kam ihm absurd vor: König Husseins Ex-Frau zu Besuch bei einem PLO-Gefangenen im Herzen des feindlichen Territoriums. Ich gab dennoch nicht auf; ich kannte ihn persönlich und zählte auf den Umstand, daß unter der Uniform und dem gebieterischen Äußeren ein aufgeschlossener Mensch steckte. «Weißt du», sagte ich, «sie könnte doch einfach als Touristin kommen. Sie hat einen ägyptischen Paß.» Die Idee amüsierte ihn, und wir begannen sämtliche Pros und Kontras der Lage durchzusprechen. Angesichts der Feindseligkeit der internationalen Medien gegenüber Israel im Gefolge des Libanon-Kriegs konnte eine humanitäre Geste solcher Art nicht schaden. Selbst wenn der Besuch streng geheim blieb, würde sie, Dina, schon wissen, wie die Botschaft dort anzubringen war, wo sie zählte. Zu guter Letzt erklärte er sich bereit, den Vorschlag an seine Vorgesetzten weiterzuleiten. Einige Tage später wurde ich von besagtem ranghohen Offizier ins Büro be-

stellt. «Also gut», begann er trocken und ein bißchen großspurig, «sie kann für achtundvierzig Stunden kommen, als Gast der israelischen Regierung.»
Ich instruierte Dina per Telefon, zum El Al-Counter im Londoner Flughafen Heathrow zu gehen, wo sie ein Visum in ihren ägyptischen Paß erhalten werde. Sie wollte wissen, ob sie ihrem Mann ein paar Kleinigkeiten mitbringen dürfe. Ich sah keinen Grund, warum das nicht möglich sein sollte.
Während sie jetzt die Treppe herunterkam, war ich mir sicher, daß die beiden Päckchen «ein paar Kleinigkeiten» für Ta'mari enthielten. Auf eines der beiden traf das auch zu. Das andere war für uns, Amalia und mich. In beiden befand sich Käsekuchen von *Louis'* an der Londoner Finchley Road. Während eines unserer zahlreichen Telefonate hatte ich Dina erzählt, daß Amalia und ich unsere Flitterwochen in London verbracht und uns jedesmal, wenn es regnete – also praktisch jeden Tag – ins *Louis* geflüchtet und über Käsekuchen hergemacht hatten, bis der Regen aufhörte. Ich sollte entdecken, daß Dina diese kleinen Anekdoten nie vergaß. Ta'mari, so stellte sich heraus, war ebenfalls ein großer Käsekuchen-Liebhaber.
Als sie festen Boden betrat, sah sie sich, wie zu erwarten war, etwas unbehaglich um. Ich winkte ihr zu, und in dem Augenblick, in dem sie mich erspäht hatte, begann sie erleichtert zu lächeln. Ich ging auf sie zu, und sie begrüßte mich mit den Worten *«Ahalon*, Aharon*!»* – «Seien Sie gegrüßt, Aharon!», worauf ich *«Ahalan w'sahalan!»* – «Seien Sie gegrüßt» erwiderte, «und willkommen in Israel!» Ihre Antwort: «Da wäre ich also» – und da stand ich nun vor der früheren Königin von Jordanien.
Dina war dreiundfünfzig, vierzehn Jahre älter als Salah. Obschon keine Schönheit im klassischen Sinne, strahlte ihr attraktives Gesicht Adel, Eleganz und Wärme aus. Ihre hohe Stirn und die tiefbraunen Augen verliehen ihr einen Ausdruck der Offenheit. Ihr Haar war hellbraun, von Grau durchsponnen, und hochgesteckt. Sie trug schlangenförmige, mit wertvollen Steinen besetzte Ohrringe. Sie hatte ein hervorragend geschneidertes schwarzes Kostüm an, das ihrer eher vollschlanken Figur sehr

gut stand, und Stöckelschuhe. Ich habe bis heute nicht begriffen, wie sie sich mit ihnen so flink und graziös vorwärts bewegen konnte.

An Ta'maris Widerstand gegen den Besuch hatte sich zwar kein bißchen geändert, doch an den Fakten änderte das nun auch nichts mehr. Schließlich waren wir drei – Dina, ich, die israelischen Behörden – gegen einen.

Als ich ihn abholen kam – er war schon am Morgen in ein Haus in der Umgebung von Tel Aviv verlegt worden –, saß er mit seinen Wächtern im Garten und aß zu Abend. Sie hatten den Tag beim Sheshbesh – Backgammon – verbracht. Der Bart, den er sich im Gefängnis hatte wachsen lassen, war verschwunden. Er war so glatt rasiert wie für eine Rasierreklame. Er trug Bluejeans, ein Jeanshemd und sportliche Halbschuhe. Der Ledergürtel an seiner Hose war einmal meiner gewesen – bis zum gestrigen Tag, als er ihn bewundert und dann auf Dauer «ausgeborgt» hatte.

«Dina ist auf dem Weg in ihr Hotel», sagte ich.

Ta'mari steckte sich eine Zigarette an. «Wo liegt es?»

«Am Strand.»

«Wieviel Sterne?» fragte er süffisant.

«Fünf», antwortete ich, «und das Zimmer hat Seeblick. Phantastisch.»

«Ihr Israelis steht auf königliche Hoheiten, was?» kartete er nach; er war darauf aus, mich auf die Palme zu bringen. Er schien also doch nervös zu werden.

«Wir lieben königliche Hoheiten.»

«Da seid ihr nicht die einzigen. Die ganze Welt tut es.»

«So wie Sie jetzt aussehen, scheint es Ihnen auch nicht viel anders zu gehen», erwiderte ich. «Na, dann wollen wir mal.»

Wir stiegen in den Wagen, Ta'mari, die Wachen und ich. Fast die ganze Fahrt über schwieg er. Schließlich brach er sein Schweigen dann doch.

«Irgendwas stimmt an der ganzen Geschichte nicht. Warum habt ihr sie hierhergebracht? Ihr habt nicht an sie gedacht, nur an euch selbst.» Er hob die Stimme. «Wie, glauben Sie, wird ihr hinterher zumute sein? Wie, glauben Sie, wird ihr zumute sein, nachdem sie mich in einem Luxushotel getroffen hat und sie dann zurückgeht, wohin sie zurück muß – und weiß, daß ich dorthin zurückkehre, wo ich hergekommen bin? Hat sich jemand mal darüber Gedanken gemacht?»

«Salah», sagte ich, «*sie* will Sie sehen. Wir haben es lediglich ermöglicht.»

«Warum wollt ihr dann nicht Nägel mit Köpfen machen? Warum dürfen wir dann nicht auch die Nacht zusammen verbringen?»

Ich begann allmählich die Geduld mit ihm zu verlieren. «Warum warten Sie denn nicht erst einmal ab, was passiert? Vielleicht ändert sich noch was. Ich bin nicht für diese Arrangements verantwortlich.»

«Was soll sich ändern? Warum sollte sich etwas ändern – außer vielleicht zum schlechteren? Gerade heute morgen hat mir Ben-Nun noch gesagt, daß er nicht weiß, wie lange ich noch in diesem Loch hocken werde.»

Das näher rückende Zusammentreffen mit Dina hatte ihm anscheinend den Gedanken unerträglich gemacht, wieder in die Einsamkeit seiner Zelle zurückkehren zu müssen.

Im achtzehnten Stock traten wir aus dem Aufzug. Auf beiden Seiten der Tür zu Dinas Zimmer saß eine Wache. Sie standen auf, während wir uns näherten. Ta'mari kannte sie und gab ihnen die Hand. Einer klopfte an die Tür, und der andere öffnete. Dina und Dalia saßen einander an einem kleinen Couchtisch gegenüber und warteten. Sie erhoben sich, als wir eintraten. Dina flog ihrem Mann nicht entgegen, und er stürzte nicht auf sie zu. Zuerst die unerläßliche Zeremonie: Dalia mußte Ta'mari vorgestellt werden.

Ta'mari war mindestens zwei Köpfe größer als sie. Seine ersten Worte an sie waren: «Du hättest nicht kommen sollen, Dina.»

«Warum nicht? Ich habe ein Recht, dich zu besuchen. Ich wäre bis ans Ende der Welt gegangen, nur um zu sehen, daß es dir gutgeht und du gesund bist.»

«Seinen Bart haben Sie allerdings versäumt», warf ich ein in der Hoffnung, die Anspannung der ersten paar Minuten ein wenig zu lindern.
«Nicht ganz», lächelte sie und wandte sich wieder Ta'mari zu. «Ich hab dich im Fernsehen gesehen, in Amman. Aber ich muß sagen, du gefällst mir so besser.»
«Du hättest mich nehmen müssen, wie du mich angetroffen hättest, so oder so», sagte er, immer noch zugeknöpft.
«Da hast du wohl recht», gab sie zurück und sah ihn unverwandt an.
Es klopfte an der Tür, und eine der Wachen kam mit vier Koffern herein. Zum erstenmal grinste Ta'mari aus vollem Herzen. «Was, nur vier? Was war denn los? Keine Zeit zum Packen?»
Dina machte sich auf der Stelle über die Koffer her und begann mit dem Auspacken. Es war, als hätten sich ihre Hände selbständig gemacht. Sie nahm ihren Blick keine Sekunde von Ta'mari. «Wie ist es dir ergangen? Ist es sehr schwer für dich? Deine Augen sind so rot.»
«Mir geht es ganz ordentlich, Dina», erwiderte er sanft.
Dalia stand auf und sagte zu Dina: «Ich bin morgen gegen neun hier. Gute Nacht, alle miteinander.» Mir wurde bewußt, daß meine Anwesenheit in diesem Zimmer immer bedrückender wurde. Dina trat auf mich zu und sagte: «Danke, daß Sie das ermöglicht haben.» Wir reichten uns alle die Hand, und ich spürte ihre Hand einen Augenblick länger in meiner ruhen. Sie standen ganz nahe beisammen, als ich ging, und ihre Augen folgten mir auf den Flur. Kurz nachdem ich gegangen war, wurde Ta'mari wieder in seine Unterkunft gebracht.

Am nächsten Morgen traf sich Dalia mit Dina zum Frühstück. Bevor sie jedoch das Hotel verließ, rief sie mich zu Hause an. Sie wollte mir noch einmal danken und wissen, wann sie Amalia kennenlernen würde. Ich erklärte ihr, daß wir uns zum Mittagessen träfen und daß ich Salah mitbringen werde. Danach würden wir gemeinsam zu unserem Haus in Ramat Hasharon fahren und mit Amalia Kaffee trinken.

Das Mittagessen war kein besonderer Erfolg. Weder Dina noch Ta'mari aßen viel, und Ta'mari ging es vor allem darum, seine abfälligen Ansichten über israelische Gefängnisse, israelische Wachen und die Art loszuwerden, wie Israel seine Gefangenen im Südlibanon behandelte. Er sprach laut und erbittert. Dina hörte schweigend zu.

«Wenn du wieder in Europa bist», und seine Worte waren auch für mich und Dalia bestimmt, «möchte ich, daß du eine Pressekonferenz einberufst und alles berichtest, was ich dir gesagt habe. Das ist es, was ich von dir will.» Dinas Antwort war sanft. «Ich will alles tun, was du für richtig hältst, aber du weißt, daß wir kein Aufsehen erregen wollen. Außerdem betrachte ich diesen Besuch als rein private Angelegenheit. Ich habe nicht die Absicht, ihn an die große Glocke zu hängen.»

Als wir uns von Dalia verabschiedet hatten und ins Auto stiegen, wandte ich mich plötzlich zu Dina um und fragte: «Hatten Sie keine Angst, hierherzukommen?» – «Ich kann nicht sagen, daß ich gar keine Furcht empfunden hätte. Sogar jetzt noch muß ich sagen, daß ich mich nicht besonders wohl fühle.» Dina sah mir direkt in die Augen. «Ich fühlte instinktiv, daß ich Ihnen vertrauen konnte. Der Umstand, daß Ihre Seite den Besuch erlaubte, verstärkte meinen Eindruck, daß ich es mit jemandem zu tun hatte, dessen Motive humanitärer Art waren. Wissen Sie, ich bin vollauf davon überzeugt, daß offene und ehrliche Beziehungen zwischen den Völkern Berge versetzen können. Was ich getan habe und was Sie und Amalia für mich getan haben, kann nur zum Guten ausschlagen.» Dann fügte sie noch hinzu: «Ich brenne regelrecht darauf, sie kennenzulernen.»

«Zählen Sie bis zehn», sagte ich, «und wir sind da.» Ich drehte mich zu Ta'mari um, der im Fond saß. «Oder vielleicht zählen Sie. Sie sind schon den ganzen Weg so ruhig.» Dina lachte.

Amalia erwartete uns vor dem Haus. Sie hielt Reyout, unsere zweijährige Tochter, auf dem Arm. Die Aufregung stand ihr sichtlich ins Gesicht geschrieben.

Dina stieg aus dem Wagen, ging auf Amalia zu und schenkte ihr einen Bougainvilleazweig, den Ta'mari unterwegs besorgt hatte. «Was für ein schönes Mädchen», sagte sie, und die beiden Frauen boten ein bewegendes Bild – jede auf ihre Weise aufgeregt und jede versucht, ihre Aufregung zu verbergen, so gut es eben ging.

Wir gingen durchs Haus und in den Garten. Amalia trug Kaffee auf, und Dina saß mit der Tasse und der Untertasse auf dem Schoß da, die Beine gekreuzt und den Rücken so gerade haltend, wie es sich für eine Herrscherin ziemte. Sie nahm weder Milch noch Zucker und auch keinen Kuchen. Ta'mari spielte unterdes mit Reyout – die ihn als wundervollen Spielgefährten empfand – Verstecken. «Sie ist so hübsch wie die Töchter von Nur Ali», sagte er, «und das heißt verteufelt hübsch.»

Es dauerte nicht lange, bis ich spitzgekriegt hatte, daß Dina es müde war, den perfekten Gast zu spielen. Sie wollte eigentlich nur eins: mit ihrem Mann reden oder, genauer gesagt, ihm zuhören.

Jedesmal wenn Amalia in der Küche verschwand, schien sie ihre Rückkehr ein wenig mehr in die Länge zu ziehen. Schließlich bat sie mich, kurz hereinzukommen und eine Cola-Flasche aufzumachen. «Bleib doch einen Augenblick hier», sagte sie ein bißchen ungehalten. «Siehst du denn nicht, daß sie allein sein wollen?»

Von der Küche aus konnte ich sie aneinandergelehnt stehen und hastig und leise miteinander reden hören. Ich hielt mich eine Weile im Haus auf, zuerst in der Küche, dann am Telefon, und als ich schließlich in den Garten zurückkam, sah mich Ta'mari an wie einen Mitverschworenen: «Sie haben aber ziemlich lange gebraucht, um diese Flasche aufzukriegen. Dina hätte Ihnen aus London einen guten Flaschenöffner mitbringen sollen.»

Dina fragte mich, ob ich ihr das Interview in der Fassung vorspielen könne, wie es von «Kol Yisrael» gesendet werde, und ich tat ihr den Gefallen. Sie lauschte seinen Ausführungen in Englisch und in der hebräischen Übersetzung ganz konzentriert und hob nur von Zeit zu Zeit die Augen, um ihren Mann anzusehen.

Sie schien meine Gedanken lesen zu können, denn sie drehte sich zu mir um und sagte: «Wenn er redet, klingt es besser, überzeugender, dramatischer.» Sie bewunderte ihren Mann, und es machte ihr überhaupt nichts aus, wenn man das merkte. Ta'mari seinerseits sah Dina nun wie seinen Richter an, der im Begriff stand, sein Urteil zu verkünden. Ihre Reaktion war ein Indiz dafür, wie die anderen reagieren würden – seine Kameraden in der Fatah, seine Vorgesetzten, seine Familie. Und er gab ihr nicht eben viel Bedenkzeit. Er wollte sofort wissen, was sie davon hielt. Lange bevor ich mir voll darüber im klaren war, hatte Ta'mari begriffen, daß dieses Interview ein Meilenstein in seinem Leben, für seine Zukunft in der PLO war. Dina verstand seine Empfindungen vollkommen.

Bevor wir Dina ins Hotel und Ta'mari zu seinen Wachen zurückbrachten, wichen wir noch ein wenig vom Protokoll ab. Wir verehrten Dina ein kleines Geschenk – eine Keramikvase aus einer der Kunstgalerien von Jaffa. Dina war verlegen, erfreut und dankbar zugleich. «Ich hoffe, Sie werden auch ein paar kleine Andenken von mir annehmen», sagte sie und stellte drei kleine Päckchen auf den Tisch. Das eine enthielt eine silberplatinierte Zigarettendose für mich, eins eine Brosche in Form einer Schlange für Amalia und das dritte eine türkisbesetzte Halskette für Reyout.

Am nächsten Abend kamen wir ins Hotel, um Dina Lebewohl zu sagen. Sie reiste am kommenden Morgen in aller Frühe ab. Auf dem Weg fragte mich Amalia, ob ich der Ansicht sei, daß Ta'mari diese Geste Israels – mitten im Krieg den Besuch seiner Frau zu gestatten – wirklich zu schätzen wisse.

«Warum fragst du ihn nicht?» gab ich zurück.

Dinas Zimmer sah aus, als ob ein Wirbelsturm in ihm gewütet hätte. Nichts war gepackt. Alles lag in völligem Chaos durcheinander. Dina und Ta'mari saßen auf dem Bett. Ich setzte mich in einen Sessel, und Amalia ließ sich auf dem Läufer neben dem Bett auf dem Boden nieder.

Amalia sah zu Salah und Dina auf: «Wissen Sie, manchmal lernen sich Menschen kennen, und hinterher geht ein jeder seines Weges, und das ist es dann gewesen. Irgendwie habe ich das

Gefühl, daß das mit uns vieren nicht so ist. Ich habe das Gefühl, daß nichts mehr so sein wird, wie es war – selbst wenn jetzt wieder jeder seinen eigenen Weg zu gehen scheint. Mir kommt es wie eine ‹schicksalhafte Begegnung› vor.»

Nun wandte sie sich an Ta'mari. «Ich werde das Gefühl nicht los, daß Ihre Haltung zu diesem Treffen eine andere ist als die von Dina. Ich meine, der Umstand, daß wir hier alle in einem Hotel in Tel Aviv sitzen und gleich der Zimmerkellner kommt, um uns Kaffee und Sandwiches oder so etwas zu bringen – das bedeutet für Sie einfach nicht das gleiche. Ich weiß, daß Sie durch die Hölle gegangen sind. Aber trotzdem – oder vielleicht gerade deswegen – hatte ich gehofft, daß dieser Besuch eine positive Erfahrung für Sie würde. Da habe ich mich wohl getäuscht – oder?»

Ta'mari zögerte keinen Augenblick. «Ja, Sie haben sich getäuscht.» Er war vollkommen offen und ehrlich. «Niemand hat mir versprochen, daß alles Unheil hinter mir liegt. Wie kann ich da die schönere Seite der Dinge genießen?»

Amalia fuhr fort. «Der Unterschied zwischen Ihnen und Dina ist, nehme ich an, größer als ich dachte. Dina mußte mit dem Schlimmsten rechnen. Sie wußte nicht, was Ihnen zugestoßen war. Sie machte sich manchmal so große Sorgen um Sie, daß sie wünschte, sie wäre tot. Das jedenfalls hat sie mir gesagt. Sie hat sich entschlossen, den Versuch zu wagen, alle ihre Befürchtungen und all ihren Argwohn über Bord zu werfen – nur um Sie heil und wohlbehalten wiederzusehen. Das ist es, was sie so dankbar macht. Was Dina gerade geschehen ist, war das beste, was ihr je widerfahren ist.»

Dina nickte zustimmend. «Amalia hat recht», sagte sie.

Amalia achtete sehr auf ihre Worte, als sie sich wieder an Ta'mari wandte. «Ich weiß, daß es viel von Ihnen verlangt ist, auch die schöneren Seiten des Lebens zu sehen. Aber vielleicht könnten Sie wenigstens zu sehen versuchen, was hinter der Tatsache steht, daß wir jetzt hier zusammensitzen.»

«Wir werden nie vergessen, was Sie für uns getan haben.» Wieder antwortete Dina für Ta'mari.

Jetzt meldete auch ich mich zu Wort. «Sie müssen zur Kenntnis nehmen, daß dieses ‹Sie› eigentlich ‹Israel› bedeutet. Das ist es, was Amalia Salah zu erklären versucht – daß ‹wir› der Staat Israel sind.» Ich hörte mich an wie ein fanatischer Zionist.

«Ich möchte gern wissen –» Amalia wandte sich wieder an Ta'mari – «ob Sie, wenn das alles vorbei ist, wenn der Krieg vorüber ist und Sie wieder ein freier Mann sind und Sie in London auf den Zug warten oder in Paris in einem Park sitzen und sich zufällig ein Jude zu Ihnen setzt – ob Sie dann fähig sein werden, sich mit ihm zu unterhalten.»

«Zuerst einmal», antwortete er, «müßte ich herausbekommen, ob ich in ihm den Israeli wiederfände, wie ich ihn kenne. Dann würde ich weitersehen.» Das war alles. Mr. Caution persönlich.

Die Stille wurde dichter, geradezu bedrückend. Und dann war Ta'mari ohne jede Vorwarnung plötzlich auf den Beinen und lief im Zimmer auf und ab. «Amalia», begann er, «ich will nicht von Dankbarkeit reden, denn das ist nur ein Wort. Aber ich will Ihnen eines versprechen: Ich werde niemals etwas tun, das es jemandem möglich macht, mit einer Zeitung in der Hand zu Ihnen zu kommen, auf der eine schreiende Schlagzeile prangt, und Ihnen sagen zu können: ‹Da, sehen Sie mal, was Ihr Terroristenfreund angestellt hat!› Ich werde niemals etwas tun, was Ihnen oder Aharon meinetwegen Schande bereiten würde!»

Es war ein Versprechen, das er sich selbst auferlegte und für das er allein die Verantwortung trug. Sein Versprechen war uns genug.

Wir erhoben uns zum Gehen. Ich hatte einen Kloß im Hals. Mir war bewußt, daß Amalia und Dina tief bewegt waren. Dennoch bewahrten beide Fassung. «Sie müssen gar nicht erst darum bitten», sagte Amalia zu ihr. «Wir werden in Verbindung bleiben und uns um Salah kümmern.»

Ich reichte Dina die Hand und hatte wohl ihre Gedanken erraten, als ich sagte: «Nein, glauben Sie mir – Sie können jederzeit anrufen. Gar keine Frage.» Dina nahm mich beim Wort, und ihre Anrufe waren häufig. Sie wollte sich über ihren Mann auf dem laufenden halten. Sie hatte ihn verlassen, ohne zu wissen, wann sie ihn wiedersah – ob es eine Sache von Wochen, Monaten oder Jahren war.

Ich konnte mir jedoch beim besten Willen kaum vorstellen, daß sich unsere Rollen binnen kürzester Zeit umkehren würden – daß sie mich anrufen würde, um mir Dinge mitzuteilen, die die Welt erschütterten.

Die Königin

Dina Abd al'Hamid war siebenundzwanzig, als das Privatflugzeug König Husseins in Kairo landete, um sie zu ihrer Hochzeit nach Amman zu holen. Sie war zu diesem Anlaß keineswegs aus einem goldenen Käfig geholt worden. Dina war Lektorin für Englische Literatur an der Universität Kairo. Sie konnte damals noch nicht wissen, was ihr die Zukunft bringen würde. Als Tochter aus dem Haus der Haschemiten kannte sie Hussein seit ihren Teenagertagen, und ihre Freundschaft hatte sich in den letzten vier Jahren erheblich vertieft. Wenn sie Momente der Vorahnung hatte, waren diese unter den gegebenen Umständen nur natürlich: Ihr Leben würde sich von Grund auf ändern. In einem jedoch war sie sich sicher: Sie wollte alles tun, um die Wahl des Königs zu rechtfertigen.

Bei der Landung in Amman war es Abend. Als Dina die Gangway herunterstieg, wurde sie plötzlich in grelles Scheinwerferlicht getaucht und hörte die Massen von allen Seiten «Lang lebe Dina! Willkommen, Königin Dina!» rufen. Es war ein erhebender Augenblick.

Hussein trat vor, um ihre Hand zu nehmen, was den Jubel der Massen noch steigerte. Die Begleitung des Königs strahlte. Nur der König selbst, ein junger, dunkelhäutiger, schnauzbärtiger Mann von kleiner Statur, strahlte nicht. Der Abflug Dinas in Ägypten hatte sich verzögert, und als ihre Maschine im Anflug auf Amman war, war die Dunkelheit hereingebrochen. Der jordanische Monarch war deshalb um die Gelegenheit gebracht, dem Flugzeug seiner Braut als Führer einer Lufteskorte das Geleit zu geben, und so war sein Volk um eine königliche Luftshow gekommen.

Die Geschichte Dinas als königlicher Gemahlin Husseins liest sich wie das Drehbuch einer Fernsehserie, die ausschließlich von hinterhältigen Palastintrigen handelt. Glücklicherweise wird die Heldin zu guter Letzt nicht vergiftet oder auf unerklärliche Weise von der Schwiegermutter ertränkt, sondern lediglich des Königreichs verwiesen, doch Dina selbst gab nie freiwillig Informationen über jene Jahre preis. Ihre Haltung war – und bleibt wohl für immer – verschwiegen, und wir brachten sie mit diesem Thema auch nie in Bedrängnis. Dann und wann erkundigten wir uns bei ihr nach dem einen oder anderen, auf das wir unabhängig von ihr gestoßen waren. In diesen Fällen leistete sie stets Hilfestellung. Ihre Reaktion bestand manchmal aus ungläubiger Verwunderung und anschließendem Abtun der Information als Unsinn. Gelegentlich gestand sie etwas lachend ein, und ab und zu äußerte sie sich auch völlig überrascht darüber, daß eine bestimmte Information überhaupt in die Öffentlichkeit gelangt war. Einmal zeigten wir ihr – zu ihrer großen Verwunderung und Freude – eine Fotografie von ihr, ihrer Mutter Fakhriyya und ihrer Tochter Alia, ein Foto, das sie nie zuvor gesehen hatte; es war an einem Geburtstag von Alia aufgenommen worden.

Nur durch mühevolles Recherchieren – in Zeitungen und Zeitschriften der fünfziger und sechziger Jahre und zahlreichen Publikationen über die jüngste jordanische Geschichte und die Geschichte der Haschemiten – gelang es uns, ein Bild von jenem Abschnitt ihres Lebens zusammenzusetzen.

Die arabische Presse jener Zeit stürzte sich begierig auf das neue Mitglied der jordanischen Königsfamilie. Von der Minute an, in der die Verlobung bekanntgegeben wurde, war alles, was Dina sagte oder tat oder angeblich gesagt haben sollte, wie sie sich kleidete, wo sie hinging, und zwar bis in die kleinsten Einzelheiten, Stoff für die Druckpressen.

Die ägyptische und jordanische Presse hielt hartnäckig daran fest, die Affäre zwischen Dina und Hussein habe in Großbritannien begonnen, als beide dort ihre Studien absolvierten. Hussein studierte in Harrow und an der Königlichen Militärakademie in Sandhurst. Dina studierte in Cambridge Anglistik. In dieser Zeit begegneten sie sich einmal in London.

Husseins Mutter, Königin Zayn, die ein scharfes Auge auf den Thronerben hatte, ermutigte die Affäre. Abgesehen von der Tatsache, daß Dina aus bester haschemitischer Familie stammte – aus jenem Zweig, der in Ägypten lebte –, war sie als intelligente und geistreiche junge Frau, brillante Studentin und perfekte Dame bekannt. Politisch betrachtet, konnte sich eine solche Verbindung eigentlich nur als nützlich erweisen.

Dina und Hussein waren sich zum erstenmal 1946 bei einem Familientreffen in Amman begegnet. Dina war damals achtzehn, Hussein ein Knabe von elf Jahren. Als Hussein 1953 im Alter von achtzehn Jahren den Thron bestieg, war Dina bereits die führende Kandidatin für das, was die Zeitungen als «Mitwirkung bei der Sicherung der Dynastie durch den König» umschrieben. In dieser Zeit verwandte die jetzige Königinmutter Zayn alle ihre Zeit und Energie darauf, für einen haschemitischen Erben Sorge zu tragen. Die Beziehungen zwischen den beiden Familien wurden noch enger.

Die Verlobung wurde Anfang 1955 bekanntgegeben, nur wenige Wochen vor der Heirat. Ein Flugzeug des Königshauses brachte Hussein und seine Mutter nach Kairo, wo sie der Familie der Braut in ihrem Haus im Stadtteil Me'adi ihre Aufwartung machten. Der König reichte seinem dürren, silberhaarigen zukünftigen Schwiegervater die Hand, und damit war die Verlobung offiziell. Der König und seine Mutter kehrten bald darauf nach Amman zurück und ließen Dina einstweilen noch zurück, damit sie Abschied nehmen und sich auf das große Ereignis vorbereiten konnte.

Das Haus ging bald in einem Meer von Blumen unter, in der Hauptsache Rosen und Orchideen, und es tauchten hordenweise Reporter auf, um die zukünftige Königin von Jordanien zu interviewen. Sie wurde mit Fragen zu allen möglichen Themen bombardiert. Als es um die Mode ging und sie nach ihrem Brautkleid gefragt wurde, erwiderte die junge Frau, die sich im allgemeinen elegant, aber schlicht kleidete, sie glaube, daß die Verschwendung riesiger Summen auf ein handgefertigtes Haute Couture-Brautkleid doch wohl nicht das sei, was dem Bedürfnis des jordanischen Volkes diene. Es gebe anderes, betonte sie, das wichtiger sei. «Was denn zum Beispiel?» wollten die Reporter wissen. «Bücher», erwiderte die Königin in spe.

Dina und Hussein fuhren in einer offenen weißen Staatskarosse vom Ammaner Flughafen zum Palast in Basman, flankiert von einer Motorradeskorte. Die Straßen waren voller jubelnder Menschen, die ihre neue Königin willkommen heißen wollten. Hussein winkte und salutierte abwechselnd; Dina begnügte sich damit, ihr weißes Tuch am Davonflattern zu hindern. Die Massen waren außer sich vor Begeisterung, und die Polizei mußte sie mit körperlichem Einsatz zurücktreiben, damit sie den Weg des königlichen Wagens nicht blockierten. Dina fand diese Zurschaustellung überschäumender Verehrung ein wenig entnervend, begann aber dafür allmählich zu begreifen, was es hieß, eine Königin zu sein.

Als sie am nächsten Morgen erwachte, war der Palast bereits von vielen tausend Menschen umlagert, von denen viele dort die ganze Nacht verbracht hatten, nur um ihrer neuen Königin gleich am Morgen aufs neue Tribut zu zollen. Sie und Hussein traten auf den Balkon, um ihnen zuzuwinken. Bald darauf kletterte Hussein in seinen Sportwagen und raste in einem mörderischen Tempo nach Jerusalem und wieder zurück; das war seine Art, Dampf abzulassen. Dina wäre gern mitgefahren, doch die moslemische Tradition ließ das nicht zu: Braut und Bräutigam dürfen vor der Heirat nicht miteinander allein sein, nicht einmal in einem Auto.

Das Paar wurde am Dienstag, dem 19. April 1955, im Palast der Königinmutter in Zahran getraut. Die Zeremonie fand im engsten Familienkreis statt. Während Dina mit ihren Eltern und der Königinmutter in einem Raum zusammensaß, befand sich Hussein in einem anderen, um den Heiratsvertrag zu

unterzeichnen. Das ganze dauerte nur ein paar Minuten – und Dina und Hussein waren Mann und Frau. Während der gesamten Zeremonie hatte die Braut ihren Bräutigam kein einziges Mal zu Gesicht bekommen.
Das frischgebackene Ehepaar verließ den Palast in demselben weißen Wagen, der sie vom Flughafen abgeholt hatte, und wieder mußte er sich seinen Weg, zum Palast in Amman, wo der Hochzeitsempfang stattfand, durch die Menschenmassen bahnen. Die Menschen tanzten auf den Straßen, die aus Anlaß der Hochzeit besonders illuminiert waren, und feierten die traditionellen sieben Tage unentwegt weiter.
König Husseins erste Heirat war ein Fest, an dem die ganze Nation teilhatte. Königin Dina hatte etwas, das die Menschen Jordaniens ganz besonders in den Bann schlug.

Dina wurde am 28. August 1928 in Alexandria geboren. Ihr Vater war Sharif Abd el-Hamid 'Al-'Awn aus dem Hause Haschem. Ihre Mutter Fakhriyya war Türkin tscherkessischer Abkunft. Viele sunnitische Tscherkessen waren im 19. Jahrhundert aus ihrer Heimat, dem Kaukasus, vor den Verfolgungen durch die Russen geflohen und hatten sich in der Türkei, in Jordanien, auf der arabischen Halbinsel, in Syrien und Palästina niedergelassen. Ihre Obrigkeitstreue und ihre bekannte Tapferkeit ebneten vielen von ihnen den Weg in die Reihen der jordanischen Palastgarde. Daß Sharif Abd el-Hamid sich eine Frau aus der Volksgruppe der Tscherkessen nahm, ist ein Beweis für ihre Integration in die arabische Gesellschaft.
Abd el-Hamid war wie Hussein ein Abkömmling Haschems, des Urgroßvaters des Propheten Mohammed, und trug wie alle direkten Nachfahren den Titel Sharif, «Abkömmling des Propheten». Die Haschemiten werden von der übergroßen Mehrheit der arabischen Welt als die authentischsten lebenden Araber angesehen. Jahrhunderte herrschte die Haschemiten-Dynastie über den Hedschas, ein früher unabhängiges Königreich in Westarabien, zu dem Mekka und Medina gehörten, die heiligen Städte des Islam. Sie war darüber hinaus für die Erhaltung

und den Schutz der Kaaba verantwortlich, eines Baus, der den heiligen Stein enthält, zu dem die Pilgerfahrten der Moslems führen. Es heißt von ihr, sie sei von dem Urvater Abraham errichtet worden. Während der gesamten Dauer des Ottomanischen Reiches hatten die Sharifs die Herrschaft über dieses Gebiet inne.

Während des Ersten Weltkriegs, in dem das Ottomanische Reich ins Wanken geriet und schließlich zerfiel, war Sharif Hussein ben-Ali der Anführer des Araber-Aufstands, der im Hedschas ausbrach. Ermuntert und unterstützt von den Briten – dank des berühmten Lawrence of Arabia –, führte der Aufstand zu einer Neuverteilung der Kräfte im Nahen Osten. Großbritannien und Frankreich teilten die gesamte Region unter sich auf, und Hussein ben-Ali wurde für seine Beteiligung am Aufstand mit zwei Königreichen belohnt: Syrien und Irak. Sein Sohn Abdallah wurde irakischer, Faisal syrischer König. Später vertrieb die französische Regierung Faisal aus Syrien, und er übernahm von Abdallah den irakischen Thron, der daraufhin von den Briten mit der Schaffung des Wüstenkönigreichs Transjordanien abgefunden wurde.

Andere Zweige der Familie, darunter auch die 'Al-'Awns, blieben im Hedschas. 1924 jedoch kam es zum Krieg zwischen den Haschemiten und Ibn Saud aus der Wahhabiten-Dynastie, die die Herrschaft über den Nedschd, den östlichen Teil der arabischen Halbinsel, innehatte. Gegen Ende dieses Jahres hatte Ibn Saud Mekka erobert. Zwei Jahre darauf wurde er zum König der Vereinigten Arabischen Halbinsel (des Hedschas und des Nedschd) gekrönt, die von nun an Saudi-Arabien genannt wurde.

Zu den Haschemiten, die in Ägypten Asyl fanden, zählte auch Dinas Vater, der beträchtliche Vermögenswerte aus den königlichen Schatzkammern des Hedschas mit ins Land brachte. Er erwarb Grundbesitz in Alexandria, Zitrushaine und andere Liegenschaften. Als Dina noch klein war, kaufte sich die Familie ein Anwesen in Kairo. Das gesamte Vermögen der Familie ging schließlich in Dinas Hände über. 1952, während der Revolution der «Jungen Offiziere», wurde es verstaatlicht. Schon Präsident Nasser und später auch Präsident Sadat versuchten zwar, ihr wieder zu ihrem Besitz zu verhelfen, doch das Problem harrt noch immer einer Lösung.

Dinas Mutter flößte ihr von Kindesbeinen an den Stolz auf ihre haschemitische Abstammung ein. Obwohl sie in der Regel Türkisch miteinander sprachen, begann ihre «Anna» (was auf türkisch «Mutter» heißt), wie Dina sie stets nannte, ihr im Alter von fünf Jahren, während sie eine Kinderkrankheit durchmachte, Hocharabisch beizubringen. Als sich das kleine Mädchen erholt hatte, überraschte es seinen Vater mit seiner Fähigkeit, Arabisch zu schreiben und zu lesen. Dina war ein sprachliches Naturtalent, und zur Zeit ihrer Heirat sprach sie außerdem noch fließend Englisch, Französisch und Spanisch.

Dina war ein ruhiges Kind, obwohl die wenigen Spielkameraden, die sie hatte, durch die Bank springlebendig und ausgelassen waren. Gegensätzliche Charaktere zogen sie anscheinend an. Dennoch blieb ihre Mutter bis zu ihrem Tode ihre beste Freundin. Als Mädchen und einziges Kind einer reichen und angesehenen arabischen Familie war ihre Kindheit strikten Beschränkungen unterworfen. Doch was ihr an Spielkameradinnen abging, machte sie mit Büchern wieder wett.

Ihre Mutter brachte sie gewöhnlich morgens in den Kindergarten und holte sie mittags wieder ab, und so ging es auch während ihrer Schulzeit weiter, bis sie – wie bei Familien ihres Standes üblich – nach England aufs Internat geschickt wurde. Ihre westliche Erziehung, die sie am Wharton College in Cambridge fortsetzte, minderte ihre tiefe Verwurzelung in ihrer arabisch-moslemisch-haschemitischen Herkunft in keiner Weise. Bei besonderen Anlässen, besonders bei Besuchen in den konservativeren Teilen der arabischen Welt, bedeckte sie als Zeichen ihres Respekts vor den moslemischen Werten sogar ihr Gesicht mit dem traditionellen Schleier.

Nach ihrer Heirat mit Hussein vertiefte sie sich in Geschichte und Tradition der verschiedenen Volksgruppen Jordaniens – der Beduinen, Tscherkessen, sunnitischen Moslems und Palästinenser. Sie kam schon früh zu dem Schluß, daß die Palästinenser das wertvollste Element im Land darstellten.

Dina und Hussein bezogen den Palast in Basman, auf einem Hügel über Amman. Bald nach der Hochzeit reisten sie nach Europa, wo sie mit Staatsoberhäuptern und anderen politischen Persönlichkeiten zusammentrafen. Als sie zurück waren, begann für Dina das «gesellschaftliche Leben» im Palast. Sie verfügte über eine stattliche Anzahl an dienstbaren Geistern. Eine Privatsekretärin kümmerte sich um ihren Tagesablauf. Das einzige, was ihr fehlte, war jemand, mit dem sie reden konnte. «Jeder braucht jemanden, dem er sich anvertrauen kann», hat sie uns einmal gesagt. «Doch unter all den vielen Menschen, die mich im Palast umgaben, war kein einziger, mit dem ich reden konnte.»

Zu ihren königlichen Pflichten zählte es unter anderem, weibliche Besucher des Landes zu empfangen, die Schirmherrschaft über diverse Dinge zu übernehmen, die mit Frauen und Kindern zu tun hatten, und schließlich bei Nachmittagstees und Cocktailparties – und ab und zu bei einem Ball – die Gastgeberin zu spielen. Letzteres fiel ihr am schwersten. «Ich habe es mir nie vorstellen können, daß ich in der Öffentlichkeit tanze. Das ist eine westliche Sitte, die unserer Mentalität vollkommen fremd ist», sagte sie in einem ihrer Interviews aus der damaligen Zeit. Natürlich wurde von ihr erwartet, daß sie auch der Presse jeden Tag ein paar Appetithäppchen hinwarf, und ihren Interviews ging stets ein Besuch der königlichen Friseuse voraus. Während ihrer «Freizeit» wandte sie sich wieder ihren Lieblingsbegleitern zu, den Büchern, besonders – wie schon immer – der Philosophie und der englischen Dichtung.

Wenn es ihr nicht schon vorher klargeworden war, wurde ihr nun zunehmend bewußt, daß alle ihre Pflichten zeremonieller oder repräsentativer Natur waren und das auch in alle Zukunft bleiben würden. In Staatsangelegenheiten war für sie kein Platz vorgesehen. Ein Gebiet jedoch gab es, auf dem sie hoffte, sich wirklich nützlich machen zu können: Die Errichtung einer Universität in Jordanien. Jordanien war akademisch gesehen eine

Wüste, doch Dina glaubte, daß es möglich sei, genug Lehrer und Studenten zu finden, um ein solches Projekt lebensfähig zu machen. Sie hatte sogar schon vor der Hochzeit mit Hussein darüber gesprochen, und er hatte ihr mit Interesse, ja sogar Begeisterung zugehört. Jetzt jedoch verwarf er ihre Ideen als zu große finanzielle Belastung für den Haushalt. «Ich erinnere mich noch daran», sagte sie später, «wie ich darauf hinwies, daß die Ausgaben für die Flaggen und Dekorationen bei unserer Hochzeit allein einen großen Teil der Kosten gedeckt hätten.» Nichtsdestotrotz verfolgte sie diese Idee in Gesprächen mit Ministern und Pädagogen weiter.

Diese Ansichten machten Dina bei der königlichen Familie nicht eben beliebter, und es wurde später im Palast hinter vorgehaltener Hand getuschelt, daß ihre Treffen einen Versuch darstellten, sich in die Staatsführung einzumischen. Jedenfalls war es so in der arabischen Presse jener Tage zu lesen.

Abgesehen davon kam Dina ihren repräsentativen Pflichten mit äußerster Gewissenhaftigkeit nach, und die Frauen Jordaniens begannen, sie in ihr Herz zu schließen. Damen der besseren Gesellschaft, die bei Hofe ein und aus gingen, waren von ihrer Wärme und Bescheidenheit beeindruckt und machten aus ihrer Bewunderung für die Königin kein Hehl. Ihr steiler Aufstieg in der Gunst der Öffentlichkeit war jedoch von einem ebenso steilen Sturz in der Gunst ihrer Schwiegermutter begleitet. Dina war – das lag in der Natur der Dinge – auf ein Gebiet vorgedrungen, über das Zayn einmal allein das Sagen gehabt hatte. Zayn hatte das Gefühl, an den Rand gedrängt und abgeschoben zu werden.

Zayns Position war leicht begreiflich. Tala, ihr Gatte, war nach Abdallahs Ermordung an die Macht gekommen, vom jordanischen Parlament allerdings schon bald darauf wegen Geisteskrankheit abgesetzt worden. Zayn war deshalb nur dreizehn Monate lang jordanische Königin gewesen. Nachdem ihr Gatte in eine Anstalt in der Türkei verbracht worden war (wo er bis zu seinem Tode im Jahre 1971 blieb), war Zayn mit ihren vier Kindern allein im Palast zurückgeblieben: dem Thronanwärter

Hussein, Muhammed, Hassan und Basma. Der neue König war erst achtzehn, und nicht nur er, sondern auch das Leben im Palast und die Staatsgeschäfte standen unter ihrer Fuchtel.

Zayn installierte schon bald ein System von Zuträgern im Palast. Dina brauchte einige Zeit, bis sie spürte, wie sich ein Gespinst aus Neid und Haß um sie wob. Sie und Hussein verbrachten nach wie vor ihre gesamte freie Zeit miteinander. Das war zwar sicherlich nicht allzuviel, aber für beide befriedigend. Sie gingen in den Palastgärten spazieren, spielten Tennis oder ritten zusammen aus. Sie diskutierten häufig über Politik und fanden viel, über das sie gemeinsam lachen konnten. Außerdem war Dina wild entschlossen, aus ihrer Ehe einen Erfolg zu machen.

Im Laufe der Zeit spürte sie jedoch, wie der König immer unzugänglicher wurde. «Wenn ich mit ihm sprach, hatte ich das Gefühl, daß er mehr aus Höflichkeit denn aus Interesse zuhörte. Ich konnte mir nicht einmal sicher sein, daß er zur Kenntnis nahm, was ich ihm sagte. Er entfremdete sich zusehends von mir, und bald schienen wir nichts mehr gemein zu haben. Seine früheren Beteuerungen, die darauf hinausliefen, daß er mich bei der Verwirklichung seiner Ziele brauche, schienen nun nur noch hohle Phrasen. Ich begann mich zu fragen, warum er mich überhaupt geheiratet hatte.»

Das hämische Gerede im Palast über sie nahm immer schlimmere Formen an. «Was ich auch tat, wurde mir übel ausgelegt. Wann immer ich aus irgendeinem Anlaß in der Öffentlichkeit erschien, wurde mir nachgesagt, ich untergrabe die Autorität des Königs. Wenn ich Einladungen ablehnte und zu Hause blieb, hieß es, ich sei ein Snob und hätte kein Interesse an den Menschen.»

Eines Tages wurde sie zu einer Feier in der Mädchenschule von Nablus eingeladen. Als sie den König fragte, ob er meine, sie solle hingehen, sagte er, das sei ihre Sache. Sie entschied sich für die Teilnahme und reiste zusammen mit dem Protokollchef des Königlichen Hofs, Bahajat al-Talhouni, per Flugzeug nach Nablus. In Nablus wurde ihnen ein begeisterter Empfang bereitet. Die Stadtväter ersuchten Dina, den jubelnden Massen ein paar

Worte zu sagen. Dina entschuldigte sich und sagte, sie hätte keine Rede vorbereitet. Erst nachdem Talhouni mit dem Palast in Amman Kontakt aufgenommen und von Hussein die Genehmigung eingeholt hatte, zu der Menge sprechen zu dürfen, willigte sie ein, ein paar Worte zu sagen. Sie dankte der Bevölkerung von Nablus für den freundlichen Empfang und fügte noch hinzu: «Die Begeisterung, die Sie für mich bei diesem Besuch bewiesen haben, ist ein Ausdruck der tiefen Begeisterung und Liebe, die Sie für Ihren König Hussein hegen.»

Bei ihrer Rückkehr traf sie den König bleich vor Zorn. Er machte erst gar keinen Versuch, sich zu zügeln, sondern überschüttete seine Frau mit Zornesausbrüchen. Ein wenig später erfuhr sie den Grund dafür: Zayn hatte ihn davon überzeugt, daß sie mit ihm um die Liebe des jordanischen Volkes konkurriere und seine eigene Popularität untergrabe. Von da an hatte Dina begriffen, daß Hussein voll und ganz unter dem Einfluß seiner Mutter stand und daß sie im Palast bestenfalls als eine Art «Fünfter Kolonne» galt.

Nach dem Nablus-Zwischenfall versprach Dina dem König, nie wieder vor der Öffentlichkeit zu sprechen, und Zayn ließ es sich nicht entgehen, die jordanische Öffentlichkeit darüber zu unterrichten, daß Dina in Ungnade gefallen war. Das jedoch war noch nicht alles. Die Königinmutter begann, Gerüchte zu verbreiten, die darauf hinausliefen, daß die Beziehungen zwischen dem König und seiner Gemahlin gespannt seien und der König Interesse an anderen Frauen zeige.

Dina schenkte den Gerüchten wenig Beachtung. Sie biß einfach die Zähne zusammen und beschloß weiterzumachen. Sie hatte einen guten Grund dafür – sie war schwanger.

«Als ich es Hussein eröffnete, war er hoch erfreut. Es hatte nichts mit der Sicherung der Dynastie zu tun. Der Gedanke, daß wir ein Kind haben würden, machte ihn schlicht und einfach überglücklich. Wir kamen einander wieder näher. Er war wieder so zärtlich, aufmerksam und rücksichtsvoll, wie er am Anfang gewesen war.»

Alia wurde am 13. Februar 1956 geboren. «Wer dachte, daß

Hussein enttäuscht gewesen sei, weil es kein Junge war, der lag vollkommen falsch. Der König war entzückt.» Als er eines Tages an ihrer Krippe stand, mit Freudentränen in den Augen, äußere er die Hoffnung, sie werde einmal Fliegerin werden. Einige Jahre später benannte er die jordanische Fluggesellschaft nach ihr. «Eine kurze Zeitlang», erzählte uns Dina, «glaubte ich, wir hätten es dank des Kindes geschafft, alle unsere Schwierigkeiten zu überwinden. Aber ich hatte unrecht. Bald waren die spitzen Zungen wieder am Werk, wurden neue Komplotte geschmiedet. Der König erlag ihnen. Er traf seine Wahl, und die Wahl fiel nicht auf mich.»

Im Herbst 1956, als Alia acht Monate alt war, wurde Dinas Vater bei einem Verkehrsunfall verletzt, und Dina flog nach Kairo, um an seinem Bett zu sein. Hussein ließ nicht zu, daß sie die Kleine mitnahm, und so blieb Alia in den Händen ihrer englischen «Nanny» Norah Graig zurück, die nach der Geburt des Kindes aus England geholt worden war.

Als sich der Zustand ihres Vaters gebessert hatte und Dina daran denken konnte, nach Hause zurückzukehren, rief sie in Amman an, um alles Notwendige zu besprechen. «Ich denke, du bleibst lieber, wo du bist», erklärte ihr der König, «bis die Umstände günstiger sind.» Dina war wie vor den Kopf geschlagen.

Tag für Tag wiederholte sich dies. Tag für Tag wurde ihr mit «noch nicht» geantwortet. Die Erklärungen des Königs waren fadenscheinig und ausweichend und endeten in der Regel mit der Beteuerung, er tue sein Bestes, um ihre Rückkehr zu beschleunigen und daß es keinen Grund zur Sorge gebe. Doch mehr als alle anderen Sorgen bedrückte Dina die Sehnsucht nach ihrer Tochter.

Inzwischen schwirrte Amman vor Gerüchten, von denen die meisten aus dem Palast in Zahran stammten, der Residenz der Königinmutter. Wenige Wochen darauf fand in Kairo ein Gipfeltreffen der arabischen Führer statt, und jedermann nahm an, daß Hussein mit Dina aus Ägypten heimkehren werde. Hussein besuchte Dina auch tatsächlich im Haus ihres Vaters in Me'adi und blieb bis Mitternacht bei ihr. Dina bombardierte ihn mit

Fragen über Alia. Hussein hatte dutzendweise Fotos von der Kleinen mitgebracht und berichtete Dina, sie habe schon ihr erstes Wort gesagt: «Dada.» Über Dinas Zukunft allerdings fiel kaum ein Wort.

Nach der Rückkehr Husseins – ohne sie – wurde Dina zwischen den Gerüchten über Husseins bevorstehende Hochzeit mit der Tochter des jordanischen Botschafters in Syrien und dem Verlangen nach ihrer Tochter zerrieben. Sie rief nach wie vor jeden Tag im Palast in Amman an und erkundigte sich bei Mrs. Graig nach dem Befinden von Alia.

Die Axt fiel, als Alia neun Monate war. Wie die Zeitungen jener Tage berichten, wurde Dina von Hussein darüber in Kenntnis gesetzt, daß ein neues Kapitel begonnen habe: «Wenn du – im Verein mit meinen Feinden – glaubst, meine Tochter als Waffe gegen mich benutzen zu können», so sagte er ihr, «dann bist du falsch beraten.» Jeder Kontakt zwischen Dina und dem Ammaner Palast wurde unterbunden.

Sieben Jahre sollten vergehen, bis Dina wieder auf Dauer mit ihrer Tochter vereint war.

Im ersten Jahr der Trennung kämpfte Dina hartnäckig um ihr Recht, ihre Tochter sehen zu können, indem sie an gemeinsame Verwandte und politische Größen appellierte, den König milde zu stimmen. Schließlich ließ sich Hussein, als Alia anderthalb war, zu einem einzigen Treffen zwischen Mutter und Kind bewegen. Es war das Geschenk Husseins zu Dinas 28. Geburtstag. Der jordanische Botschafter in Kairo erschien mit einem Telegramm des Königs im Haus ihres Vaters. «Du darfst morgen zu einem Besuch bei Alia abreisen», sagte ihr Vater, nachdem er das Telegramm gelesen hatte.

«Wo?» fragte die aufgeregte Dina.

«In Istanbul», lautete die Antwort.

So war es also endgültig. Dina durfte nicht mehr nach Jordanien zurückkehren, und ebensowenig war der König anscheinend gewillt, Alia zu Besuch nach Ägypten zu lassen. Die nahe Türkei schien ein geeigneter Kompromiß.

Zayn gelang es nicht, den Besuch zu verhindern. Der König hegte doch noch eine gewisse Sympathie für seine Frau. Nichtsdestotrotz hatte die Königinmutter die Hoffnung, den möglichen Wirbel um dieses Zusammentreffen auf ein Minimum zu reduzieren. Sie wußte, daß die Zeitungen um Dinas Geburtstag und das Wiedersehen in Istanbul einen gewaltigen Wirbel veranstalten würden. Deshalb erging an die Presse der königliche Befehl, sich aller Kontakte mit der Königin oder anderer Mitglieder ihrer Familie in Kairo zu enthalten. Darüber hinaus war jegliche Erwähnung der Abreise von Prinzessin Alia nach Istanbul absolut untersagt. Und als Krönung des ganzen setzte Zayn Hussein davon in Kenntnis, daß – zusätzlich zu Mrs. Graig, einer ganzen Reihe von Bediensteten und den drei tscherkessischen Leibwächtern – sie selbst mitreisen werde, um den Besuch zu überwachen. Natürlich werde sie beim Wiedersehen selbst nicht zugegen sein, aber ihre Präsenz im Hintergrund werde allen widrigen Entwicklungen vorbeugen. Sie werde eine Suite im selben Hotel beziehen und sich vollständig über die Vorgänge ins Bild setzen lassen. Mrs. Graig, betonte sie, werde das Kind selbstverständlich nie mit seiner Mutter allein lassen.

Dina reiste ohne Begleitung aus Kairo ab und weigerte sich, der Presse den Zweck ihrer Reise preiszugeben. Mrs. Graig brachte Mutter und Kind zusammen. «Das ist deine Mama», erklärte sie dem verwirrten Kind immer wieder, das die emotional traumatisierte Frau nicht erkannte – gar nicht wiedererkennen konnte –, die sie an die Brust preßte und in ihre schwarzen Locken weinte. Mrs. Graig war von dem Wiedersehen nicht minder betroffen, obwohl sie wußte, daß sie ihre Gefühle im Zaum halten mußte.

Das Wiedersehen dauerte elf Tage, bis ein Bote aus Zayns Suite Dina davon in Kenntnis setzte, daß der Besuch hiermit beendet sei. Am selben Tag noch, ihrem Geburtstag, kehrte Dina wieder allein in ihr Vaterhaus zurück. Schon vor der Abreise nach Istanbul hatte Dina die offizielle Scheidungsurkunde per Diplomatenpost von Amman nach Kairo zugestellt bekommen. Als

sie eintraf, befand sich Hussein gerade wieder einmal auf einer seiner Vergnügungsreisen durch Europa.
Während der nächsten sechs Jahre traf Dina nicht ein einziges Mal mit ihrer Tochter zusammen. Zayns grausame Rachegelüste und Husseins Kapitulation vor seiner Mutter hatten Dina um das wertvollste Recht einer Mutter gebracht, das Recht, mit ihrem Kind zusammenzusein. Dennoch weigerte sie sich trotz ihrer Verbitterung und ihres Schmerzes und trotz ihrer endlosen privaten Bemühungen, sich den Zugang zu ihrem Kind zu ertrotzen, mit ihrem Anliegen an die Öffentlichkeit zu gehen. Sie ließ die Presse an diesem Punkt stets abblitzen, und wann immer ein wagemutiger Zeitungsreporter versuchte, ihr eine Verdammung Husseins zu entlocken, erwiderte sie: «Der König tut seine Pflicht, und ich habe die Pflicht, ihn zu respektieren.»
Erst 1963, zwei Jahre nach Husseins Heirat mit Muna, wurde es Dina gestattet, nach Jordanien zurückzukehren, den Palast zu betreten und mit ihrer Tochter zusammenzusein, die inzwischen schon zur Schule ging.

Mehr als zwanzig Jahre, nachdem Dina ihre Tochter wiederbekommen hatte, fuhren sie und Amalia in Dinas Jaguar durch London. Es war im Sommer 1985. Dina bremste den Wagen vor einem stattlichen alten Gebäude ab. Es war ein Krankenhaus.
«Hier ist es gewesen», sagte sie und deutete zu einem der Zimmer hinauf. «Ich lag krank dort oben, als mir plötzlich mitgeteilt wurde, er wolle mich besuchen – nach all diesen Jahren. Ich war schwerkrank, stand vor einer Operation. Meine Familie war bei mir. Ich weigerte mich, ihn zu empfangen. Auch meine Familienangehörigen sagten ihm, es sei nicht der rechte Zeitpunkt, ich dürfe mich nicht aufregen, ich hätte schon genug durchgemacht.»
Sie verstummte einen Augenblick und suchte nach den rechten Worten. «Am nächsten Tag, ich sollte demnächst in den Operationssaal gebracht werden, stürzte der König in mein Zimmer und sagte nur eins: ‹Verzeih mir!› Das war alles. Was hätte ich

tun sollen? Es zählte nicht mehr, was er getan hatte. Wenn ein Mensch vor einem steht und einem sagt, ‹Verzeih mir!›, dann muß man das annehmen. Ich habe ihm verziehen.»

«Nach allem, was er Ihnen angetan hatte?» Amalia konnte es nicht glauben.

«Nach allem», antwortete sie leise. «Ich bin ihm nicht mehr böse. Ich weiß jetzt, daß auch er gelitten hat. Und außerdem ist er Alias Vaters. Sie liebt ihn sehr. Alia ist heute meine beste Freundin. Das muß ich schließlich auch bedenken.»

Dina ließ den Wagen wieder an. Auf dem Heimweg hielten sie vor Hemley's, dem führenden Londoner Spielzeuggeschäft. Drei Kinder warteten dort auf ihre Rückkehr: Reyout und ihr kleiner Bruder Or, und der kleine Hussein, Alias Sohn und Dinas und Husseins Enkelkind, der irgendwo in der Reihe der Prätendenten auf den jordanischen Thron ebenfalls vertreten ist. Ta'mari und ich warteten ebenfalls. Und jemand anders auch noch: die inzwischen ergraute Mrs. Graig, in deren Obhut sich Alias kleiner Junge befand. Alia und ihr Sohn waren zufällig zur gleichen Zeit mit Mrs. Graig nach London gekommen, als wir ebenfalls dort waren. Sie hatten nicht gewußt, daß ein israelisches Ehepaar mit seinen beiden Kindern im Haus war. Während Dina und Amalia eine Weile weg waren, hatten die Kinder sofort eine gemeinsame Sprache gefunden.

Nachdem die Frauen zurück waren, begannen die Kinder mit ihrem neuen Spielzeug zu spielen. Später saßen Amalia und Ta'mari in einer Ecke und führten eine ihrer endlosen Diskussionen. Alia und ich unterhielten uns über reinrassige Araberpferde. Bald darauf mußte Hussein zu seiner täglichen Arabischstunde, und Mrs. Graig hielt ihm den Regenmantel hin. Dina, die an der Tür stand, hakte sich plötzlich bei Mrs. Graig und mir unter. Zu den anderen sagte sie mit einem scheuen Lächeln: «Dies sind die beiden Menschen auf dieser Welt, denen ich meine geistige Gesundheit verdanke. Ihnen», und dabei sah sie Mrs. Graig an, «weil Sie bei Alia waren, als ich weit fort war, und Ihnen, Aharon», sagte sie, während sie

sich mir zuwandte, «weil Sie bei Salah waren, als ich nicht bei ihm sein konnte.»
Zum Glück für alle begannen die Kinder zu toben und lenkten die Aufmerksamkeit von drei nassen Augenpaaren ab.

Mit grauen Haaren geboren

As'ad Suleiman, ein großer, schmächtiger, gutaussehender Junge von ungefähr zwölf Jahren, lief die Gänge eines Bethlehemer Kinos auf und ab; es war Pause, und er bot seine Erfrischungen feil, kalte Getränke, Süßigkeiten, Erdnüsse. Seine neue Stelle gefiel ihm. Weil die Arbeitszeit in den Abend fiel, kam ihm sein Broterwerb nicht beim Schulbesuch in die Quere. Er verdiente genug, um seinen Lohn zum Teil zu Hause abzuliefern und dennoch ein Taschengeld übrigzubehalten. Am besten aber war, daß er jede Menge Filme sehen konnte, ohne Eintritt zu bezahlen.

An diesem Abend allerdings lief etwas schief. Einem Kunden dauerte es zu lange, bis der Junge seine Reihe erreicht hatte. Er pöbelte den Jungen an: «Beweg deinen Hintern ein bißchen schneller, du Holzkopf!» As'ad ging zu diesem Herrenmenschen hinüber, hob den hölzernen Bauchladen, auf dem seine Waren sorgfältig aufgebaut waren, in die Höhe, leerte sie ihm über den Kopf und verließ das Kino, da er ja nichts mehr zu verkaufen hatte.

Am nächsten Tag ging er zu seinem Chef, um sich zu entschuldigen. Der Eigentümer des Kinos war mit seiner Familie bekannt und bereit, seine Entschuldigung anzunehmen, aber nur unter der Bedingung, daß er... As'ad sträubten sich bei seinem Ton die Haare. Er kündigte ihm auf der Stelle. Sein Stolz ging ihm schon immer über alles, und so sollte es auch bleiben.

As'ad wurde am 27. Oktober 1942 in Bethlehem in eine große

Familie hineingeboren, die dem Beduinenstamm der Ta'mara angehörte, der bis zum heutigen Tag in der Nähe der alten Festung Herodion lebt. Wie die meisten in seiner Familie hatte er schöne hellgrüne Augen. Sein Vater wurde Abu Daud gerufen, «Vater des Daud», wie es Sitte war: Daud war sein Erstgeborener. Er hatte von 1942 bis 1948 als Koch in Jaffa gearbeitet und war in dieser Zeit nur einmal in der Woche nach Hause gekommen. Nach 1948, als es ihm nicht mehr möglich war, zwischen Israel und dem jordanischen Bethlehem zu pendeln, verlor er seine Arbeit. Er blieb arbeitslos, bis ihm die Konzession für einen kleinen Kiosk im Hof des Polizeipostens an der Straße Bethlehem–Hebron erteilt wurde.

As'ads Mutter, eine in jedem Sinn des Wortes starke Frau, hatte diesen Sohn unter allen ihren Kindern ganz besonders lieb, weil er seit seiner Geburt an Asthma litt. Als Kind hing er noch lange an den Rockschürzen der Mutter, als er eigentlich schon viel selbständiger hätte sein sollen.

Doch das wichtigste Objekt seiner kindlichen Bewunderung war ein Onkel, der Bruder seiner Mutter, der nach wie vor bei seinem Stamm lebte und sein Richter war – ein Zeichen von Würde und Seniorität. Er kam stets zu Pferd in die Stadt geritten, mit dem Schwert an der Seite, und er nahm den kleinen As'ad oft auf dem Rückweg mit nach Herodion.

Die ganze Familie, Vater, Mutter und zehn Kinder, lebte in einem einzigen Raum in der Nähe der Geburtskirche. Die Nähe dieser Kirche blieb nicht ohne Auswirkungen: Jeden Sonntag wurden die Kinder des Moslems Suleiman in blaue und weiße Kleider gesteckt und zum Singen in den Kirchenchor geschickt. Anscheinend waren die Eltern der Ansicht, ein bißchen Religion mehr, ob christlich oder moslemisch, könne nie schaden. Unter der Woche war der gepflasterte Platz vor der Kirche As'ads Spielplatz. Und als er und seine Freunde es zu einem selbstgemachten Fußball gebracht hatten, einem fest mit Lumpen ausgestopften alten Socken, wurde er gleich auch noch ihr Fußballplatz.

Eines Tages, als As'ad dreizehn war, erschien während eines solchen Fußballspiels ein Polizist und scheuchte die Jungs vom Platz. Polizisten begannen, an strategischen Stellen Sperren aufzubauen, und den Jungen wurde in barschem Ton befohlen, sich aus dem Staub zu machen.

As'ad, der es noch nie gemocht hatte, wenn ihm jemand vorschrieb, was er zu tun hatte, und dann auch noch ohne eine Begründung, wollte wissen warum. «Königin Dina besucht die Stadt», lautete die Antwort. «Hier kommt bald ein ganzer Konvoi durch.» – «Aber warum müssen wir dann heimgehen?» wollte der Junge noch einmal wissen. Die Geduld des Polizisten war jedoch erschöpft. Er hatte schließlich anderes zu tun. «Entweder du verschwindest», sagte er ärgerlich und deutete auf den Kastenwagen der Polizei, «oder wir nehmen dich mit.» Die meisten Jungs rannten davon. As'ad trollte sich und murmelte dabei: «Ich hasse diese Königin!»

Neben dem Kirchplatz hatten As'ad und seine Freunde einen weiteren Treffpunkt, den Hinterhof eines Nachbarn, der hauptsächlich als Schrott- und Müllplatz diente. Eines Tages, als As'ad ungefähr elf war, war der Eigentümer dieses Hauses auf den Einfall gekommen, auf seinem Anwesen Ordnung zu schaffen. Er räumte den Hof, sagte den Kindern, sie hätten dort nichts mehr zu suchen, und pflanzte ringsherum eine Hecke.

«Ich habe mir die Hecke jeden Tag angeschaut und zugesehen, wie sie gewachsen ist. Ich war richtig aufgebracht – man hatte uns vertrieben. Einer von den anderen sagte, wir könnten uns doch auch an einem anderen Ort treffen, in einem Olivenhain in der Nähe des Wadi. Ich war dagegen. Ich konnte mich nicht mit dem Gedanken abfinden, einfach aufzugeben. Ich hatte das Gefühl, daß der Hinterhof für uns wichtiger war als für dessen Besitzer. Also habe ich eines Morgens vor Sonnenaufgang Kerosin auf die Büsche gestäubt und das Ganze angesteckt. Niemand ist je dahintergekommen, wer das Feuer gelegt hat, und der Besitzer fand nie mehr die Energie, eine neue Hecke zu pflanzen. Der Hof verkam erneut zu einem Müllplatz, und wir hatten unser Versteck wieder.»

Ta'mari hing sehr an seinen Freunden und konnte es nicht ertragen, auch nur mit einem auf schlechtem Fuß zu stehen. Er schrieb seinen Gerechtigkeitssinn im nachhinein seinem hochentwickelten Gemeinschaftsgefühl zu. Er kümmerte sich stets um die anderen Jungs, zum Beispiel um einen Waisen, der in der Bäckerei in seiner Straße arbeitete, der «Straße der tausend Treppen». Er schlief immer ohne Decke auf dem warmen Fußboden neben dem Backofen, weil er kein Zuhause hatte. As'ad brachte ihm von Zeit zu Zeit Süßigkeiten oder Obst, und als der Winter kam, bat er seine Mutter, ihn bei ihnen schlafen zu lassen, natürlich ohne Erfolg. Nach ihrer bescheidenen Meinung waren zwölf Leute in einem Raum genug.

«Als ich sechs Jahre alt war», erinnerte er sich, «wurde mir zum erstenmal bewußt, daß es so etwas wie ein Palästinenserproblem gab. Ich sah es jeden Tag, zu Hause, auf der Straße, überall. Tausende von heimatlosen Menschen fanden sich damals auf dem Hauptplatz von Bethlehem ein, Flüchtlinge aus dem Land, das einmal Palästina gewesen und jetzt Israel war. Beinahe jedermann beteiligte sich daran, Essen und Kleidung und Decken zu sammeln, auch meine eigene Familie. Man konnte sie überall finden, in Kellern, in verlassenen Häusern, auf den Höfen der Leute. Schließlich bauten sie sich eine Siedlung aus Zelten und selbstgebauten Blechhütten unter den Treppen der Straße. Ganze Familien hausten in winzigen, verdreckten Löchern. Meine ganze Umwelt hatte sich auf einmal verändert, und es gab einfach keine Möglichkeit, keinen Anteil daran zu nehmen, ob man wollte oder nicht. Niemand konnte davon unberührt bleiben. Wir waren damals nur Kinder und verstanden gar nicht, was geschehen war. Wir wußten überhaupt nicht, was Politik war. Wir wußten nur, daß sich eine ‹Katastrophe› ereignet hatte und daß sie mit den Juden, mit dem Zionismus, mit Israel zu tun hatte. Die Wurzel allen Übels war der Staat Israel, der soeben entstanden war.»

Auch eine weitere Kindheitserinnerung blieb As'ad für immer. Er besuchte häufig seinen Vater in seinem Kiosk im Polizeiposten. Brutalitäten waren dort ein häufiges, alltägliches Vorkommnis. Die jordanische Polizei kannte wenig Erbarmen mit

ihren Gefangenen, die meisten davon waren palästinensische Flüchtlinge. Die Gefangenen wurden geschlagen und beschimpft. Eines Tages, als er neun war, kam er zum Kiosk und fand ihn geschlossen. Ihm wurde gesagt, daß sein Vater eingesperrt worden sei, weil er «einem Polizisten widersprochen» habe.
As'ad rannte den Korridor mit den Zellen entlang und sah aus der Ferne seinen Vater, hinter Gefängnisgittern. Er machte halt und winkte ihm zu. Sein Vater bemerkte ihn und winkte ihm ebenfalls zu, doch das Kind konnte den Anblick seines erniedrigten Vaters nicht ertragen und rannte fort. «Ich habe mir niemals verziehen, daß ich nicht zu ihm hingegangen bin. Er hätte mich in diesem Augenblick gebraucht, und ich habe ihn im Stich gelassen. Seltsam ist, daß er den Vorfall später nie erwähnt hat. Er war ein überaus stolzer Mann.»
Infolge seiner Festnahme verlor der Vater seine Konzession und mußte sich anderswo Arbeit suchen. Zusammen mit vier Freunden machte er sich zu Fuß durch die Wüsten des Irak nach Kuwait auf, wo er wieder Arbeit fand, diesmal in seinem alten Beruf als Koch. Einmal im Jahr kam er zu Besuch nach Hause. Dies ging so bis zu seinem Tod im Jahre 1981, nur wenige Monate, bevor sich As'ad-Salah als Kriegsgefangener in Israel wiederfand.
Im Jahre 1955, als er dreizehn war, beteiligten sich As'ad und seine Freunde an einer Demonstration in Bethlehem gegen den jordanischen Beitritt zum Bagdad-Pakt. Ob sie sich über das politische Ziel dieses Pakts – die Reduzierung des sowjetischen Einflusses im Nahen Osten – völlig im klaren waren oder nicht, sie waren jedenfalls davon überzeugt, daß sie unbedingt an dieser Demonstration teilnehmen mußten.
Ta'mari erinnert sich noch sehr genau, wie es war, als die jordanischen Soldaten das Feuer eröffneten. Vier seiner Freunde wurden getötet, der älteste von ihnen war vierzehn. Als Folge der Demonstration schlossen die jordanischen Behörden die Schule. Sie blieb ein Jahr geschlossen, was die Jungen nur noch militanter machte.
Einige Wochen später führten israelische Truppen einen Vergel-

tungsschlag gegen das Dorf Housan, das nahe bei Bethlehem lag und als Basis für Fedajin-Angriffe auf israelisches Gebiet diente. Am Morgen danach gingen alle Jungen aus der Oberschule hin, um zu sehen, was geschehen war.

«Der Anblick war schrecklich. Tote jordanische Soldaten lagen neben toten Dorfbewohnern. Die Häuser waren in die Luft gejagt worden. Weinende Menschen irrten umher. Einige waren hysterisch geworden und kreischten. Ich hatte also in einer Spanne von wenigen Wochen zuerst von den Jordaniern und dann von den Israelis ermordete Palästinenser gesehen. Beide Szenen waren ein tiefer Schock, und ich begann mir Fragen zu stellen. Auf jeden Fall schärfte es unser politisches Bewußtsein.»

Schon dem Jungen As'ad war bewußt, daß das jordanische Regime daran interessiert war, die Zahl der Palästinenser auf der Westbank zu drücken. Die Palästinenser waren in sozialer und politischer Hinsicht weiterentwickelt als die eingesessene transjordanische Bevölkerung, die hauptsächlich aus Beduinen bestand. Sehr viele Familienväter wurden – wie auch As'ads Vater – aus ihren Arbeitsstellen und Geschäften gedrängt und gezwungen, sich in weit entfernten Ländern Arbeit zu suchen. Die attraktivsten Ziele der palästinensischen Wanderarbeiter waren die reichen Staaten am Persischen Golf. Viele junge Menschen traten in die Fußstapfen ihrer Väter. Als Oberschüler wurde sich As'ad der Tatsache bewußt, daß die Westbank vor allem ein Land der Frauen, Kinder und Alten war.

«Wir wurden mit grauen Haaren geboren», erinnerte sich Ta'mari. «Wir wurden von Kindern zu Greisen. Uns blieb nur, zu träumen und zu sehen, ob wir diese Träume nicht doch durch politisches Handeln verwirklichen konnten.» Offene politische Vereinigungen allerdings waren in Jordanien verboten.

Palästinenser, die in Syrien, im Libanon und im Gazastreifen arbeiteten, berichteten bei ihren Besuchen in der Heimat, daß die Lage in den genannten Ländern sogar noch schlechter war. Im Westjordanland, sagten sie, könne man sich wenigstens seine nationale Identität bewahren.

Der algerische Unabhängigkeitskrieg hatte einen entscheidenden Einfluß auf das sich entwickelnde Weltbild der jüngeren Palästinensergeneration. Die FLN wurde von weiten Kreisen unterstützt, und die Palästinenser hielten häufig Veranstaltungen zu ihren Gunsten ab und sammelten Geld für sie. Dennoch schloß sich As'ad keiner der bestehenden Parteien an, von denen die meisten im Untergrund arbeiteten. Er ließ sich Zeit: «Ich wollte mich einer Partei anschließen, die sich ausschließlich der Sache der Palästinenser widmete. Es gab aber keine solche Partei. Daß Palästina den Kern des Nahost-Konflikts bildete, war mir vollkommen klar.»

As'ad war ein guter Oberschüler. Mathematik und Englisch waren seine besonderen Stärken; sein Lieblingsfach war Geschichte. Er träumte davon, in Kairo studieren zu können. Einer seiner besten Freunde, der ein wenig älter war als er und bereits an der Kairoer Universität studierte, hatte seine Begeisterung für die Universität geweckt. As'ad war sich völlig im klaren darüber, daß die 80 Dinar Monatslohn seines Vaters nicht reichten, die Familie zu kleiden und zu ernähren und auch noch ein Universitätsstudium zu bezahlen. Trotz alldem war er entschlossen, auf irgendeine Weise den Segen seines Vaters für sein Vorhaben zu erlangen. As'ads Freund – vorher entsprechend präpariert – redete Abu Daud ein, daß ein Student ohne weiteres mit 10 Dinar im Monat auskommen könne, was zwar nicht ganz und gar gelogen, aber doch gewaltig übertrieben war. Abu Daud erklärte sich schließlich bereit, 10 Dinar im Monat in die Ausbildung seines Sohnes zu stecken, und As'ad war das erste und einzige seiner Kinder, das in den Genuß eines Studiums kam.

As'ad machte sich also – mit einem Startkapital von 27 Dinar in der Tasche – nach Kairo auf. Jeden Monat bekam er von seinem Vater 10 Dinar geschickt, die er in 12 ägyptische Pfund umwechselte und mit denen er irgendwie doch auskam. Für seine Unterkunft bezahlte er 8 Pfund; den Rest gab er für Bücher und Essen aus. Er hungerte manches Mal, doch er war weder der erste noch der letzte Student dieser Welt, der seine Kraft aus der Herausforderung bezieht.

As'ad hatte gehofft, entweder Wirtschaft oder Politik studieren zu können, doch waren das damals unglücklicherweise die beliebtesten Fächer. Es herrschte ein Numerus clausus, und die Palästinenser standen, um die Sache noch schlimmer zu machen, auf sämtlichen Wartelisten ganz weit hinten. Ihm blieb also nicht viel Auswahl: Zwar hätte er die Fächer seiner Wahl an der Amerikanischen Universität in Kairo studieren können, aber das war eine teure Privatuniversität. Er entschloß sich stattdessen, an der staatlichen Ein Shams-Universität Englische Literatur zu belegen und rechnete sich aus, nach Abschluß seiner Ausbildung in Bethlehem Englischlehrer werden zu können.

Er war ein hervorragender Student. Die Kunde von seinen akademischen Erfolgen kam einem in Panama lebenden Onkel von ihm zu Ohren, der ihn daraufhin einlud, sein Studium in Panama auf seine Kosten abzuschließen. As'ad lehnte ab. Die Familie bestürmte ihn, das Angebot nicht abzuweisen, doch er blieb hart. «Ich wollte mich nicht von meinen Wurzeln abschneiden. Ich habe ihnen zu erklären versucht, daß ich die Gegend um Herodion liebte und daß es mein größter Traum war, auf einem der Hügel dort ein Haus zu bauen. Ich wußte schon genau wo. Aber sie haben bloß gelacht.»

Es dauerte nicht lange, bis As'ad in der Generalunion Palästinensischer Studenten (GUPS) aktiv wurde. Schon nach einem Jahr wurde der stattliche und energische junge Mann zum Generalsekretär der Organisation gewählt.

Die GUPS zählte 12000 Studenten, die meisten davon an den Kairoer Universitäten, aber auch einige in den übrigen Städten Ägyptens. Die GUPS war ungefähr zehn Jahre zuvor von einem Studenten an der ingenieurtechnischen Fakultät des Kairoer Politechnikums gegründet worden. Sein Name lautete Yassir Arafat.

Der neue Generalsekretär, As'ad Suleiman Hasan, stand der einzigen damals existierenden legalen palästinensischen Organistion vor. Die Fatah war nach wie vor eine Untergrundbewegung, und die PLO, die spätere Dachorganisation sämtlicher palästinensischer Bewegungen, war noch nicht aus der Taufe hoben. As'ad organisierte Studentenkonferenzen auf lokaler und internationaler Ebene und gab sich alle Mühe, international bekannte Persönlichkeiten, die der Sache der Palästinenser wohlgesonnen waren, zur Teilnahme zu bewegen, darunter so bekannte Persönlichkeiten wie Krishna Menon, den indischen Außenminister und einen der Führer der Dritten Welt, sowie einige führende britische Politiker. As'ad selbst besuchte internationale Konferenzen in Europa, die zum größten Teil, aber nicht durchweg in Ländern des Ostblocks stattfanden.

As'ad trat dabei in die Fußstapfen seiner Vorgänger in diesem Amt: Arafat, Salah Halaf und Halil el-Wazir. Alle drei waren auf wichtige Posten in der Fatah befördert worden, was letztlich auch ganz natürlich war.

Ta'mari erläuterte mir viele Jahre später: «Der Fatah beizutreten war 1965 eine Selbstverständlichkeit, sowohl was das eigene Gewissen wie die politischen Notwendigkeiten betraf. Kein anständiger Mensch kann vor den Leiden seines Volkes die Augen verschließen; das wäre Selbstsucht. Wenn man nicht beitrat, bedeutete das, daß man an nichts anderem als Karrieremachen und Geldverdienen interessiert war.»

Als er 1966 sein Magisterstudium abgeschlossen hatte, ignorierte er die Appelle seiner Professoren an der Ein Shams-Universität, doch noch zu bleiben und den Doktor zu machen. Er kehrte mit einem neuen Namen als Untergrundkämpfer nach Bethlehem zurück. Er hieß nun nicht mehr As'ad, sondern Salah, nach Saladin (Salah a-Din el-Ayyubi), dem Eroberer Palästinas im zwölften nachchristlichen Jahrhundert, ein Name, der von einem seiner Freunde in der Fatah vorgeschlagen worden war. Er nahm auch einen neuen Familiennamen an, Ta'mari, nach dem Stamm seiner Vorfahren. Seiner Familie erklärte er, daß ein Deckname für die Arbeit im Untergrund unerläßlich sei. Salah Ta'mari folgte damit dem Beispiel der Gründer der Fatah: Abu Amar, Abu Jihad, Abu Ayyad und Abu Lutuf.

Seine Familie machte sich große Sorgen um ihn, und das zu Recht. Eines Nachts klopften jordanische Soldaten an die Tür und nahmen Salah mit. Er wurde beschuldigt, im Besitz offizieller Spendenquittungen der Fatah zu sein (wie sie bei Sammlungen benutzt wurden). Salah wurde zum erstenmal – wegen Mitgliedschaft in der Fatah – eingesperrt, sein Paß eingezogen. Er wurde jedoch schon nach wenigen Tagen wieder auf freien Fuß gesetzt.

1967 war Salah bereits ein vollausgebildeter Kommandokämpfer. Er hatte militärische Ausbildungskurse in Algerien und Syrien besucht. Er war jetzt das, was dic Israclis allmählich «Tcrrorist» zu nennen begannen.

Als am 6. Juni 1967 der Sechs-Tage-Krieg ausbrach, befand sich Ta'mari in Kairo; er hatte dort auf der Rückreise von Algerien nach Bethlehem einen Zwischenaufenthalt eingelegt, um Vorarbeiten für seine Dissertation abzuschließen. Er ließ alles liegen und stehen und versuchte nach Hause zu kommen, aber da war es schon zu spät. Die Israelis hatten die Brücken über den Jordan gesperrt. Die Westbank war besetztes Territorium.

Die Fatah

Am letzten Tag des Sechs-Tage-Kriegs traf Ta'mari zu einem Kongreß der Fatah in Damaskus ein. Auf der Tagesordnung stand nur ein einziger Punkt: die Wiederaufnahme des bewaffneten Kampfes auf der von den Israelis besetzten Westbank und im Gazastreifen. Sämtliche Gründungsmitglieder der Fatah waren anwesend; Ta'mari begegnete ihnen bei dieser Gelegenheit zum erstenmal.

«Die meisten waren militante Aktivisten wie ich, keine Militärs. Zum größten Teil handelte es sich um Intellektuelle, die sich zusammengeschlossen hatten, um für das palästinensische Volk zu arbeiten. Wir waren keine Putschisten, die in irgendeinem arabischen Land den Rundfunksender stürmen wollten. Wir kamen alle von der Universität. Wir waren uns bewußt, welchen Ungerechtigkeiten unser Volk ausgesetzt war, und suchten nach einem Weg, die palästinensische Identität zu bewahren. Jeder einzelne war imstande, eine Vielfalt von Funktionen zu übernehmen, im organisatorischen, operationellen, pädagogischen Bereich – und auch im Kampf.»

Die PLO unter der Führung von Ahmed Shukeiri – 1964 von der Arabischen Liga aus der Taufe gehoben – war nach wie vor eine separate Organisation, mit der die Fatah nichts zu tun hatte. Erst 1968 schlossen sich sämtliche palästinensischen Organisationen unter ihrem Dach zusammen.

Nach mehrtägiger Diskussion beschlossen sie, Fatah-Basen am Ostufer des Jordan zu errichten, mit dem Oberkommando in

der Stadt Karama. Salah Ta'mari wurde an seine Spitze berufen.
Ihr Kampfauftrag umfaßte das Einschleusen von Einheiten in die besetzten Gebiete, die den zivilen Widerstand gegen die Besetzung organisieren sollten. Die für diese Arbeit ausersehenen Fatah-Leute stammten selbst von der Westbank, kannten sich in der Gegend gut aus und konnten, wann immer nötig, in der Bevölkerung untertauchen.
Zwischen 1967 und 1968 überquerte Ta'mari den Jordan viele Male – einmal wäre er beinahe dabei ertrunken, er hatte nie schwimmen gelernt –, wobei er jedesmal eine neue Einheit «implantierte» und anschließend nach Karama zurückkehrte.
«Die Besetzung war ein böser Schlag für uns», erinnerte sich Ta'mari. «Wir waren eisern entschlossen, die Moral der Bevölkerung zu heben und den Widerstand zu organisieren. Unsere Hauptaufgabe war es, den Menschen zu beweisen, daß sie nicht im Stich gelassen wurden.» Im großen und ganzen schlug der Versuch jedoch fehl. Untergrundzellen und eine vom Volk getragene Widerstandsbewegung kamen nie zustande. Die große Mehrheit der auf der Westbank ansässigen Bevölkerung war nicht bereit, mit ihnen zusammenzuarbeiten, und der israelische Geheimdienst arbeitete äußerst wirkungsvoll.
Zum erstenmal in seinem Leben wurde Ta'mari bewußt, was es heißt, Flüchtling im eigenen Land zu sein. Die Aktionen wurden dennoch fortgesetzt. Ta'mari wußte, daß Arafat ebenfalls auf der Westbank operierte, aber die Israelis hatten sich bald an seine Fersen geheftet, und er mußte aus seinem Versteck in Ramallah fliehen und nach Transjordanien zurückkehren. Das war im September 1967.
Im Januar 1968 wurde das Hauptquartier in Karama von israelischen Kampfflugzeugen bombardiert, und nicht lange danach wurde die Stadt von der jordanischen Armee belagert: Hussein begann sich Sorgen über die palästinensische «Autonomie» auf jordanischem Boden zu machen. Ta'mari kehrte nach Karama zurück. Es war eine Änderung der Taktik beschlossen worden; an Stelle einer Fortführung des Versuchs, den zivilen Widerstand

aus den besetzten Gebieten heraus zu organisieren, wollte sich die Fatah nun darauf konzentrieren, den Fluß nur noch zu überqueren, um israelische Ziele anzugreifen und danach wieder nach Jordanien zurückzukehren.

Am 18. März 1968 fuhr ein israelischer Bus auf einer unbefestigten Straße zwischen Beer Ora und der Roten Schlucht im Süden des Landes auf eine Mine. Die Straße führte zu einem beliebten Ausflugsziel. In dem Bus saßen Oberschüler und Mitglieder der paramilitärischen Gadna-Jugend, alle aus der angesehenen Herzlijah-Oberschule in Tel Aviv. Der Arzt, der die Gruppe begleitete, und der Gadna-Ausbilder waren auf der Stelle tot, 28 Schüler wurden verletzt. Es war die 38. Fatah-Operation seit Jahresbeginn.

Am Abend desselben Tages fand in Karama eine Dringlichkeitssitzung sämtlicher Fatah-Kommandeure aus der Umgegend statt. Yassir Arafat und sein Stellvertreter Abu Ayyad berichteten von einer Unterredung, die sie am Morgen mit dem Stabschef der jordanischen Armee, General Amar Hamash, geführt hatten. Hamash hatte ihnen erklärt, Jordanien sei von der CIA darüber informiert worden, daß der Fatah-Anschlag auf den Bus für die Israelis den *casus belli* bedeute. Die Israelis planten jetzt, sämtliche Fatah-Basen längs des Jordan – und an erster Stelle Karama – anzugreifen und zu zerstören. Die Jordanier waren zudem exakt über den Zeitpunkt des Angriffs ins Bild gesetzt worden. Es war der 21. März, also in drei Wochen.

Es war keinem der Fatah-Kommandeure ein Geheimnis, daß der Feind an Kopfstärke, Material und Erfahrung weit überlegen war. Die naheliegende Folgerung lautete daher: Rückzug. An diesem Punkt bat Ta'mari ums Wort. Er war unter den anwesenden Kommandeuren der jüngste. «Ich gehe mit euch darin einig: Wenn wir uns als Guerillas begreifen, hat es keinen Sinn, daß wir uns der regulären israelischen Armee stellen», begann er. «Wir müssen das Problem jedoch aus einem anderen, wesentlich wichtigeren Blickwinkel betrachten. Es liegt jetzt an uns, der arabischen Welt als ganzer und dem palästinensischen Volk im besonderen ein Beispiel zu geben. Wenn wir bleiben und kämpfen, können wir die Welt vielleicht davon überzeugen, daß wir keine bloßen ‹Terroristen› sind, sondern Kämpfer, die bereit sind, für ihr Land ihr Leben zu lassen. Wenn wir als erstes das Schlachtfeld räumen, wird das unserem Ansehen einen verheerenden Schlag versetzen. Diesmal muß sich die militärische Taktik der politischen Strategie unterordnen.»

Ta'maris leidenschaftlich vorgetragener Appell machte Eindruck, und sein Antrag wurde fast einstimmig angenommen. Sie würden bleiben und kämpfen.

Im allerletzten Augenblick, kurz bevor israelische Fallschirmjäger – wie man annahm – am östlichen Stadtrand abgesetzt wurden, um die Stadt einzukesseln und jede Rückzugsmöglichkeit abzuschneiden, verließ Yassir Arafat Karama auf dem Motorrad. Er hatte Glück. Schwerer Nebel hatte die Landungsoperation um eine Stunde verzögert. Abu Ayyad fand in einer Felsspalte in einem Berghang Unterschlupf.

Als die israelischen Truppen von allen Seiten auf die Stadt vorrückten, verließ Ta'mari das Hauptquartier und damit alle seine Ziegen, Hühner, Katzen und Hunde, die er in seinem Hinterhof gehalten hatte, seit er in Karama angekommen war. Er harrte den ganzen Tag bei den Kämpfern aus, bewegte sich von Bunker zu Bunker, von Graben zu Graben und wieder zurück. Während die Israelis immer näher rückten, Straße um Straße, Haus um Haus, und Zug um Zug die ganze Stadt eroberten, war Ta'mari überzeugt, daß er seinen letzten Sonnenaufgang gesehen hatte. Als er sich am Ende dieses Tages unter einem Möbelstapel verkroch und ohne einen Kratzer überlebte, war keiner überraschter als er. 120 Fatah-Kämpfer waren gefallen, mehr als hundert in Gefangenschaft geraten, viele verletzt und viele weitere einfach geflohen. 28 israelische Soldaten fielen während dieser Operation, die meisten durch jordanische Artillerie.

Die jordanische Propagandamaschinerie verwandelte Karama über Nacht in eine Legende palästinensisch-arabischen Heldentums. Ta'mari, der den ungleichen Kampf aus nächster Nähe miterlebt hatte, sah das Ganze weniger verklärt. «Da war eine

Frau», erinnerte er sich später, «mit zwei kleinen Kindern auf dem Arm, die versuchte, einen der Gräben zu erreichen, nachdem ihr Haus eingestürzt war. Sie rannte mir unterwegs in die Arme, gab mir eines der Kinder und flehte mich an, es in Sicherheit zu bringen. Sie hatte noch gar nicht bemerkt, daß das Kind schon tot war. Der Junge war von einem Splitter getötet worden, der ihm das Genick zerfetzt hatte, während das Haus einfiel. Der andere Junge blutete. Es gelang mir später, ihn in ein Krankenhaus zu schaffen, und er wurde gerettet.

Alles in allem», fuhr er fort, «hat uns Karama verändert. Es gab uns ein tiefes Gefühl der Gemeinsamkeit – als wäre es uns gemeinsam gelungen, das Unmögliche zu vollbringen. Für uns war es ein Wendepunkt. Es war nicht nur ein weiterer, unerwiderter israelischer Vergeltungsschlag. Wir hatten nicht einfach nur auf den nächsten Schlag gewartet. Nach Karama trugen die Palästinenser den Kopf hoch.»

Der Beistand der Jordanier war ein weiterer Grund zum Stolz. Er gab den Palästinensern das Gefühl, daß die arabische Welt hinter ihnen stand. Am Tag darauf begab sich Ta'mari zum Begräbnis der Fatah-Gefallenen nach Amman. Mehr als hundert Leichen waren auf der Hauptstraße der Hauptstadt unter einem Zeltdach aufgebahrt. Und die Emotionen erreichten einen neuen Siedepunkt, als König Hussein «Wir sind alle Fedajin!» ausrief.

Nach Karama traten Tausende junger Menschen der Fatah bei. Viele kehrten dafür der Schule oder der Universität den Rücken. Ta'mari wurde zum «Kommissar» für die frischen Rekruten ernannt und war für ihre politische und ideologische Schulung während der militärischen Ausbildung verantwortlich. Er ging in den Süden Jordaniens und machte zusammen mit Arafat auf den Basen die Runde. Er war die Nummer zwei in der «Asifa», dem militärischen Zweig der Fatah. Er veranlaßte die Errichtung eines Zentrums für Flüchtlingskinder in der Nähe der Basis Ghor e-Safi südöstlich des Toten Meeres. Das Zentrum umfaßte ein Krankenhaus, eine Bibliothek, Sportanlagen und eine kleine Landwirtschaft. Die israelische Artillerie deckte die Trainings-

lager häufig mit Granaten ein, und Ta'mari kam mehr als einmal nur um Haaresbreite davon.
Die Fatah war die größte und einflußreichste kämpfende Organisation innerhalb der PLO (und Arafat wurde schließlich bei der fünften Zusammenkunft des palästinensischen Nationalkongresses im Februar 1969 dann auch zum Vorsitzenden des Exekutivkomitees der PLO gewählt). Doch nach dem Sechs-Tage-Krieg und dem anschließenden Aufschwung des palästinensischen Nationalismus legten auch die übrigen Organisationen erheblich zu. Die bemerkenswerteste unter ihnen war die Volksfront für die Befreiung Palästinas unter Dr. Georges Habash (PFLP). Sie spezialisierte sich auf Angriffe in den besetzten Gebieten und innerhalb des eigentlichen Israel – und dies lag durchaus auch auf der Linie der Fatah-Politik.
Am 22. Juli 1968 jedoch kreierte die PFLP eine neue Aktionsform: Ihre Leute entführten eine El Al-Maschine auf dem Weg von Rom nach Lod und zwangen den Piloten zur Landung in Algerien. Fünf Wochen lang befanden sich 21 israelische Passagiere und elf Besatzungsangehörige in Geiselhaft, bis Israel sich bereit fand, im Gegenzug Dutzende von «Terroristen» freizulassen. Alle Nicht-Israelis waren sofort freigelassen worden.
Diese neue Form des Terrorismus stieß bei Ta'mari auf leidenschaftliche Ablehnung – und das ist bis heute so. Als sich der Zwischenfall ereignete, war er im Auftrag der PLO in London, wo er unmißverständlich sofort Stellung bezog: «Das ist Wahnsinn», äußerte er damals in einem Interview mit dem britischen Fernsehen, «vollkommen unmoralisch.» Er war überzeugt, Dr. Habash und seine Anhänger müßten den Glauben an die Menschheit verloren haben. Es seien eiskalt berechnende Menschen, die sofortige Erfolge erzwingen wollten. «Ich habe Vertrauen in die Menschheit», erklärte er. «Ich glaube, daß die Menschen mir nur Gehör schenken werden, wenn ich auf ehrenhafte Weise kämpfe. Aber Flugzeugentführungen sind unmenschlich.» Ta'mari betonte, daß Entführungen dem Anliegen der Palästinenser nicht dienlich seien. Er vertrat den Standpunkt, daß

bewaffneter Kampf der Bewegung helfen und nützen müsse und ihr auf keinen Fall schaden dürfe. Solche Aktionen, meinte er, lieferten dem Feind nur Munition und würden sich für die Palästinenser als Bumerang erweisen.
«*Wenn* wir Palästina durch Flugzeugentführungen befreien könnten», fuhr er fort, «dann sollten wir uns dahinterklemmen und die Sache richtig anpacken. Dann sollten wir dreihundert tüchtige Flugzeugentführer ausbilden, die uns unserem Ziel näher bringen würden. Doch wie Sie alle wissen, wird Palästina nicht auf diese Weise befreit werden. Hunderte von unseren Kämpfern leben unter miserablen Umständen in Berghöhlen und warten auf die Gelegenheit, dem Feind wirklich einen Schlag zu versetzen. Warum sollten wir ihre Moral untergraben? Warum müssen sie Zeugen dieses wahnsinnigen Schauspiels werden, das aus einem einzelnen Terroristen auf einmal einen Nationalhelden macht?»
Mitte Oktober 1968 kam Ta'mari von Karama nach Amman, zum Begräbnis von Abd al-Fattah Hammud, einem Fatah-Mitglied der ersten Stunde und Freund von ihm seit seinen Kairoer GUPS-Tagen, der bei einem Verkehrsunfall ums Leben gekommen war. Sämtliche Fatah-Führer waren anwesend; es war das erste Mal, daß sie alle zusammen in der jordanischen Hauptstadt in der Öffentlichkeit erschienen.
Das Begräbnis verschärfte Husseins Befürchtungen. Ihm wurde mit einem Schlag bewußt, wie groß die militärische Stärke der Palästinenser geworden war und wie gefährlich sie seinem Königreich werden konnte. Die Präsenz der verschiedenen Organisationen im Süden hatte zugenommen, und die PLO-Leute setzten sich in Gegenden fest, die ihnen nicht ausdrücklich zugewiesen worden waren. Zum Teil handelte es sich dabei um eine Folge des häufigen israelischen Beschusses ihrer Basen im Jordantal. Ihnen blieb gar nichts anderes übrig, als nach Osten auszuweichen. Damals begann die PLO auch, ihre Kommandos systematisch in die Zentren der Flüchtlingslager zu verlegen, wo sie von großen Ansammlungen von Zivilpersonen umgeben waren.

Einen Monat nach Hammuds Begräbnis zwang Hussein die palästinensischen Organisationen zur Unterzeichnung eines Abkommens, in dem sie die Souveränität der jordanischen Regierung und ihre Zuständigkeit für alle Sicherheitsbelange anerkannten. Es blieb ihnen zwar weiter erlaubt, ihre Angriffe in Israel von jordanischem Territorium aus zu führen, doch innerhalb von Jordanien selbst unterlagen sie strengen Beschränkungen. Es war ihnen fortan nicht mehr erlaubt, in der Öffentlichkeit Uniform oder Waffen zu tragen oder zur Durchsuchung verdächtiger Fahrzeuge Straßensperren einzurichten.
Das Abkommen war eine Sache, die Wirklichkeit eine andere. In den nächsten beiden Jahren, bis zum Sommer 1970, nahm Ta'mari an Dutzenden von Sitzungen mit führenden PLO-Leuten teil, die die anscheinend unausweichliche Kraftprobe mit dem König verhindern wollten. Wenn es notwendig sein sollte, war er zum Kampf bereit. Doch er hatte mehr als nur politische Gründe für seine Hoffnung, daß es nicht soweit kommen würde: Ta'mari war in eine leidenschaftliche Liebesbeziehung mit Prinzessin Dina – der ersten Frau des Königs – verstrickt.

Dina und Ta'mari waren sich in London begegnet, auf einer Cocktailparty des britischen Parlaments für die gemeinsame jordanisch-palästinensische Delegation. Prinzessin Dina war Ehrengast dieser Party.
Dinas Engagement für die Palästinenser begann nach dem Sechs-Tage-Krieg. «Ich bin in einer Familie aufgewachsen, in der das Arabertum die Mitte unseres Seins bildete», berichtete sie mir Jahre später, «und ich hoffte auf eine Renaissance des arabischen Lebens. 1967 geschah etwas ungeheuer Einschneidendes. Das Unrecht an den Palästinensern erschütterte mich zutiefst. Wenig später erklärte Golda Meïr: ‹Es gibt kein palästinensisches Volk, kein arabisches Volk, keine arabische Einheit.› Ich bemühte mich verzweifelt, einen Weg zur Widerlegung ihrer Behauptungen zu finden, nicht in Worten, sondern in Taten.»
Dina, die in London lebte und ihren Studien nachging, entschloß sich, ein palästinensisch-arabisches Kulturzentrum zu

gründen, das die arabischen Leistungen auf den verschiedensten Gebieten präsentieren sollte: Bildende Kunst, Literatur, Poesie, Musik, Kunsthandwerk und so weiter. Jeden Monat, so hatte sie es jedenfalls geplant, sollten die kulturellen Errungenschaften eines anderen arabischen Landes präsentiert werden. «Ich wollte im kleinen nachweisen, daß die arabische Kultur und die arabische Einheit sehr wohl existieren.»

Das Zentrum kam nie zustande. An seiner Stelle eröffnete Dina eine Boutique namens «Arabesque» im Herzen Londons, die sich auf handgemachte, zum größten Teil von Palästinensern hergestellte Kleidung und Kunsthandwerk spezialisierte. Die Gewinne gingen an die Fatah, die erst seit kurzem bestand; ihre Ideologie und ihr Programm waren nach ihrem Sinn. Der Umsatz allerdings war sehr bescheiden, und die Boutique trug sich gerade eben selbst. Dennoch existierte sie bis 1987.

Dina freute sich auf diese Cocktailparty, bei der sie zum erstenmal einigen der Führer jenes Volkes begegnen sollte, für das sie sich einsetzte. Für sie waren sie die Verkörperung eines Ideals, einer nationalen Sendung. Auch von Ta'mari hatte sie schon gehört; sie war gespannt darauf, ihn kennenzulernen.

Ta'mari andererseits hatte keine besondere Lust, ausgerechnet diese Cocktailparty zu besuchen. Seine Kindheitserinnerungen an die jordanische Königsfamilie machten die ehemalige Königin dieses Landes nicht gerade zu einer Attraktion für ihn. Er sagte seinen Freunden, daß er an diesem Abend lieber zu Hause bleiben wolle. Einer seiner Freunde, der wußte, daß Ta'maris Stolz in seiner Kindheit verletzt worden war und er die Narben immer noch mit sich herumtrug, drohte ihm, wenn er nicht gehe, würden die anderen auch nicht kommen, und dann sei der ganze Empfang geplatzt. Widerstrebend ging Ta'mari doch. Widerstrebend erklärte er sich bereit, dem Ehrengast die Hand zu reichen.

«Plötzlich stand er mir gegenüber», erinnerte sich Dina, «edel und stolz. Und da war's auch schon passiert.» Die ersten Tage war sie sich nicht sicher, ob er Moslem oder Christ war. Aber auch das hätte kaum etwas ausgemacht. Sie wußte, daß dieser

schrecklich anziehende junge Mann ein entschlossener Kämpfer für die Sache der Palästinenser war, der wie durch ein Wunder die Zerstörung Karamas überstanden und nicht aufgegeben hatte.
Seit dieser Zeit – sie war damals schon über vierzig – blieb Dina mit Ta'mari in Verbindung und versuchte ihm zu helfen, wo sie nur konnte. Sie hatte viel Verständnis für ihn und ihre gemeinsamen politischen Ziele. Und sie hatte jetzt, wann immer sie nach Jordanien kam, um ihre Tochter zu besuchen, noch einen weiteren Menschen, zu dem es sie hinzog. Bei einem ihrer Besuche im Palast eröffnete sie Hussein, daß ein anderer Mann in ihr Leben getreten sei, und sie sagte ihm auch, wer es war. Husseins Antwort bewies Großmut: «Du verdienst den Besten; ich hoffe, er ist eine gute Wahl.»
Dina hatte nach ihrer Scheidung von Hussein nie an eine erneute Heirat gedacht. Zuerst einmal drehte sich ihr ganzes Leben zum größten Teil um ihre Tochter, und zweitens «konnte ich nach der Familientradition – und ich bin eine glühende Anhängerin der geheiligten Traditionen meiner Familie – nur einen Haschemiten heiraten. Eine zweite Heirat stand für mich ganz einfach außer Frage.» Doch all dies änderte sich 1970 durch die traumatischen Geschehnisse des Schwarzen September.

Trotz seiner Hoffnung, daß sich die Spannungen zwischen Hussein und den Palästinensern doch nicht entladen würden, sagte Ta'mari der Verstand das genaue Gegenteil. «Selbst wenn sich die Fatah wie ein Engel benommen hätte», überlegte er im nachhinein, «hätte Hussein versucht, uns zu vernichten.»
Und die Fatah führte sich nicht eben wie ein Engel auf, bei weitem nicht. Sie hatte in Jordanien praktisch einen Staat im Staate errichtet. Die unter PLO-Kontrolle stehenden Gebiete betrachteten sich als Zonen, in denen jordanisches Recht nicht galt. Dies traf für die Flüchtlingslager wie auch die Ausbildungslager der PLO zu, die überall im Wüstenkönigreich wie die Pilze aus dem Boden schossen, selbst für die palästinensischen Viertel in den großen Städten. In schreiendem Widerspruch zu dem mit Hussein geschlossenen Abkommen errichteten PLO-Milizen an je-

der Straße und jeder Kreuzung Straßensperren. PLO-Kämpfer begaben sich waffentragend und in Uniform in die Öffentlichkeit. Die PLO hatte ihre eigene, unabhängige Infrastruktur: Polizei, Gerichte, Gefängnisse, ja selbst ein eigenes System der Sozialfürsorge, das für die medizinische Versorgung und dergleichen zuständig war.

Nach Ta'maris Ansicht saßen viele seiner eigenen Leute – von der PFLP, Naif Hawatmas Demokratischer Front und der Sa'iqa einmal ganz abgesehen – dem Irrtum auf, Hussein sei ihr Hauptgegner. Diejenigen, die auf einen offenen Zusammenstoß hinarbeiteten, begingen seiner Überzeugung nach einen gewaltigen Fehler. Sie warfen alle ihre Feinde in einen Topf – Zionisten, Imperialisten und reaktionäre arabische Regimes – und verwischten damit die Konturen des eigentlichen Hauptfeinds.

Am Nachmittag des 1. September 1970 um 17 Uhr 40 fiel der erste Schuß in einem Blutbad, das letztlich zur Vernichtung der PLO in Jordanien führte. Der König war in Begleitung eines Konvois auf dem Weg zum Flughafen von Amman, um seine älteste Tochter, Prinzessin Alia, zu begrüßen, die von einem Europabesuch heimkehrte. An einer Haarnadelkurve wurde aus kurzer Entfernung aus automatischen Waffen und Bazookas das Feuer auf den Konvoi eröffnet. Beim ersten Einschlag wurden einige Leibwächter Husseins getroffen; die übrigen erwiderten das Feuer. Der König forderte über Funk Verstärkung an, die bald auf dem Schauplatz eintraf; er selbst schoß mit der eigenen Pistole zurück, bis die palästinensischen Einheiten zum Schweigen gebracht waren.

Binnen einer Stunde nahmen jordanische Artillerieeinheiten sämtliche palästinensischen Basen und Kommandostellen in der Umgebung von Amman unter Feuer. Beide Seiten waren auf die Konfrontation vorbereitet. Hussein hatte wenige Stunden zuvor ein Kriegskabinett einberufen, dem ein palästinensischer General vorstand. Die PLO hatte ein vereinigtes militärisches Oberkommando für alle ihre Mitgliedsorganisationen etabliert. Ta'mari wurde aus Südjordanien zurückgerufen und mit seiner Leitung betraut. Die Stadt war in Sektoren aufgeteilt worden.

Ta'mari traf fuchsteufelswild in Amman ein. Sein Zorn richtete sich vorwiegend gegen die PFLP, die dafür verantwortlich war, daß sich die Lage so plötzlich und radikal verschlimmert hatte. In der Vorwoche waren von dieser Organisation drei zivile Verkehrsflugzeuge entführt und auf dem alten britischen Flugfeld bei Zarka zur Landung gezwungen worden, wo sie in die Luft gejagt wurden. Noch wütender wurde er, als er hörte, wie einer von Habashs Leuten auf dem Dach einer der größten Moscheen von Amman über Lautsprecher marxistische Propaganda verbreitete.
Ta'mari war davon überzeugt, daß Habash und Hawatma dem König einen Vorwand zur Ausrottung der Fatah geliefert hatten – derjenigen Organisation, die ihn wirklich bedrohte. Der König konnte sein Vorgehen in der Öffentlichkeit als Reaktion auf einen Angriff darstellen. Die Fatah würde ihre breite Verwurzelung unter den Palästinensern verlieren, und dies wegen der Wahnsinnstaten jener beiden Extremistengruppen. Aus Ta'maris Sicht hatten sie nur an Gewicht gewonnen, weil die Fatah so stark war. Angesichts der verheerenden Beschießung jener Stadtteile, die unter PLO-Kontrolle standen, klangen Ta'maris Vorwürfe allerdings ein wenig kraftlos. Die Jordanier legten unterschieds- und erbarmungslos alle palästinensischen Viertel der Stadt in Schutt und Asche, selbst die mit einer dichten Zivilbevölkerung.
Schon bald nach dem Eröffnungsschlag nahmen die Jordanier das Fatah-Oberkommando in Jebel Hussein ein. Die gesamte Stadt wurde unter Ausgangssperre gestellt. Arafat, der sich im Oberkommando aufgehalten hatte, mußte fliehen. Die Führer der anderen Organisationen waren im Hauptquartier des Ashrafia-Viertels auf Tauchstation gegangen.
Ta'mari schlug sich in den Nordteil der Stadt durch und versuchte den Widerstand in den Flüchtlingslagern zu organisieren, wo heftige Kämpfe ausgebrochen waren. Jordanische Panzer und Artillerie schlossen die Palästinenser ein, die nur Kalaschnikows, Panzerfäuste und Mörser zur Verfügung hatten. Nach zehn Tagen war der palästinensische Widerstand vollkommen

gebrochen. Es hatte Abertausende Tote und Verletzte gegeben. Die Angehörigen von verschiedenen Organisationen, die überlebt hatten, flohen in den Norden Jordaniens. Unter dem Druck der anderen arabischen Staaten ließ sich Hussein dazu bewegen, dem Blutbad Einhalt zu gebieten – obwohl er mit seinem Geschäft noch keineswegs fertig war. Die totale Vernichtung der PLO in Jordanien ging mit Unterbrechungen weiter, bis in den Juli des nächsten Jahres hinein, in dem es zu den Massakern von Jarash und Ajloun kam. Erst dann war Jordanien wirklich PLO-«rein».

Die PLO-Führung mußte mit dem Wiederaufbau ihrer militärischen Kräfte an anderem Ort wieder ganz von vorn beginnen. Das nächste Kapitel ihrer Geschichte sollte im Libanon geschrieben werden.

Wenige Stunden vor dem Ausbruch der Feindseligkeiten zwischen Hussein und den Palästinensern war Dina in Begleitung ihrer Tochter aus Amman abgereist. Sie verbrachten die Nacht in Beirut, bevor sie nach London weiterreisten, wo Alia wieder zur Schule mußte. Sie erfuhren in Beirut, was geschehen war. Dina reiste mit ihrer Tochter wie vorgesehen weiter, lieferte Alia im Internat ab und nahm das erste Flugzeug zurück nach Amman. Sie hatte keine Angst, in die Kämpfe zu geraten; ihre einzige Sorge galt Ta'mari.

Während der zehn Tage des «Schwarzen September» und noch einige Tage danach hatte Dina keine Ahnung, wo sich Ta'mari aufhielt oder ob er überhaupt noch am Leben war. Über eines allerdings war sie sich absolut im klaren: falls sie ihn fand, wollte sie auf Dauer mit ihm zusammenbleiben und bei der ersten sich bietenden Gelegenheit die Ehe mit ihm schließen.

«Meine damalige Lage», erzählte sie uns später, «war absurd. Ich war wegen Salah nach Jordanien gekommen, aber natürlich wurde von mir erwartet, daß ich dem König einen Besuch abstattete, der, wenn man so wollte, den Tod des Mannes befohlen hatte, den ich liebte. Als ich mit Hussein zusammentraf, brachte ich nur heraus: ‹Warum tust du das? Warum all das Morden?› Es hat beinahe vier Jahre gedauert, bis ich wieder ein Wort mit ihm gewechselt habe.»

Die Heirat fand in der Nacht statt, unter den Sternen, in der Nähe einer provisorischen PLO-Stellung unweit des mit Ausgangssperre belegten Amman. Ein paar Kameraden von Ta'mari hatten sich auf die Suche nach einem Scheich gemacht, der Trauungen vornehmen durfte. Ganz einfach war das allerdings nicht. Vielleicht erkannten die herbeigeschafften Würdenträger die Braut und bekamen es mit der Angst zu tun, oder sie wollten schlicht nicht in so eine Sache hineingezogen werden. Jedenfalls mußten drei Scheichs hergebracht werden, bevor es schließlich und endlich doch noch klappte.

Kristallene Lüster, um der Hochzeit den rechten Glanz zu spenden, waren keine vorhanden, und den Gästen wurde zur Erfrischung auch kein Nektar von wilden Erdbeeren gereicht. Die einzige Beleuchtung bildeten einige Kerzen, und wenn sich einer der Gäste setzen wollte, mußte er mit einem Sandsack vorlieb nehmen.

Ta'maris Freunde in der Fatah – mit Ausnahme von einem oder zweien – sahen seine Heirat nicht gerade gern. «Ich wurde heftig kritisiert. Ich wurde beschuldigt, sie nur wegen ihres Geldes geheiratet zu haben. Sie wollten wissen, was ein gewöhnlicher Sterblicher wie ich mit einer Königin wolle.» Später faßte er das in dem selbstironischen Bonmot «Sie ist eine Königin, und ich bin der Sohn eines Kochs» zusammen.

Der Altersunterschied zwischen den beiden – vierzehn Jahre – war ein weiterer Anlaß für Klatsch und Spekulationen. Ta'mari verwarf ihn als völlig bedeutungslos. «Für mich ist Dina sechzehn, und zwar für immer. Ich habe eine Frau geheiratet, die meine Gattin, meine Freundin, meine Mutter, meine Tochter, meine einzige Liebe ist. Mag sein, daß wir diametral gegensätzliche Menschen sind. Mag sein, daß wir die Dinge unterschiedlich sehen. Und es ist wahr, daß wir im Laufe der Jahre immer wieder aneinandergeraten sind, manchmal tagelang. Aber das ist nur eine Seite unserer Beziehung.»

Nach dem Schwarzen September wurde es sowohl für Dina wie

auch für Ta'mari immer problematischer, in Jordanien zu bleiben, und sie gingen schließlich in den Untergrund. Ta'mari war gezwungen, häufig das Versteck zu wechseln.

Es wurde für Ta'mari und den – ebenfalls untergetauchten – Abu Daud zunehmend schwieriger, den jordanischen Staatsorganen aus dem Weg zu gehen; schließlich verließen sie den Süden des Landes und gingen nach Jarash. Dort erhielt Ta'mari Order, in den Libanon zu kommen. Er wechselte heimlich über die Grenze nach Syrien und gelangte von dort aus nach Beirut. Er glaubte, er werde nur ein paar Tage im Libanon bleiben, doch er blieb zehn Jahre.

Dina wartete dort schon auf ihn, und ohne daß es den beiden bewußt gewesen wäre, begann die längste Zeit, die sie je in ihrem Leben gemeinsam verbringen sollten.

Dina ging mit offenen Augen in ihre zweite Ehe. Sie wußte, was die Fatah für Ta'mari bedeutete und wie die Verhältnisse faktisch lagen. Sie wußte, daß er nicht dauernd an ihrer Seite sein würde und daß sie es war, die ihre Ehe mit Verständnis, Hingabe und Liebe erfüllen mußte. Doch wie Ta'mari häufig betonte, führten keineswegs nur seine vielfältigen Pflichten zu langen Trennungen. «Dina hat ja so viel zu tragen», sagte er uns mehr als einmal. «Genaugenommen trägt sie die halbe arabische Welt auf ihren Schultern.»

Blumen, Kinder, Panzerfäuste

Als Ta'mari in Beirut eintraf, hatte Arafat bereits ein PLO-Hauptquartier im Stadtteil Fakahani und Fatah-Kommandos in den nahe gelegenen Flüchtlingslagern Sabra und Shatila eingerichtet. Weitere Fatah-Einheiten waren in Lager um Tyrus und Sidon im Süden des Landes verlegt worden. Ta'mari wurde zum Kommandeur der Fatah-Milizen im Südlibanon und politischen Leiter der Bewegung in sämtlichen Flüchtlingslagern südlich von Sidon ernannt.

Ta'mari und Dina fanden im Zentrum von Sidon, gleich gegenüber der Großen Moschee, ein geräumiges Haus, in dem sie eine der Wohnungen bezogen. Vom Hof aus konnte man die beiden Kreuzritterfesten und den nahe gelegenen phönizischen Tempel des Eshmun, des Sohns der Göttin Astarte, sehen. Für die nächsten zehn Jahre war Dinas und Ta'maris Zuhause eine Mischung aus Hauptbahnhof und Gemeindezentrum für durchreisende und ansässige Palästinenser, aber auch für die Bürger von Sidon, ob Christen, Schiiten oder Sunniten. Das Haus stand für alle offen, die ein Problem besprechen, einen Kaffee schlürfen, einen Rat einholen, eine Wasserpfeife schmauchen oder einfach mal Pause machen wollten. Zugleich diente es den beiden zwischen ihren zahlreichen Reisen als Standquartier.

«Ich glaube», erinnerte sich Dina mit sichtlicher Wehmut, «daß Salah während all dieser Jahre nicht einmal in Ruhe zu Ende gegessen hat. Jedesmal, wenn er zu Messer und Gabel griff, klingelte das Telefon – oder es läutete an der Haustür.»

Seine spärliche Freizeit widmete Ta'mari seinen beiden liebsten Beschäftigungen, der Gartenarbeit und der Versorgung seiner Tiere. Er hielt im Freien Enten und Hühner und im Haus beim Streunen aufgegriffene Hunde und Katzen. Im Vorgarten pflanzte er Blumen und legte einen Rasen an, hinter dem Haus pflanzte er Obstbäume. Später, als der Vorgarten zu einer Luftabwehrstellung umfunktioniert wurde, stand die vierläufige Flak in einem Bukett exotischer Blüten.
Von allen Räumen des Hauses war Ta'mari das Arbeitszimmer, das er selbst ausgebaut und möbliert hatte, das liebste. Bücherregale bedeckten sämtliche Wände, und mitten im Raum prunkte ein antiker Schreibtisch, der sein größter Stolz war. Die übrige Einrichtung spiegelte Dinas unbestechlichen Geschmack wider.
Dina besaß außerdem das elterliche Haus im Kairoer Stadtviertel Me'adi, in dem ihre Mutter gelebt hatte, bis sie schließlich zu Schwiegersohn und Tochter nach Sidon zog. Es wurde von Hausangestellten und einem Chauffeur in Schuß gehalten.
Im Sommer 1970 besuchten Yassir Arafat und sein Stellvertreter Abu Ayyad den Kommandeur der nordvietnamesischen Streitkräfte, General Giap, und im Anschluß an diesen Besuch wurden regelmäßig Fatah-Offiziere zur Ausbildung nach Nordvietnam geschickt. Zu den ersten, die gingen, gehörte der Kommandeur der südlichen Milizen und der 'Asifa, Salah Ta'mari. Er verbrachte sechs Monate in Vietnam, wo er sich einer Ausbildung für den Guerillakampf im Dschungel unterzog, die sich seiner Meinung nach nicht ganz so ohne weiteres auf die Situation der Fatah im Libanon übertragen ließ.
Ta'mari kehrte mit zwei Andenken aus Hanoi nach Sidon zurück: einem kleinen Affen und einem buntgefiederten Papagei. Auf dem Rückflug widmete er sich der Aufgabe, dem Papagei ein wenig Arabisch beizubringen. Als er vor die Tür seines Hauses trat, den Affen auf der einen, den Papagei auf der anderen Schulter, und Dina das traditionelle *«Merhaba!»* ausrief, antwortete der Papagei ganz so, wie es sich gehörte. Seit diesem Tag gab «Merhaba» im Haus den Ton an.

Während seiner häufigen Reisen nach London und Paris besuchte Ta'mari gewöhnlich auch zwei seiner Freunde, Issam Sartawi und Sa'id Hamami. Sartawi, Arafats Berater, und Hamami, der Chef des Londoner Büros, waren die wichtigsten Persönlichkeiten in der PLO, die einer Anerkennung Israels zuneigten. Beide zahlten dafür mit ihrem Leben: Sie wurden von der Gruppe um Abu Nidal umgebracht.
Ta'mari kannte Abu Nidal alias Sabri el-Banna aus der Zeit nach dem Sechs-Tage-Krieg in Jordanien, als dieser noch in der Fatah war und bevor er zu ihrem Vertreter im Irak ernannt wurde. Wie die meisten PLO-Führer lehnte Ta'mari die Ansichten dieses Mannes ab. Abu Nidal und seine engsten Getreuen verließen schließlich die Fatah und arbeiteten für den irakischen Geheimdienst. Von allen palästinensischen Organisationen, die damals entstanden und schließlich die «Ablehnungsfront» bildeten, war die von Abu Nidal die extremistischste. Ihre Spezialität war die Liquidierung gemäßigter PLO-Führer. Sie ermorderte Sa'id Hamami im Januar 1978 in London und Ez-a-Din Khalaq im August desselben Jahres in Paris.
Ta'mari war entsetzt über die Morde. Freunde von ihm, die um seine ideologische Nähe zu Hamami wußten, rieten ihm, sich vorzusehen, auf seine persönliche Sicherheit zu achten. Einer von denen, die ihm diesen Rat gaben, war Sartawi selbst. Ta'mari erinnerte sich noch gut, wie er ihn seinerzeit auslachte. «Ich sagte ihm, ich könne doch nicht mit einer Leibwache durch die Gegend laufen, das sei ein zu großer Schlag für mein Selbstbewußtsein.»
Issam Sartawi wurde im April 1983 in Portugal durch Abu Nidal liquidiert. Ta'mari erfuhr davon, während er in Israel im Gefängnis saß.
Eine ganze Reihe von Israelis und anderen Juden sind Abu Nidals Terror zum Opfer gefallen, unter ihnen ein Straßenhändler vor einer römischen Synagoge, eine Gruppe alter Leute in einer Wiener Synagoge, zwei israelische Frauen in einem nach Malta entführten Flugzeug und Shlomo Argov, der israelische Botschafter in London, dessen tödliche Verwundung 1982 Israel üb-

rigens den Vorwand für die Libanon-Invasion lieferte. Die jüngsten Opfer Abu Nidals und seiner Gruppe, bei denen es sich zum Teil um Zufallsopfer handelte, waren die Menschen, die am El Al-Schalter auf dem Flughafen von Rom im Dezember 1985 niedergemäht wurden sowie die 27 Gläubigen, die 1986 während des Gebets in einer Istanbuler Synagoge zu Tode kamen.
Als Ta'mari in Sidon eine Wohnung nahm, hatte die PLO die Flüchtlingslager im Süden des Landes bereits voll unter Kontrolle. Zu dieser Zeit waren 65 Prozent der palästinensischen Bevölkerung in den Lagern unter 21, die große Mehrzahl davon waren noch Kinder. Ta'mari beschloß, sich in der Hauptsache um diese Kinder und Jugendlichen zu kümmern.
«Nach alldem, was ich über die Geschichte des Zionismus und die jüdische Siedlungsbewegung in Palästina gelesen hatte, war ich zu dem Schluß gekommen: Der schlimmste Feind der Araber im allgemeinen und der Palästinenser im besonderen ist ihre Rückständigkeit in der Mentalität, in der Kultur und auf intellektuellem Gebiet. Die jüdischen Pioniere, die zu Anfang des Jahrhunderts nach Palästina kamen, waren zum größten Teil Angehörige der europäischen Elite. Sie kamen mit Hirnen aus dem Westen in den Osten – und haben uns unterjocht. Sie hatten kein ‹jüdisches Hirn›. Ein jemenitischer Jude ist intellektuell und kulturell ebenso rückständig wie ein Araber aus dem Jemen. Die Juden, die nach Palästina kamen, waren das Produkt des europäischen Milieus, aus dem sie stammten. Daher kamen auch ihre Stärke und ihre Fähigkeiten.
Das war der Grund, warum ich das Gefühl hatte, daß es so wichtig war, die Erziehung der Jugend in Angriff zu nehmen», erklärte Ta'mari. «Ihr Wohlergehen und ihr Fortkommen mußten unsere erste Priorität sein. Die wirkliche Revolution beginnt mit der Erziehung.» Die Frucht dieser Überlegungen war die Gründung der Fatah-Jugendbewegung.
Zum Vorbild nahm sich Ta'mari dabei – die Israelis. Er hatte ein aus dem Hebräischen ins Englische übersetztes Buch über die «Gadna» (hebräische Abkürzung für «Jugendbataillone») gelesen, die im Hauptschulalter eine paramilitärische Ausbildung

erhielten. Das Buch faszinierte und inspirierte ihn. Ta'mari gründete die Jugendbewegung der Fatah, gab ihr ihre Begrifflichkeit, ihre Leitideen, ihre Regeln und Vorschriften und ihr Aktionsprogramm. Er entschied, welche Uniformen die Jungen tragen, welche Lieder sie singen und welche Hymne sie haben sollten. Die Organisation für die Jungen erhielt den Namen «Ashbal» – «Junge Löwen» – und die der Mädchen «Zaharat» – «Blumen». Während des Krieges im Libanon wurden die Angehörigen dieser Bewegung als «Panzerfaust-Kinder» weltbekannt.

Ta'mari behauptet, er habe die Erziehung stets als Hauptziel der Ashbal betrachtet; das militärische Training sei erst an zweiter Stelle gekommen. Er wollte die Kinder durch zusätzliche, schulergänzende Aktivitäten mit der Geschichte und Kultur des palästinensischen Volkes vertraut machen. Zu diesen Aktivitäten zählten Sport, Musik, Werken und Kunst. Während der Sommermonate zogen die Kinder in Lager der Jugendbewegung in den Bergen östlich von Beirut. Dort waren diese Betätigungsangebote natürlich noch breiter und intensiver. Ta'mari veranstaltete zudem auch Sommerlager für Kinder aus der palästinensischen Diaspora, aus Europa, Amerika und Australien. Jedes Jahr stießen so scharenweise Kinder aus dem Ausland zu ihren palästinensischen Brüdern und Schwestern in den Ashbal- und Zaharat-Camps in Souq el-Gharb und Behamdoun. Sie wurden von den Betreuern mit ihrem palästinensischen Erbe vertraut gemacht, mit den Werken der vorislamischen Dichter Anatara Ibn Shaddad und Abu Zaid el-Hilali ebenso wie mit denen der zeitgenössischen palästinensischen Dichter und Schriftsteller wie Mahmoud Darwish, Ghassan Kanafani und Fadua Touquan. Sie kamen überdies zu «Gastfamilien» in den Flüchtlingslagern, damit sie die Sitten und Gebräuche ihres Volkes, aber auch dessen schweres Los kennenlernten. Grundlegend für Ta'maris Erziehungsphilosophie war das Motiv der Liebe – Liebe zum eigenen Volk und zur Heimat – und nicht etwa der Haß auf den Feind.

Es läßt sich darüber streiten, inwieweit diesen pädagogischen

Bemühungen Ta'maris Erfolg beschieden war. Unbestreitbar jedoch ist die Tatsache, daß Palästinenserkinder in den frühen siebziger Jahren im Alter von acht oder neun imstande waren, mit dem Gewehr und der Panzerfaust umzugehen. Mit zwölf Jahren waren sie dann in jeder Hinsicht und auf jedem Gebiet bereits ausgewachsene Kommandokämpfer.

Ta'mari setzte mir bei einer Gelegenheit seine Gründe dafür auseinander. «Diese Kinder sind in die Flüchtlingslager hineingeboren worden. Das ist das erste, was Sie begreifen müssen. Sie waren tagtäglich Luftangriffen, Beschuß aus Bordwaffen und Artilleriefeuer ausgesetzt. Die Hauptaufgabe aller Eltern war es, ihren Kindern beizubringen, wie sie in kürzestmöglicher Zeit den nächst gelegenen Schutzraum erreichen oder bei einem Luftangriff Deckung nehmen sollten. Anders gesagt, ihre heiligste Aufgabe war es, den Kindern das Überleben beizubringen. Diese Art von Lernen heißt dann eben ‹militärische Ausbildung›, und die schließt ein, daß man ihnen beibringt, Befehle zu befolgen, daß man sie drillt und körperlich ertüchtigt.

Die Eltern konnten mit ihren Kindern ja auch nicht zum Picknick losziehen oder mit ihnen in den Wald gehen, um ihnen die Namen der Bäume und Blumen beizubringen. Die Felder und Wälder waren voller Minen, Zeitzünderbomben und anderer tödlicher Fallen. *Das* waren die ‹Früchte der Erde›, die sie kennen mußten. Statt Vögel zu beobachten, mußten sie auf das Pfeifen einer Phantom oder Skyhawk reagieren können. Wenn Sie am Flußufer wohnen, müssen Sie Ihren Kindern schließlich auch das Schwimmen beibringen.»

Trotzdem profitierten die Ashbal- und Zaharat-Kinder auch von den übrigen Erziehungszielen Ta'maris. So hatten sie etwa ein eigenes Orchester, auch das nach dem Vorbild der «Gadna». Es galt als das beste im Libanon.

«Wenn Sie in einem Flüchtlingslager leben würden und Kinder hätten», fuhr Ta'mari fort, «und Sie hätten die Wahl, Ihr Kind in ein Orchester zu stecken oder ihm beibringen zu lassen, wie es sich mit der Panzerfaust gegen Panzer zur Wehr setzen kann – was würden Sie dann tun? Es ist eine Tatsache, daß bei dem

Massaker von Sabra und Shatila die meisten Kinder aus dem Orchester abgeschlachtet wurden, wogegen es den Burschen von der Scharfschützeneinheit gelungen ist zu überleben. Sie haben sich mit den besten Waffen zur Wehr gesetzt, die sie hatten – den Panzerfäusten, den einzigen Waffen, die die Fatah selbst herstellte.»

Richtig forciert wurde die militärische Ausbildung erst 1976 nach dem Massaker christlicher Falangisten an Palästinensern im Lager Tel el-Zatar in Beirut. Es war das erste Mal, daß Tausende von Kindern einfach deswegen umgebracht wurden, weil sie nicht wußten, wie sie sich verteidigen sollten. «Ältere Menschen finden vielleicht einen Weg, sich unter extremen Umständen zu retten, aber Kinder verlieren in der Regel eben den Kopf.»

Nach Tel el-Zatar erlaubte Ta'mari, daß selbst Vierjährige den älteren Kindern bei der Ausbildung zuschauen durften. Die Ausbilder achteten auf die Reaktionen der Jüngsten, und wenn eines von ihnen entsprechende Fähigkeiten zeigte, wurden die Eltern gebeten, ihnen das Mitmachen zu erlauben. Die Kinder trugen vom Kindergarten an Uniform.

Einmal im Jahr, am 8. März, erhielten die Kinder mit den besten Schulzeugnissen Preise. Jedes Jahr wurden 1200 ausgesuchte Ashbal-Schüler – jedesmal in einem anderen Lager - mit Ehrenurkunden bedacht. Die begabtesten Schüler wurden auf Kosten der PLO zu internationalen Sommerlagern ins Ausland geschickt, in der Regel in Länder des Ostblocks, die PLO-Kämpfer ausbildeten und ihnen Waffen und Munition lieferten. Vor dem Libanon-Krieg wurde ein Teil der Kinder aber auch in Studienlager geschickt.

An den Feierlichkeiten zum 8. März nahmen sämtliche PLO-Führer teil. Yassir Arafat hielt in der Regel eine (von Ta'mari verfaßte) kurze Rede. In einer sagte er: «Denkt daran, daß die Schule für euch das wichtigste, das zweitwichtigste und das drittwichtigste ist. Dann erst kommt die Revolution.»

Im Libanon-Krieg gerieten mehr als zweihundert Kinder zwischen zwölf und fünfzehn in Gefangenschaft, die eine RPG be-

dienten. Wie viele entkamen oder beim Abfeuern der Geschosse umkamen, vermag niemand zu schätzen.
Als Folge seiner Jugendarbeit wurde Ta'mari in den Lagern zu einer der beliebtesten Persönlichkeiten. Wann immer er eine PLO-Basis betrat, war er sofort von jungen Kämpfern umringt, die ihn anhimmelten. Erinnerungen dieser Art sind ihm bis heute die liebsten.

Der libanesische Bürgerkrieg wurde seit der Mitte der siebziger Jahre immer mehr zur zentralen Erfahrung der Palästinenser. «Jeder Krieg ist abscheulich», sagte uns Ta'mari mehr als einmal, «doch der Bürgerkrieg spottet jeder Beschreibung. Er ist seiner Natur nach der schmutzigste aller Kriege. Man kommt spielend leicht an seinen Feind heran oder an die, die man für seine Feinde hält. Es ist nicht schwer, im Schutz der Dunkelheit eine Bombe zu legen oder um sich zu schießen. Der Krieg findet praktisch vor der eigenen Haustür statt. Es ist der Krieg, der sich am längsten hinzieht, weil den Kämpfenden in der Regel die Erfahrung fehlt und weil es ihnen an Selbstvertrauen mangelt. Der Terror regiert, das Blut fließt in Strömen, und der Krieg gewinnt an Fahrt wie eine Lawine. Ein Greuel schreit nach Vergeltung, und dann übt man an den Vergeltern Vergeltung. Am Schluß weiß man gar nicht mehr, wie alles angefangen hat. Jeder wird in den Strudel hineingezogen.»
In Beirut verübten Anfang 1976 die Christen in den palästinensischen Flüchtlingslagern Maslah und Karantina ein Pogrom. Ta'mari wurde auf schnellstem Weg zu einer Krisensitzung des Obersten PLO-Militärrats im Hauptquartier in Fakahani beordert. Es ging um die Frage der Vergeltung, und Ta'mari sprach sich leidenschaftlich dafür aus. Es wurde beschlossen, daß PLO-Kämpfer auf Damour – eine Christenstadt an der Küstenstraße zwischen Beirut und Sidon – marschieren und den Ort besetzen sollten.
«Die Einwohner von Damour und der benachbarten christlichen Städte Al-Jiyya und Ne'ma waren Anhänger der Partei von Camille Chamoun und der christlichen Falange und sämt-

licher anderer antipalästinensischer Haufen, deren Hauptbetätigung darin bestand, Palästinenser auf dem Weg zur Arbeit zu terrorisieren. Sie bauten für ein paar Minuten eine Straßensperre auf, hielten die Autos an und verschleppten Palästinenser oder libanesische Moslems. Heckenschützen schossen nur so zum Spaß auf jeden Moslem, der sich auf der Straße zeigte. Es war ihr liebster Zeitvertreib.»

Ta'mari hatte keine Ahnung, wie katastrophal die Damour-Aktion enden würde. Er selbst nahm an der Besetzung der Stadt nicht teil, weil er in das nahe gelegene Al-Jiyya befohlen war, das erst später besetzt wurde.

Es kam jedenfalls so, daß sich den militärischen Einheiten der PLO ein wütender, nach Rache dürstender palästinensischer Mob «anschloß» und über Damour herfiel. Die Aktion lief binnen kurzer Zeit vollkommen aus dem Ruder. Abgesehen von dem systematischen Beschuß der Stadt kam es zu einem massiven, erbarmungslosen Blutbad. Ta'mari hörte zwar über Funk, die Aktion sei «abgeschlossen», aber das stimmte wohl doch nicht so ganz. Etliche hundert christliche Frauen, Kinder und Alte hatten in einer Kirche in der Stadtmitte Zuflucht gesucht. Abu Musa, der die militärischen Aktionen der PLO leitete, stand der blutrünstigen Masse von Palästinensern hilflos gegenüber. Er funkte seinem Freund, er solle sofort von Al-Jiyya herüberkommen. Ta'mari reagierte instinktiv: «Wir müssen diese Leute retten, und zwar schnell!»

Ta'mari und Abu Musa machten sich im Jeep auf den Weg zu dieser Kirche, wurden jedoch durch anhaltenden Beschuß aufgehalten. Es blieb ihnen nichts anderes übrig, als den Einbruch der Dunkelheit abzuwarten. Ta'mari kehrte solange nach Sidon zurück. Als er nach Hause kam, war es, wie sich Dina erinnerte, nach Mitternacht, und sie wurde von einem lauten Klopfen aus dem Schlaf gerissen. «Salah trug die traditionelle Kleidung der Beduinen, die ‹Abbaya›, und war bleich wie ein Gespenst. Ich fragte ihn, was passiert sei, wo er gewesen sei. Plötzlich bemerkte ich eine Ausbeulung unter seinem Umhang und fragte ihn, was er denn da mit sich herumschleppe. Er holte ein verletztes Lämmchen heraus. ‹Das ist das einzige, was in Damour noch am Leben ist. Hilf ihm irgendwie. Ich muß zurück.› Dann erzählte er mir andeutungsweise, was dort gerade geschah.»

Ta'mari bat Dina, so viele Fahrzeuge und Fahrer wie möglich aufzutreiben und sofort zu der Kirche in Damour zu fahren, ohne irgendwelches Aufsehen zu erregen. Dina gelang es, ein rundes Dutzend Nachbarn und Freunde zum Mitmachen bei der Rettungsaktion zu bewegen, und gegen Morgengrauen hatten sie die meisten Christen aus der Kirche evakuiert. Sie brachten sie in das nahe gelegene Kloster Dir e-Mkhalles in Brahamia nordöstlich von Sidon. «Der letzte, den wir aus der Kirche geholt haben», erinnerte sich Dina, «war ein älterer Professor. Er war ganz verzweifelt, weil er bei der Flucht alle seine Forschungsunterlagen zu Hause gelassen hatte. Es war sein Lebenswerk. Am nächsten Tag machte sich Salah auf die Suche nach seinem Haus. Das Haus war weg, und sein Lebenswerk auch. Alles war in Flammen aufgegangen.»

Als das Morden und die Zerstörungen aufhörten, machte sich der Mob ans Plündern. Wie Ta'mari später sagte, zeigten ihm jene Tage die häßlichste Seite seines Volkes. «Es gab nichts, wovor diese enthemmten Leute haltgemacht hätten. Sie zerrten angekohlte Möbel aus den Häusern, rissen Türen und Fenster aus den Angeln und stapelten sie auf Lastwagen und Autos. Ihre Beutegier war einfach unersättlich.»

Auf dem Rückweg von Damour kamen Dina und Salah an einem besseren libanesischen Herrn vorbei, einem Moslem, der am offenen Kofferraum seines Wagens stand und eifrig einlud. Er hatte die Erdgeschoßfenster eines nahe gelegenen Hauses herausgerissen. «Ich habe Salah noch nie so wütend gesehen», erzählte uns Dina. «Er sprang aus dem Wagen, holte sich einen Prügel und begann alles zu zertrümmern, was der Mann in seinen Wagen geladen hatte. Gaffer strömten herbei, alle mit irgendeiner Beute unter dem Arm. Er brüllte sie an, sie sollten sich was schämen. Aber er rannte wie Don Quichotte gegen Windmühlenflügel an.»

Am nächsten Tag fuhr Ta'mari auf der gleichen Straße zurück,

diesmal – mit seinem Fahrer Abdallah – in seinem Mercedes. Den Wagen hatte er einem indischen Zirkus abgekauft, der einmal in Sidon gastiert hatte. Mitten in Damour blieb der Wagen stehen, und Ta'mari und Abdallah stiegen aus und begannen zu schieben. Niemand kam ihnen zu Hilfe. Alle waren noch mit dem Plündern beschäftigt. Der eine oder andere jedoch begann ihnen bewundernde Blicke zuzuwerfen, begleitet von sarkastischen Kommentaren. «Sie waren davon überzeugt, daß wir den Wagen gestohlen hatten, daß wir machten, was alle anderen auch machten», erklärte uns Ta'mari. «Da habe ich zu Abdallah gesagt: ‹Bloß weg hier. Zum Teufel mit dem Wagen! Ich kann diese Leute doch nicht glauben lassen, ein Fatah-Kommandeur würde Wasser predigen und selber Wein saufen.›»
Während der Besetzung von Damour sah sich Ta'mari noch einmal zu einer Rettungsaktion genötigt – nur daß er diesmal nicht etwa Frauen und Kindern zu Hilfe kommen mußte, sondern zwei falangistischen Milizionären, seinen eingeschworenen Feinden also. Die beiden Falangisten, die ein Maschinengewehr bedient hatten, waren einer Einheit der PFLP in die Hände gefallen. «Der Führer der Einheit hatte nicht die geringsten Bedenken, seine beiden Gefangenen zu fesseln und an die Wand stellen zu lassen», erinnerte sich Ta'mari. «Ich kannte zufällig alle Beteiligten, die beiden Gefangenen, die aus Sidon stammten, und den PFLP-Kommandeur auch. Ich fing mit dem palästinensischen Kommandeur einen Streit an, während er seine Gefangenen zur Exekution fertig machen ließ. Ich versuchte ihn davon zu überzeugen, daß man für Gefangene, die man gemacht hat, verantwortlich ist. Wenn sie entwaffnet sind, bilden sie keine Gefahr mehr für einen. Wenn sie sich ergeben, stellen sie sich unter den Schutz dessen, der sie gefangennimmt.
Der PFLP-Mann war jedoch ganz scharf darauf, sie abzuknallen. Mir wurde klar, daß es ihm genausowenig ausgemacht hätte, mich kaltblütig über den Haufen zu schießen wie die beiden da. Er nannte mich einen Angsthasen. Ich sagte ihm, wenn er der Meinung sei, daß das, was er gerade mache, eine Heldentat sei, dann solle er doch noch mehr Leute zusammentrom-

meln, damit sie Zeugen seiner Tapferkeit sein könnten. Er könne ja auch noch die Frauen und Kinder der Gefangenen herholen lassen. ‹Bring sie doch vor den Augen ihrer Kinder um!› habe ich zu ihm gesagt. ‹Das wäre eine echte Heldentat!› Das hat ihn anscheinend umgestimmt; er legte seine Kalaschnikow zur Seite. Ich habe die beiden Falangisten losgebunden und sie zur französischen Mission hinübergeschickt, wo, wie ich wußte, ihre Frauen und Kinder waren.»

Diese Geschichte hatte ein Nachspiel. Sechs Jahre später, während des Libanon-Kriegs, als Sidon bereits in israelischer Hand war und Ta'mari im Gefängnis saß, erschienen Falangisten in seinem Haus, nahmen die Schlüssel an sich und erklärten die Wohnung per Beschlagnahme zu Falange-Eigentum. Einige Tage darauf klopfte der regionale Falange-Kommandeur an die Tür. Mahmoud Fa'ris, der die Wohnung im oberen Stock bewohnte, öffnete in der Angst, für seine Freundschaft mit Ta'mari mit dem Leben bezahlen zu müssen. Er war wie vor den Kopf geschlagen, als ihm statt dessen der Offizier die Schlüssel zu Ta'maris Wohnung wiedergab. «Passen Sie gut auf das Haus auf. Ich verdanke Ta'mari mein Leben. Ich habe meinen Leuten Befehl gegeben, sich hier nicht blicken zu lassen. Ich bürge ab jetzt mit meiner Person für die Sicherheit dieses Hauses.»

Am 10. Juni 1981, nach einigen Wochen relativer Ruhe an der israelischen Nordgrenze, nahmen die Israelis ihre Luftangriffe auf PLO-Basen und palästinensische Flüchtlingslager im Südlibanon wieder auf. Am fünften Tag dieser Angriffe nahm die PLO das israelische Nahariyya von Stellungen in Tyrus unter schweren Artilleriebeschuß. Die Israelis schlugen zurück: PLO-Kommandostellen in Fakahani, Sabra und Shatila wurden mit Bomben belegt.

Als Reaktion darauf begann die PLO mit einer Art Abnutzungskrieg, der zwölf aufeinanderfolgende Tage dauerte; in der PLO-Geschichtsschreibung trägt er die Bezeichnung «Zwei-Wochen-Krieg». 68 israelische Siedlungen längs der Nordgrenze, von Nahariyya im Westen bis hinauf nach Kiryat Shmo-

nah im Osten, wurden von 1230 Granaten- und Katjuscha-Einschlägen heimgesucht. Zum erstenmal in der Geschichte Israels begannen die Bewohner des Nordens aus ihren Häusern zu fliehen.
Aus PLO-Sicht war dies ein beachtlicher Erfolg. Das System war einfach. Artillerie- oder Katjuscha-Lafetten feuerten einige Schüsse ab und wurden anschließend sofort in andere Stellungen verlegt, um ihre Entdeckung und Bombardierung durch die Israelis zu vermeiden. Schließlich und endlich hatten die Israelis das System aber doch geknackt und die Lafetten der Palästinenser zerstört. Nach zwei Wochen waren der PLO im Südlibanon lediglich zwei funktionierende Abschußgeräte verblieben, alle anderen waren getroffen oder nach Norden verlegt worden.
Die palästinensische Führung hatte keine andere Wahl, als den Waffenstillstandsvorschlag des amerikanischen Unterhändlers Philip Habib zu akzeptieren. Es war der erste Vertrag dieser Art, der jemals zwischen Israel und der PLO geschlossen wurde. Arafat sah die Vereinbarung als ein Zwischenspiel in der Auseinandersetzung an und stellte sie auch entsprechend dar: «Solange der Waffenstillstand in Kraft ist, bietet sich uns die einzigartige Gelegenheit, unsere militärische Infrastruktur im Süden wiederaufzubauen und uns gründlich auf die nächste Runde vorzubereiten.»
Ta'mari gehörte zu den leidenschaftlichen Verfechtern des Waffenstillstands, als dieser dem Obersten Militärrat zur Beschlußfassung vorgelegt wurde. Er hatte einige Gründe mehr als Arafat, für ihn zu sein. Er sorgte sich um die Menschen im Süden – unter denen auch seine eigenen Kämpfer waren –, die für diesen Abnutzungskrieg einen schweren Preis zu entrichten hatten. Die Beiruter PLO-Leute, die gegen den Waffenstillstand waren, hatten seiner Überzeugung nach keinen Schimmer von dem, was dort vor sich ging. Er lud sie alle ein, einen Abstecher in den Süden zu machen und mitzuerleben, wie es während der massiven Bombenangriffe der Israelis zuging. «Nur die, die im Süden leben, können begreifen, was dieser

Waffenstillstand bedeutet. Hier in Beirut, in verhältnismäßig sicherer Position, ist es leicht, maximalistische Positionen zu vertreten.»

Diejenigen, die gegen den Waffenstillstand waren, und dazu zählten auch Leute aus der Fatah, meinten, daß die PLO mit der Zustimmung zu diesem Waffenstillstand selbst ihr Ende als revolutionäre Bewegung verkünde. Sie bedeute das Ende des bewaffneten Kampfes.

Als Habib sie davon in Kenntnis setzte, daß Israel dem Waffenstillstand zustimme, ohne auf einem Einfrieren des militärischen Status quo im Südlibanon zu bestehen, gelang es Arafat, die notwendige Stimmenzahl zusammenzubringen. Der Waffenstillstand trat am 24. Juli 1981 in Kraft.

Gleiches mit Gleichem

«3. September 1982 –» so beginnt ein Eintrag in Ta'maris Tagebuch – «es ist Freitagabend, und alles ist still. Die Zelle ist furchtbar heiß, obwohl der Sommer praktisch vorbei ist. Ich wünschte, ich hätte ein paar Erdnüsse.

Ich schleppe mich immer noch mit müden Füßen über den Pfad der unendlichen Zeit. Häufig schaue ich mich suchend nach meinen formlosen Spuren auf den Seitenwegen der Vergangenheit um. Das zufriedene Lächeln über die Veränderungen, die hier in mir geschehen sind – wenn es wirklich solche Veränderungen gab –, vergeht mir angesichts der Leere, die die Zukunft für mich bereithält. Wie lang wird das noch dauern?»

«Samstag, 4. September – keine Nachrichten von Aharon. Ich hoffe, es bedeutet nicht, daß sich seine Haltung mir gegenüber geändert hat. Nächste Woche trete ich in den Hungerstreik. Warum halten sie mich in Einzelhaft? Haben sie vor, mich wegen Teilnahme an terroristischen Aktionen vor Gericht zu stellen?

Dienstag, 7. September – die Zeit ist absolut. Mein Kalender ist gesichtslos. Es ist unmöglich, einen Tag vom anderen zu unterscheiden. Ich muß mir etwas einfallen lassen, und das ist gar nicht so einfach. Ich merke, daß ich immer häufiger vergeßlich oder verkrampft bin.

Donnerstag, 9. September – ich habe letzte Nacht überhaupt nicht geschlafen. Ich habe Julio Iglesias gehört, vom Band. Gitarrenmusik. Aharon fährt weg. Das wird hart werden. Was habe ich denn sonst noch?»

Anfang September waren Amalia und ich mit den Vorbereitungen für einen kleinen Urlaub beschäftigt. Wir hatten vor, ungefähr eine Woche auf Kreta zu verbringen. Die Anspannung und die Aufregungen der Ta'mari-Dina-Affäre mit all ihrem Drum und Dran hatten ihren Tribut gefordert, zumindest einiges an purer Nervenkraft. Seit ihrem Besuch in Israel, ja eigentlich schon vorher, hatte Dina beinahe täglich von sich hören lassen. Wir waren ihr «Briefkasten» für Salah, ihre einzige Kommunikationsmöglichkeit, und sie rief sogar dann an, wenn sie wußte, daß ich ihn in der Zwischenzeit gar nicht gesehen hatte und nichts Neues zu berichten wußte.

Es war uns bewußt, daß unsere Abwesenheit die beiden empfindlich treffen würde, doch wir brauchten eine Verschnaufpause; wir hatten sie sogar bitter nötig. Der Libanon-Krieg war nun schon drei Monate alt, und es gab keinerlei Anzeichen, daß er demnächst zu Ende gehen würde. Es war sogar schon abzusehen, daß es erst noch viel schlimmer kommen mußte, bevor es besser werden konnte. So hatte ich neben meiner «außerdienstlichen» Beschäftigung mit Königinnen und PLO-Führern ja schließlich auch noch mein gewohntes Feld zu beackern, als israelischer Rundfunkkorrespondent für arabische Angelegenheiten. Und für den gab es, traurig genug, nicht eine ruhige Minute.

Am 13. September schrieb uns Dina aus Kairo: «Ich habe jemanden gefunden, der nach London fährt und dem ich trauen kann; also kann ich Ihnen ein paar Worte zukommen lassen. Ich weiß, daß Sie diesen Brief erst nach Ihrer Rückkehr aus dem Urlaub erhalten werden, von dem ich hoffe, daß Sie ihn genießen werden. Ich möchte Ihnen und Reyout, der unvergleichlichen Reyout, wenn wir sie so nennen dürfen, aus tiefstem Herzen danken. Nur daß ich natürlich besorgt, enttäuscht und ängstlich bin: Wenn Sie beide nicht da sind, sind mir nicht nur Nachrichten und Kontaktmöglichkeiten genommen. Mir ist die Hoffnung genommen. Ich versuche ja, meine Gefühle zu zügeln. Doch wer bin ich schon, daß ich mich mit Gedanken wie ‹nur Geduld›, ‹hör auf, dir Sorgen zu machen› oder ‹nur noch ein kleines Weilchen› trösten dürfte, wenn es um das Leiden eines anderen Menschen geht, und besonders, wenn jener Mensch mir so viel bedeutet...

Glauben Sie mir, Aharon, Sie sollen mir keine Dinge anvertrauen, die Sie nicht preisgeben dürfen. Ich möchte nur eines – eine aufrichtige Einschätzung der Lage, so wie Sie es bisher stets getan haben, und zwar in welcher Form Sie sie zu formulieren wünschen. Ich werde verstehen. Ich selbst werde bis zu Ihrer Rückkehr überhaupt nichts unternehmen, bis Sie mir sagen, was ich tun soll. Mir geht es allein darum, Salah zu helfen und zu tun, was immer für seine Freilassung und die seiner Kameraden getan werden muß. Ohne großen Medienrummel und ohne Ihnen – oder sonst jemandem – irgendwelche Ungelegenheiten oder Peinlichkeiten zu bereiten. Ich will nur meinen Mann wiederhaben. Seien Sie also unbesorgt. Sagen Sie mir nur, wie es ihm geht. Ich komme schon zurecht.»

Am 4. September 1982 war entdeckt worden, daß acht israelische Soldaten aus ihrem vorgeschobenen Beobachtungsposten in der Nähe von Behamdoun im Libanon, nordöstlich von Beirut, verschwunden waren. Es wurde vermutet, daß sie entweder von den Syrern oder den Palästinensern gefangengenommen worden waren. Es hatte noch keine offizielle Stellungnahme zu dem Vorfall gegeben, doch es schwirrte nur so vor Gerüchten; einem zufolge waren die Soldaten über die Demarkationslinie gelockt und ohne Gegenwehr überrumpelt worden.

Die Familien der acht jungen Männer waren natürlich tief schockiert und machten sich um das Schicksal ihrer Söhne große Sorgen. Ganze Scharen von Armeepsychologen wurden aufgeboten, um ihnen beizustehen. Schwerer aber wog, daß das ganze Land einen Schock erlitten hatte. Die Soldaten gehörten einer der Elitetruppen der Armee an, der «Nahal», deren Ausbildung Hand in Hand mit der Arbeit in den Kibbuzim geht. Die Angehörigen der «Nahal» waren für ihre hohe soziale und ideologische Verläßlichkeit bekannt. Daß sie sich anscheinend ohne

Gegenwehr ergeben hatten, lief praktisch auf eine nationale Schande hinaus.
Drei Tage danach gab Abu Jihad, der Stellvertreter Arafats, auf einer Pressekonferenz in Damaskus bekannt, daß die acht von der PLO gefangengenommen worden seien. Man sei bereit, sie gegen PLO-Gefangene auszutauschen, die schon seit der Zeit vor dem Krieg in Israel gegangengehalten würden. Abu Jihad teilte ferner mit, die Gefangenen würden nach den Bestimmungen der Genfer Konvention behandelt.
Diese Verlautbarung hatte zwei Seiten. In dem Wissen, daß sie noch lebten, lag ein gewisser Trost. Fassungslosigkeit dagegen herrschte über den Fakt, daß sie sich in den Händen der PLO befanden. Niemals zuvor war eine geschlossene Einheit israelischer Soldaten von palästinensischen Kämpfern gefangengenommen worden.
Am 9. September, fünf Tage nach der Gefangennahme, erschien der Führer des Trupps, Reuven Cohen, in einem Mitschnitt aus dem syrischen Fernsehen auf den Bildschirmen in Israel. Er wurde der Welt vorgeführt, wie er gemütlich dasaß und Trauben aß; ein gelungener Mediencoup der PLO. Für seine Eltern war es ein Trost; wenigstens hatten sie jetzt einen Beweis, daß er noch am Leben war. Die anderen Eltern hatten weniger Glück.
Am 13. September schrieb uns Dina jenen Brief voller Sehnsucht nach Salah und voller Dankbarkeit darüber, daß wir sie auf dem laufenden hielten. Auf den Rand allerdings war ein rätselhafter Satz gekritzelt: «Und bitte passen Sie – ohne dramatisch klingen zu wollen – gut auf Salah auf, falls mir in der Zwischenzeit irgend etwas zustoßen sollte.»

Wir verbrachten Rosh Hashanah, das jüdische Neujahrsfest, auf Kreta und genossen den Frieden und die Ruhe dort. Wir hofften, wenn auch ohne große Zuversicht, daß unsere eine Ferienwoche ohne eine große internationale Krise vorüberging, die mich an den Schreibtisch zurückgezwungen hätte. Unser letzter Urlaub – in Italien – hatte durch die Ermordung Sadats ein jähes Ende gefunden.

Unser Glück hielt nicht, aber dafür unsere Nerven. Am dritten Tag auf Kreta wurde Beshir Gemayel, der – mit kräftiger Nachhilfe Ariel Sharons installierte – neue Präsident des Libanon ermordet. Der libanesische Sumpf war wieder ein Stück tiefer geworden. Wir entschlossen uns trotzdem, die ganze Woche zu bleiben. Selbst auf den ansonsten unermüdlichen Arabien-Korrespondenten von Radio Israel mußte einmal für vier Tage verzichtet werden können. Wir blieben bis zum Ende der Woche auf der Insel, gingen schwimmen, brieten in der Sonne, spielten Tennis, aßen Joghurt mit Honig und «trösteten» uns mit dem Gedanken, daß wir zu Yom Kippur schon wieder zu Hause sein würden.

Yom Kippur fiel in diesem Jahr auf den 26. September; in Israel ist es ein Tag der Totenstille, keine Autos, kein Rundfunk, kein Fernsehen. Alle Läden haben geschlossen. Für vierundzwanzig Stunden geht niemand aus dem Haus. Gläubige und Ungläubige gleichermaßen respektieren die Unverletzbarkeit dieses heiligsten aller judäischen Feiertage.

Wir waren deshalb nicht wenig überracht, als das Telefon klingelte. Es war Dina, die sich sofort zu entschuldigen begann – dafür, daß sie uns an Yom Kippur anrief, so bald nach unserer Rückkehr, und das auch noch mitten am Tag. Ich begann mich ebenfalls zu entschuldigen. «Dina», sagte ich, «ich bin gerade erst zurückgekommen. Ich bin noch nicht einmal mit dem Auspacken fertig. Ich hatte noch keine Zeit, Salah zu besuchen.»

«Deswegen rufe ich auch gar nicht an», fiel sie mir ins Wort. «Ich möchte, daß Sie sich etwas anhören. Bleiben Sie einen Augenblick dran.»

Ich blieb dran und lauschte. Zuerst hörte ich nur das Knistern eines Tonbands, Knacken und Hintergrundgeräusche. Dann hörte ich eine Stimme deutlich sagen: «Ich, Danny Gilboa, einundzwanzig Jahre alt, aus Tel Aviv, möchte meine Eltern und meine Schwester grüßen. Macht euch keine Sorgen. Es ist alles in Ordnung. Es geht mir gut, und ich hoffe, daß ich bald wieder zu Hause bin.» Danach Stille.

«Sind Sie noch dran, Aharon?» fragte Dina.

«Ich bin noch dran», sagte ich. Ich wagte kaum, meinen Ohren zu trauen. Mir lief der kalte Schweiß herunter.
Es folgte eine weitere Stimme. «Ich bin Reuven Cohen, zwanzig Jahre, aus Holon. Mama, Papa, es geht mir gut. Bitte macht euch keine Sorgen. Wir werden anständig behandelt. Ich hoffe, daß das ganze bald vorbei ist.»
Es kam eine kurze Pause, wieder Knistern und Rauschen im Hintergrund, und dann: «Ich heiße Eli Aboutbol. Es geht mir gut. Sagt meinen Angehörigen, sie sollen sich keine Sorgen machen.» Und dann kamen drei weitere an die Reihe: Avi Montebilski, Raffi Hazan und Avi Kronenfeld, sechs von den acht gefangenen Jungs.
«Haben Sie das Band aufgenommen, Dina, oder hat es Ihnen jemand gegeben?»
«Ich habe sie selbst aufgenommen», sagte sie. «Eigenhändig.»
«Wo? Wann?» Ich wußte nicht, was ich zuerst fragen sollte.
«Vor ein paar Tagen. Dort, wo sie festgehalten werden.»
Ich hatte versucht, ganz ruhig zu bleiben, aber jetzt war ich ein nervliches Wrack. «Dina», gelang es mir noch zu sagen, «ich rufe Sie zurück. Wo sind Sie? Ich muß mich mit Ihnen treffen!»
Dina blieb ruhig und gefaßt. Sie entschuldigte sich noch einmal, daß sie uns an einem Feiertag gestört habe und fügte noch hinzu: «Ich wollte, daß Sie den Eltern dieser jungen Männer sagen können, daß es ihnen gutgeht. Das wird es ihnen leichter machen.»
Für mich als Journalisten war das natürlich ein unglaublicher Knüller; für mich als Mensch war es eine Gelegenheit, das Leid von sechs Familien zu lindern. Und es war, alles in allem, die Dina-Ta'mari-Story, nur diesmal umgekehrt. Es war Dinas Art, uns gleich um gleich zu danken.

In der Minute, in der Yom Kippur endete – bei Anbruch der Dämmerung – rief ich in der Vermißtenstelle der israelischen Armee an. Ich setzte die diensthabende Beamtin von meinem Vorhaben in Kenntnis, Dina im Ausland zu treffen, um nähere

Einzelheiten in Erfahrung zu bringen und die Kassetten zu bekommen. «Viel Glück», erwiderte sie. «Das ist wirklich eine gute Tat.»

Unglücklicherweise mußte ich am nächsten Morgen in aller Frühe in Beirut sein. Die ganze Welt empörte sich über die Massaker von Sabra und Shatila. Ich ließ für den Fall, daß Dina anrief, Amalia meine Beiruter Nummer da.

Zwei Tage darauf rief sie an. Sie konnte nicht wissen, daß ich mich im Libanon befand; die Büronummer von «Kol Yisrael» war an das israelische Telefonnetz angeschlossen. «Wann können wir uns treffen?» fragte ich sie. «Ich möchte die Stimmen der Jungs nämlich gern über den Sender gehen lassen.»

Dina begriff nicht, warum ich in derart drängendem Ton fragte. Sie selbst hatte lediglich eine menschliche Geste gegenüber den Eltern im Sinn gehabt, und damit fertig. Der Gedanke, daß diese Sache für mich ein Knüller war, eine weitere Feder an meinem Journalistenhut, war für sie völlig nebensächlich.

«Ich bin gerade in Athen, auf dem Weg von London nach Kairo», antwortete sie ein bißchen verwirrt.

«Könnten wir uns morgen in London treffen?» Ich ließ nicht locker.

Es blieb einige Sekunden still, bis Dina schließlich sagte: «Also gut. Dann kehre ich eben um und fliege nach London zurück.»

Ich holte die Genehmigung ein, mich in Beirut vertreten zu lassen. Als ich wieder in Tel Aviv eintraf, schnitt ich mir Bilder von den acht Jungs zum Mitnehmen aus. Am nächsten Tag, wenige Stunden vor dem Abflug, fuhr ich noch kurz bei Ta'mari vorbei, um ihm guten Tag zu sagen. Ich wollte Dinas «frische» Grüße ausrichten können.

Am Nachmittag traf ich in London ein und rief Dina von meinem Hotel aus an. Wir verabredeten uns in der Cafeteria des Hotel *Clire.* Ihr Aussichtsfenster ging auf das Entrée hinaus. Ich trank einen Kaffee nach dem anderen und hielt trotz des leichten Nieselregens, der die Sicht beeinträchtigte, beständig Ausschau. Kurz nach acht sah ich dann Dina am Steuer eines braunen Jaguar vor-

fahren. Sie rannte das kurze Stück vom Bordstein bis zum Hoteleingang, um nicht naß zu werden. Ich stand auf und ging ihr entgegen.
Bei den Gesprächen, die wir bis dahin geführt hatten, am Telefon und von Angesicht zu Angesicht, war Dina immer diejenige gewesen, die auf Neuigkeiten gespannt, aber dennoch kein einziges Mal von der Etikette abgewichen war; sie hatte stets eine bewundernswerte Geduld an den Tag gelegt. Jetzt waren unsere Rollen vertauscht. Ich konnte mich fast nicht zurückhalten. Ich wollte alles über unsere Kriegsgefangenen wissen – wo, wann, wie. Aber auch mir gelang es, meine Ungeduld zu bezähmen.
Ich sagte ihr, ich hätte Salah vor meiner Abreise für ein paar Minuten gesprochen und ihm von ihrer Visite bei den israelischen Kriegsgefangenen berichtet. Ihr Gesicht verwandelte sich mit einemmal in eine Maske mühsam zurückgehaltener Erwartung. Ich sagte ihr, daß er billige, was sie tue, und daß er völliges Vertrauen in ihr Urteilsvermögen habe. Ich sagte ihr jedoch nicht, daß er mich gebeten hatte, sie davor zu warnen, irgend etwas zu unternehmen, das als Versuch aufgefaßt werden konnte, seine Freilassung vor den übrigen Gefangenen oder unabhängig von ihnen zu erreichen.
Nun war Dina an der Reihe. Sie holte eine Kassette aus ihrer Handtasche und entschuldigte sich sofort für die schlechte Aufnahmequalität. «Es ging alles unter Zeitdruck vonstatten, und die Bedingungen waren nicht optimal.» Immerhin, versicherte sie mir, würden die Jungs anständig behandelt. Außer den sechsen, von denen sie Aufnahmen habe, würden zwei weitere an einem anderen Ort gefangengehalten, die sie nicht habe besuchen und aufnehmen können.
Ich bat sie um eine Schilderung der Lebensumstände der Jungs, und sie erklärte mir, daß sie dasselbe Essen erhielten wie ihre Wachen; zu rauchen bekämen sie Marlboro. Einer der jungen Männer, sagte sie, brauche eine neue Brille; einer sei verwundet, aber nicht schwer. «Ich glaube, er heißt Eli», meinte sie. «Er wird von einer Krankenschwester versorgt, die Hebräisch kann.

Sie heißt Fatma Barnawi. Sie hat ihr Hebräisch im Gefängnis gelernt, in Israel.»

Bei diesem Namen machte es bei mir klick. Fatma Barnawi hatte zusammen mit ihrer Schwester zwölf Jahre im Gefängnis gesessen. Sie war für das Verstecken einer Bombe in einem Jerusalemer Kino zu lebenslänglich verurteilt worden.

«Wo haben Sie sie gesehen?» fragte ich ohne große Hoffnung, daß sie es mir verraten würde.

«Ich kann es Ihnen nicht genau sagen – und ich bin mir sicher, Sie werden verstehen warum.»

Ich kramte die Zeitungsfotos der acht Gefangenen hervor; Dina erkannte sechs von ihnen und ordnete ihnen ihren Namen zu. Den Salzstreuer stellte sie auf das Bild von Yosef Groff und die Pfeffermühle auf das von Nissim Salem. «Diese beiden habe ich nie zu Gesicht bekommen.»

In dieser Nacht tat ich kein Auge zu. Ich hörte das Band wieder und wieder ab. Die Aufnahmequalität war wirklich schlecht, aber das war egal. Eines jedenfalls war klar: Die Stimmen gehörten unseren Jungs. Was Dina als «kleine Geste der Dankbarkeit» bezeichnete, war, wie ich zu erkennen begann, eine großzügige und noble Gabe.

Nach meiner Landung auf dem Ben Gurion-Flughafen begab ich mich schnurstracks in das Tel Aviver Studio und zog mich mit einem Toningenieur so lange zurück, bis wir eine Fassung des Bandes mit verbesserter Tonqualität zustande gebracht hatten. Noch am selben Abend lieferten wir eine Kopie der Kassette im Vermißtenbüro der Armee ab. Der Chef der Personalabteilung, General Moshe Nativ, sagte mir später, bei den mit dieser Sache Befaßten sei Dinas Name seitdem in jedermanns Mund gewesen.

Ich formulierte unterdessen für die Morgennachrichten eine Kurzmeldung, die folgendermaßen lautete: «Sechs von der PLO festgehaltene israelische Soldaten haben zum erstenmal seit ihrer Gefangennahme ein Lebenszeichen an ihre Familien senden können. Das Tonband mit ihren Stimmen wurde unserem Korrespondenten zugespielt.» Die Meldung wurde nie gesendet, und auch die Kassette ging nie über den Sender. Der Militärzensor strich beide ersatzlos, wie auch alle anderen Informationen über die Gefangenen und die Verhandlungen über ihre Freilassung. Die israelischen Medien waren bereit, sich diesem Verdikt zu beugen.

Wenige Tage nach meiner Rückkehr aus London wurden sechs Ehepaare, die Eltern der Gefangenen, in das Vermißtenbüro bestellt, um die Stimmen ihrer Söhne zu hören. Sie waren verständlicherweise tief bewegt und ließen sich das Band wieder und wieder vorspielen. Doch sie waren auch neugierig: Woher stammte das Band? Auf diese Frage erhielten sie keine Antwort.

An einem Tag im Juli 1983 rief mich Zvi Gilboa, der Vater eines der jungen Männer, in meinem Büro an. Er kannte mich nicht persönlich, sondern nur aus meinen Berichten und Kommentaren im Radio. Zu dieser Zeit fanden im Beqaa-Tal schwere Kämpfe zwischen Arafats Männern und den Rebellen um Abu Musa statt. Gilboa wollte wissen, ob es mir etwas ausmachte, wenn er mir einen kurzen Besuch abstatte; sein Sohn, vertraute er mir zögernd an, sei einer der PLO-Gefangenen, und er wolle gern Näheres über das erfahren, was dort eigentlich gerade vor sich gehe.

Ich besuchte Gilboa daraufhin in seinem Büro in Tel Aviv. Er war ein gebrochener Mann. Er wollte lediglich wissen, ob und inwieweit die Kämpfe eine Auswirkung auf die Chancen für eine Freilassung seines Sohnes hätten. Ich konnte ihm leider nicht mit Insider-Informationen dienlich sein. Ich konnte ihm nur die Analyse vortragen, die am plausibelsten schien, nämlich daß die Rebellen Arafats Leute mit Waffengewalt zwangen, sich aus ihren Basen und Stellungen im Beqaa-Tal in Richtung Tripoli, also in nördlicher Richtung, zurückzuziehen. Uns bleibe nur die Hoffnung, daß sich die Ereignisse als günstig für die Rückkehr der Jungs erweisen würden.

Zvi Gilboa zeigte mir in seinem Büro drei dickleibige Ordner, die jedes Bröckchen Information aus der hiesigen wie auch der internationalen Presse enthielten, das jemals über die Gefangenen erschienen war. Er sprach von den derzeitigen Bemühungen des österreichischen Bundeskanzlers Bruno Kreisky um ihre Freilassung, von den Besuchen des Roten Kreuzes bei den Gefangenen, von den Interviews mit ihnen im arabischen und amerikanischen Fernsehen. Er kam auch darauf zu sprechen, wie schwer es für die Eltern sei, das alles durchzustehen. Im Laufe des Gesprächs erzählte er mir ganz im Vertrauen von dem ersten Tonband mit ihren Stimmen, das nach Israel gelangt war. «Dieses Tonband hat mir mein Leben wiedergegeben», fügte er hinzu.

Nach vierzehn Monaten Gefangenschaft und komplizierten Verhandlungen zwischen Israel und der PLO über die verschiedensten Unterhändler kamen die sechs schließlich frei. Sie erinnerten sich noch lebhaft an Dinas überraschenden Besuch. Sie war ihr erster Besuch «von draußen» gewesen, noch vor dem Roten Kreuz.

«Wir waren in dem gleichen Raum, in dem wir die ganze Zeit eingesperrt waren», erinnerte sich Danny Gilboa. «Es war in Shtura, jedenfalls haben sie uns das gesagt. Ein paar Minuten, bevor sie reinkam, sagten uns die Wachen, daß eine wichtige Persönlichkeit zu Besuch komme. Wir verstanden das Wort ‹Königin›, aber wir konnten uns keinen Reim darauf machen. Alle um uns herum waren furchtbar aufgeregt.»

«Die Wachen haben uns mit ihrer Nervosität angesteckt», fügte Raffi Hazan hinzu. «Anfangs war es uns egal gewesen. Ihr Name sagte uns gar nichts, aber als sie eintrat, nahmen alle Haltung an. Den Respekt, der ihr erwiesen wurde, können Sie sich überhaupt nicht vorstellen. Einer der Wächter, der von Anfang an mit uns zusammengewesen war, hat ihr praktisch die Hand geküßt.»

«Sie sprach Englisch, und Raffi und ich dolmetschten», fuhr Danny fort. «Sie erkundigte sich nach unserem Befinden, und dann hat sie plötzlich ein Tonband hervorgeholt und hat es auf den Tisch gelegt. Ich sehe es jetzt noch vor mir.

Wir wußten damals noch nicht, daß ihr Mann Gefangener in Israel war. Sie hat keinen Ton davon gesagt. Sie ging nur zu jedem von uns hin und ließ uns etwas in das Tonband sagen. Sie erkundigte sich bei Eli Aboutboul nach seiner Verwundung und ob sie behandelt würde. Als sie weg war, nahm wieder alles den gewohnten Gang.»

Raffi hatte eine weitere Information beizusteuern. «Wir haben sie nach Nissim und Yoske gefragt. Sie hat gesagt, soweit sie wüßte, ginge es ihnen gut.» Und dann – als ob er den Besuch aus seiner Sicht noch einmal zusammenfassen wollte – sagte er noch: «Ihr Englisch war perfekt, und ihre Manieren, die Art, wie sie angezogen war – sie war schon was Besonderes. Jedenfalls hat sie bestimmt nicht in diese Umgebung gepaßt. Bevor sie gegangen ist, hat sie jedem von uns die Hand geschüttelt, und zwar so, als ob sie es wirklich gern tat.»

Dina wurde nie müde, sich nach den sechs jungen Leuten zu erkundigen, auch lange nach ihrer Freilassung noch. Sie erinnerte sich gut an sie. Sie wollte wissen, ob sich Eli ganz von seiner Verwundung erholt hatte, ob Danny zugenommen habe, ob sie arbeiteten oder zur Schule gingen und ob sie die seelische Belastung gut verkraftet hatten. Ebenso verfolgte sie die Entwicklung im Fall der anderen Gefangenen, Yosef, Nissim und eines dritten, Hezi Shai, der von Ahmad Jibrill gefangengehalten wurde und erst freikam, als ihr eigener Gefangener, Salah Ta'mari, längst wieder ein freier Mann war.

Risse im Schutzpanzer

Die Bibliothek in Salah Ta'maris Zelle war nicht groß, aber vielfältig. Aus Sidon hatte er sich ein Altes und ein Neues Testament auf englisch, den Koran, einen Band der Gesammelten Werke von Shakespeare, einige Spionagethriller seines Freundes John Le Carre, ein Buch über die griechische Mythologie und zwei Bücher über Plato mitgebracht, eines von E. A. Taylor, *‹Plato, the Man and his Work›* und G. C. Fields *‹Plato and his Contemporaries›*. Dann hatte er noch etliche Bücher über die Geschichte des Zionismus da, die ich ihm – auf seinen Wunsch hin – mitgebracht hatte, wie etwa Ben Gurions *‹Briefe an Pola›* und Golda Meïrs *‹Mein Leben›*. Außerdem hatte er um Bücher zeitgenössischer arabischer Autoren und Werke mit klassischer arabischer Poesie gebeten und diese ebenfalls erhalten. Die beiden Bücher, die er immer wieder las, waren Aldous Huxleys *‹Eyeless in Gaza›* und Ibrahim Jabras *‹The Ship›*. Jabra ist ein palästinensischer, aus Bethlehem stammender Dichter und Romancier, der seit 1948 in Bagdad lebt.
Die Gefängnisleitung hatte ihm sowohl erlaubt, das Fernsehgerät und den Radiorecorder, die ihm Dina mitgebracht hatte, wie auch eine kleine Anzahl von Musikkassetten mit klassischer und Unterhaltungsmusik zu behalten, darunter viele von Julio Iglesias, seinem Lieblingssänger. Bei einem meiner Besuche zog ich mein eigenes Lieblingsstück aus der Tasche – Mozarts 40. Symphonie. Ta'mari sah mich an und sagte: «Für die eine da würde ich alle meine Kassetten eintauschen.»

Am Anfang verbrachte er die Abende damit, die Nachrichten von Radio Monte Carlo, Damaskus, Amman und der englischen und arabischen Welle von Radio Israel zu hören. Mit der Zeit allerdings erlahmte sein Interesse: Die Nachrichten aus der ganzen Welt und vom Krieg im Libanon verschlimmerten sein Gefühl der Frustration nur noch.
Am 113. Tag seiner Gefangenschaft notierte er um sieben Uhr abends: «Am Radio zu kleben und keine einzige Nachrichtensendung zu verpassen scheint einen furchtbar ernsthaften Menschen aus mir zu machen. Was ich aber wirklich bräuchte, wäre ein bißchen Unterhaltung. Es ist zwar ganz und gar keine schlechte Sache, sich mit Politik zu befassen, aber letztlich ist es doch so, daß ich mich damit befasse, ohne wirklich damit befaßt zu sein. In meiner jetzigen Lage wirkt es wie eine Provokation, den Nachrichten hinterherzuhecheln wie ein Bluthund. Es wird allmählich unerträglich. Es gibt hier nicht einen einzigen Menschen, mit dem ich reden kann.»
Er verglich sich mit einem Fußballfan, der vom bloßen Zuschauen einen Herzschlag bekommt, oder mit einem Mann, der im Auto neben dem Fahrer sitzt: «Ich drücke andauernd aufs Gaspedal und auf die Bremse, aber sie sind gar nicht da. In Wirklichkeit kann ich überhaupt nichts tun – und das Radio bringt mich noch um. Ich muß auf etwas kommen, das mich schützt.»
Er kam zu dem Schluß, daß ihm die Israelis das Radio vor allem deshalb gelassen hatten, um seine geistige Gesundheit zu untergraben. Es gab also nur eins – nicht mehr einschalten.
In der Zeit des von ihm so genannten «Kriegs von drinnen» war sein Verhältnis zu den Wächtern von großer Bedeutung. Wenn seine Beziehungen zu ihnen einen Tiefpunkt erreicht hatten – und das war öfters der Fall –, ging es ihm schlecht, war er verbittert. Ta'mari brauchte Menschen um sich. Ohne sie fühlte er sich wie ein Fisch auf dem Trockenen.
Nur an einem Wächter fand Ta'mari Gefallen, einem aus Marokko stammenden jungen Mann namens Albert. Dieser Albert brachte ihm nicht nur Essen von zu Hause mit; er war der einzige der jungen Israelis, der überhaupt geistiges Interesse an den

Tag legte. Er hörte Ta'mari bereitwillig zu, diskutierte mit ihm und warf gelegentlich auch einen Blick in seine Bücher. Von Albert einmal abgesehen, war Ta'mari jedoch zu dem Schluß gekommen, daß der junge Durchschnittsisraeli nicht nur überhaupt keine Ahnung von seiner eigenen Geschichte hatte, sondern daß er sich auch gar nicht dafür interessierte. Sein Hauptinteresse galt der Disco-Musik, die aus dem ständig ans Ohr gehaltenen Transistor plärrte. Er gehörte zur Coca-Cola-Generation, war ein Ami-Imitat. Die jüdische Geschichte war ihm schnurzegal. Sie hörten gern Julio Iglesias, sagte er mir einmal, «aber sie verstehen kein einziges Wort». Gern spielten die jungen Wächter auch mit den Elektronikspielen, die ihm Dina mitgebracht hatte.

Obwohl ich ihm auseinanderzusetzen versuchte, daß diese Wächter nicht unbedingt einen repräsentativen Querschnitt durch die israelische Jugend darstellten, blieb Ta'mari skeptisch. Er war davon überzeugt, daß der durchschnittliche junge Palästinenser von besserem Schrot und Korn als sein israelisches Gegenstück war, und dieser Glaube gab ihm ein gewisses Maß an innerer Stärke.

«Was der durchschnittliche Israeli von seiner eigenen Geschichte weiß», notierte er in seinem Tagebuch, «entspricht in etwa dem, was die Araber einst über die ihre wußten. In den Schulen wurde früher einmal gelehrt, Shakespeare sei in Wirklichkeit Araber gewesen und sein Name eine Verballhornung von ‹Sheik Subeir›...»

Ta'maris idealer «zionistischer Feind» wurde von Zuri Ben-Nun verkörpert, dem Oberaufseher. Er und seine Ideologie waren genau das, wogegen die PLO kämpfen mußte, und während dieser Zeit im Gefängnis kämpfte Ta'mari gegen ihn, zumindest auf der persönlichen Ebene.

Das Verhältnis zwischen den beiden war komplex, ambivalent. In ihnen trafen zwei Extreme aufeinander. Jeder stand für die bedingungslose Hingabe an seine Sache, und jeder der beiden glaubte, daß seine Ideologie zur Durchsetzung ihrer geheiligten Ziele jedes Mittel rechtfertige. Jeder glaubte, er müsse nur die

Schwächen der Ideologie des anderen aufdecken, um deren potentielle Gefahr für ihn abzuwenden.
Ta'mari allerdings hatte gute Gründe, Angst vor Ben-Nun zu haben. Ein Wort von ihm, und sein Leben konnte zur Hölle werden. Dies hielt den Gefangenen aber keineswegs davon ab, seinen Kerkermeister stets von neuem zu provozieren. Wie sehr sie die Ziele des jeweils anderen auch verabscheuen mochten, war es gut möglich, daß sie den Glaubenseifer ihres Gegenübers irgendwo doch bewunderten.
Zuri Ben-Nun war schon lange Jahre Gefängnisaufseher. Er war in Jerusalem in einer frommen Familie aufgewachsen und hatte in der Armee in einer der speziellen religiösen Kampfeinheiten gedient. Er war verheiratet, Vater von vier Kindern und wohnte in der jüdischen Siedlung Kiryat Arba, die nach dem Sechs-Tage-Krieg als Pfahl im Fleisch des arabischen Hebron errichtet worden war. Die Philosophie seiner Bewegung – des «Gush Emunim» («Block der Gläubigen») – forderte dazu auf, «das Land zu nehmen», ein Begriff, der im Hebräischen einen unüberhörbar aggressiv-sexuellen Unterton hat. Er galt bei seinen Kollegen als zupackender, aber auch weitsichtiger Mann. Er trug auf Schritt und Tritt eine Waffe. Da er auf der Westbank wohnte, hatte er von seinen Nachbarn in Hebron etliche Brokken Umgangsarabisch aufgeschnappt.
Bei einer seiner Visiten in Ta'maris Zelle erzählte ihm Ben-Nun, wie ein alter arabischer Hausierer in Hebron ein jüdisches Kind aus Kiryat Arba daran gehindert hatte, eine Guajava zu essen, die zuvor mit einem hochgiftigen Insektizid gespritzt worden war. Es war eine seiner Lieblingsgeschichten, und er erzählte sie offensichtlich, um zu beweisen, daß Juden und Araber durchaus friedlich zusammenleben könnten. Ta'maris Antwort war weniger als begeistert. «Das Kind hat wahrscheinlich versucht, ihm die Guajava zu stehlen. Aber was bedeutet schon eine Guajava, wenn ihr ihm sein Land und sein Haus gestohlen habt?»
«Einen Augenblick mal», gab Ben-Nun zurück. «Niemand hat etwas gestohlen! Meine Kameraden und ich sind gekommen, um das biblische Gebot zu erfüllen, ‹das Land zu nehmen›, wo

vor zweitausend Jahren das Königreich Israel war. Wir sind gekommen, um den Landstrich wieder hochzupäppeln, wo 1929 eure Großväter unsere Großväter umgebracht haben. Der Herr, gepriesen sei sein Name, gab das Land unserem Stammvater Abraham, Abuna Ibrahim. Das jüdische Volk ist seit jeher mit diesem Boden verbunden, seit unvordenklicher Zeit. Und dann ist da noch etwas. Ich sehe, wie eure Leute in Hebron jeden Morgen zur Arbeit fahren und abends wieder heimkommen. Sie haben es noch nie so gut gehabt. Sie haben sich schöne Häuser mit modernen Bädern bauen und sich Fernsehapparate kaufen können. Die israelische Besetzung ist das beste, was ihnen jemals widerfahren ist.»

Damit war er bei Ta'mari an den Richtigen geraten. «Alles, was Abraham in Hebron erworben hat, und zwar von dem Hethiter Ephron, war eine Grabstätte, und er war ein Beduine wie ich. Wenn ihr Burschen mit euren Wahnsinnsplänen weitermacht, wird das ganze Land zu einem einzigen Friedhof – für euch und für uns.»

Später an diesem Tag trug Ta'mari folgendes in sein Tagebuch ein: «Ich habe es satt, mir die Geschichten anzuhören, die sie einem über die jüdische Geschichte erzählen. Auch Millionen Christen und Moslems glauben, daß es sich um echte, wahre Fakten handelt. Für mich sind sie Literatur, Kunst – zwei Dinge, die wenig mit Fakten zu tun haben. Ich denke, es ist tragisch, daß Ben-Nun ständig nach einem Faktenmäntelchen für seine Märchen sucht. Die blutigsten Invasionen und Okkupationen sind stets im Namen irgendeines großen und geheiligten Ideals geschehen. Stets waren begnadete Köpfe zur Hand, die großartige Fassaden dafür erfanden – Kreuze, Judensterne oder arabische Halbmonde, am Ende eines Bajonetts oder auf der Spitze eines Helms.»

Im weiteren schrieb er, noch mehr in Wallung geraten: «Ich möchte schreien und brüllen und die häßlichen Wände dieser Zelle niederreißen ... Die Gier der Israelis ist grenzenlos, ihre Verachtung für die ‹Goyim› ist grenzenlos, ihre Arroganz ist grenzenlos. Sie halten sich für so perfekt, daß sie ihren Urin auf

Flaschen füllen und als Kölnischwasser exportieren könnten. Wenn Ben-Nuns Traum wahr wird, wird das Maß des Leidens, das der Welt aufgebürdet wird, die direkte Folge nicht etwa des Dritten Tempels, sondern des Dritten Jüdischen Reiches sein.»

Dennoch war es Ben-Nun, der Ta'mari Vorzugsbehandlung gewährte, der ihm den Gefängnisalltag leichtermachte. Es war Ben-Nun, der dafür sorgte, daß Ta'mari jeden Tag an die frische Luft kam und der ihn sogar zum ersten Spaziergang draußen auf dem Gefängnishof mitnahm. In dem Augenblick, in dem sie im Freien waren, begann Ta'mari tief einzuatmen und die Luft einzuziehen, als wenn er etwas roch.

«Was riechen Sie denn da?» wollte Ben-Nun wissen.

«Pferde», erwiderte Ta'mari.

«Machen Sie keine Witze», putzte Ben-Nun ihn herunter. «Hier gibt's kilometerweit kein einziges Pferd.»

Ta'mari war sich sicher, daß Ben-Nun log und ihn nur lächerlich machen wollte.

Einige Tage darauf spielten die beiden Männer im gleichen Hof miteinander Schach. Ta'mari, der Weiß hatte, wählte das Damengambit als Eröffnung. Nach acht Zügen hatte er einen Springer Ben-Nuns in die Enge getrieben, was dem Spiel die entscheidende Wende gab. Plötzlich sah Ben-Nun auf. «Wissen Sie was?» sagte er, «Sie hatten recht. Hier in der Gegend hat's vor Jahren mal einen Pferdestall gegeben.»

Ta'mari sah Ben-Nun direkt in die Augen. «Wissen Sie was?» sagte er, «Sie sehen einem meiner jüngeren Brüder ziemlich ähnlich. Das hat es mir reichlich schwergemacht. Selbst wenn Sie mich mit Ihren Ansichten und Vorstellungen und Ihrer Meinung über mich wirklich anwiderten – und ich wußte genau, was Sie über mich dachten –, irgendwas an Ihnen mag ich trotzdem.»

Ben-Nuns Antwort war unerwartet: «Sagen Sie mal, Salah, haben Sie jemals darüber nachgedacht, wer von uns hier der Gefangene ist – Sie oder ich?»

In dieser Nacht hatte Ta'mari einen Traum. An dem Tag, an

dem die Israelis Sidon erreichten, hatte er in einem Band mit Gedichten von Jacques Prévert geblättert. Als er das Haus verließ, war das Buch auf einer Seite mit der Zeichnung eines Fohlens aufgeschlagen; es war das letzte, was ihm in die Augen fiel. Dieses Fohlen erschien ihm nun im Traum. «Ich sah, wie das Fohlen aus dem Buch sprang und davongaloppierte. Ich schwang mich auf seinen Rücken, und wir ritten davon. Es war ein herrliches Gefühl. Ich fühlte, wie ich stärker und stärker wurde, als ob Millionen Atome ihre Energie in meinem Körper freisetzten. Das Fohlen schien mich auf die Sonne zuzutragen. Während wir näher und näher kamen, blendete mich das grelle Licht. Als ich aufwachte, blickte ich in die Neonröhre meiner Zelle. Doch ich spürte immer noch diese ungeheure Kraft, und sie hielt mich eine Weile aufrecht.»

Ta'maris gelegentliche Ausflüge aus dem Gefängnis – zu seinem Interview im Fernsehstudio, seinem Besuch bei Amos Oz und seinem Wiedersehen mit Dina – hatten verständlicherweise stets schlimme Nachwirkungen. Die Rückkehr in die Enge seiner Zelle bedrückte ihn. Dieselbe Reaktion stellte sich nach jedem einzelnen meiner Besuche ein.

«Ich kann diese extremen Wechselbäder einfach nicht ertragen», erklärte er mir. «Ich kann nicht bei Ihnen und Ihrer Familie sein oder durch die Straßen laufen und gewöhnlichen Menschen begegnen oder hier sitzen und mit Ihnen plaudern – und dann wieder ganz allein in dieser lausigen Zelle hocken, ohne zu wissen, ob ich jemals wieder hier herauskomme. Ich kann es nicht mehr ertragen. Ich glaube, ich zöge die Gewißheit vor, dazu verdammt zu sein, für immer und ewig in dieser Zelle zu bleiben. Dann würde ich schon einen Weg finden, damit fertig zu werden. Aber das Privileg zu haben, ab und zu rauszukommen oder Sie hier zu Besuch zu haben – das macht einen krank.»

Bevor Amalia und ich Anfang September in den Urlaub aufbrachen, kam ich noch kurz vorbei, um ihm Lebewohl zu wünschen. Ta'mari tat sein Äußerstes, seine Gefühle vor mir zu verbergen, doch seinem Tagebuch vertraute er an: «Daß Aharon weggeht – und sei es nur für kurze Zeit –, ist mir unerträglich.»

Ein andermal, als ich ihn zwei Wochen lang nicht hatte besuchen können, schrieb er: «Aharon ist nicht gekommen, weder gestern noch heute, obwohl er es versprochen hatte. Vielleicht ist es ihm nicht mehr gestattet. Eigentlich will ich ihn auch gar nicht mehr sehen. Es wäre besser, ganz mit ihm zu brechen. Nicht daß ich ihm nicht vertraue; nur weil ich so abhängig von ihm geworden bin – ich hasse das. Ich bin im Gefängnis wieder zum Kind geworden. Ich kann überhaupt nichts für mich allein entscheiden. Ich kann nicht arbeiten. Ich kann nicht allein für mich sorgen. Ich kann nichts selber kaufen. Ich muß um alles bitten – selbst um Wasser und Brot. Ich werde allmählich immer abhängiger, und ich hasse das. Ich hasse dieses Gefühl.

Wenn Aharon sich nicht blicken läßt, bekomme ich Angst. Dann bin ich furchtbar enttäuscht. Ich sollte mir eigentlich gar nichts erhoffen – von niemandem. Ich darf es eigentlich nicht zulassen, so verwundbar zu sein. Ich sollte nicht zulassen, daß mich irgend etwas zu meinem Nachteil beeinflußt. Es ist besser für mich, allein zu sein, zu lernen, mich nur auf mich selbst zu verlassen – und nur auf mich selbst.»

Die Risse in seinem Schutzpanzer wurden zu klaffenden Löchern. Es gab erste Anzeichen für einen völligen Zusammenbruch. Er weigerte sich, seine Zelle zu verlassen. Seine Beziehungen zu den Wächtern verschlechterten sich. Er versuchte nicht mehr, sie in einen Streit zu ziehen. Sie hatten ihn inzwischen alle bis oben hin satt. Sein Augenlicht verschlechterte sich durch zu viel Schreiben und Lesen. Er bekam immer häufiger Kopfschmerzen.

«Die Stille ist bedrückend», schrieb er damals. «Ich habe das letzte Buch schon beinahe ausgelesen. Ein paar Seiten habe ich mir noch übriggelassen, zum späteren Genuß. Das erinnert mich an meine Kinderzeit. Wenn ich einmal ein Stückchen Schokolade bekam, aß ich es so langsam, daß mir der Geschmack so lange wie möglich blieb. Es war selten, daß wir Schokolade bekamen.»

«Wenn mir etwas zustößt, dann hoffe ich, daß sie begreifen, daß sie mir keine Hoffnung mehr gelassen haben. Mir wäre es lieber, wenn Dina mit einer einzigen Erinnerung an mich zurückbliebe als mit einem leeren Sack. Ich werde nicht zulassen, daß sie mich fertigmachen. Ich muß Sieger bleiben.
Wenn mir etwas zustößt, werden sie mein Tagebuch dann meiner Frau geben? Ich bezweifle es. Vielleicht würde Aharon es tun. Die kleine Maus ist wieder da. Mal sehen, ob ich ihr etwas beibringen kann.»

Mein letzter Besuch in Ta'maris Zelle war am Abend des 22. Oktober 1982. Inzwischen war es zu einer dramatischen politischen Wende gekommen. Yassir Arafat weilte zum erstenmal seit 1970 in Amman. Er und Hussein hatten sich vor den Fernsehkameras umarmt. Die Nachricht von dieser Wiederannäherung, zusammen mit Ta'maris Verzweiflung, Einsamkeit und Isolation, war zuviel für ihn. Zum einen wurde ein neues Kapitel der palästinensischen Geschichte ohne ihn geschrieben. Und dann hatte Arafat kaum zwei Monate nach dem Abzug aus Beirut auch noch eine Kehrtwendung vollzogen – hin zum schlimmsten Feind der PLO, schlimmer als Israel.
Ich hatte gewußt, daß Ta'mari wütend darüber sein würde, doch es war das erste Mal, daß ich ihn toben sah wie einen wildgewordenen Stier. Die politische Lage war der Anlaß, doch sein Zorn richtete sich gegen uns. In dem Augenblick, in dem ich eintrat, noch bevor ich mich setzen konnte, brüllte er mich auch schon gebieterisch an: «Nehmen Sie sich einen Stift und schreiben Sie, was ich Ihnen sage.»
«Was ist denn los?» wollte ich wissen.
«Schreiben Sie!»
«Ich bin doch nicht Ihr Sekretär!» Ich war empört. «Sie können schließlich selber schreiben.»
«Ich habe nach einem Geistlichen verlangt, um meinen Letzten Willen, mein Testament abzufassen, aber sie haben mir keinen geholt! Dann erledigen Sie das eben!» Er schrie mich praktisch an.

«Erstens bin ich kein Geistlicher, und zweitens sind Sie kein Christ!» Ich wurde ebenfalls lauter. «Außerdem will Ihnen doch gar niemand an den Kragen.»
«Ich werde mir das Leben nehmen. Ich muß es tun. Ich habe mich dazu entschlossen.»
Er hatte aufgehört zu brüllen. Ich sah ihm an, daß er jedes Wort ernst meinte, das er sagte; in jeder Silbe lag Verzweiflung. Ich sah ihn an. Sein Gesicht war eingefallen und blaß. Seine grünen Augen, die sonst so strahlten, waren erloschen.
Ich entschloß mich, es auf eine andere Tour zu versuchen. Ich mußte ihn erst einmal beruhigen. «Na los, setzen Sie sich. Ich mach uns einen Kaffee.»
«Um Gottes willen, nein! Ich meine es ernst. Können Sie das denn nicht begreifen?»
«Ich kann's ja mal versuchen», sagte ich schwach.
Ta'mari begann sich zu erklären. «In ein paar Tage werde ich vierzig. Meine wichtigsten Bande an das Leben waren Dina und meine übrige Familie. Meine Pflicht gegen Dina war für mich das wichtigste überhaupt, und ich habe sie im Stich gelassen. Ihr Besuch in Israel, der für sie so gefährlich war, hat mein Gefühl, ihr verpflichtet zu sein, nur noch verstärkt. Ich war nicht da, als ihre Mutter starb. Ich konnte meiner eigenen Mutter und meinen Schwestern in Kuwait nicht beistehen, als mein Vater gestorben war. Meine ganzen Verpflichtungen sind nur noch einen Dreck wert!
Das zweitwichtigste in meinem Leben sind die jungen Menschen von der ‹Ashbal›. Ich will Dina in meinem Testament verpflichten, das Haus in Sidon zu verkaufen und den Erlös unter den Kindern des Orchesters zu verteilen. Ich will, daß alle ein neues Instrument bekommen. Ich will, daß sie einen Ansporn zum Weitermachen haben, wenn ich nicht mehr da bin.
Niemand, Aharon, aber auch gar niemand –» er brullte beinahe wieder – «hat mich vor Gericht gestellt. Also muß ich selbst über mich richten. Mir bleibt kein anderer Ausweg. Alles ist zusammengebrochen. Ich habe mich gestellt, um die Zivilisten, die mir Schutz boten, nicht in Gefahr zu bringen. Inzwischen sind

im Südlibanon Tausende Zivilisten umgebracht worden. Welchen Sinn hatte es also, mich zu stellen? Was ist aus dem Ehrenwort der Israelis geworden? Wo ist das Ende des Gemetzels?»
Ich hörte ihm ganz still zu; er war dabei, mit sich und dem Rest der Welt abzurechnen.
«Von alldem abgesehen ist der Mann, der heute vor Ihnen steht, nur noch eine leere Hülse. Leer – und schuldig. Manche von unseren Leuten haben furchtbare Fehler gemacht. Ganz gleich, was ich für den Rest meines Lebens tue, ich werde nicht imstande sein, mich davon reinzuwaschen. Bestimmte Leute haben schreckliche Dinge getan – sie haben unschuldige Frauen und Kinder ermordet. Irgendjemand in der PLO hätte sie davon abhalten müssen. Ich war Mitglied der PLO und ein hoher Offizier, und ich habe nichts getan, um sie daran zu hindern. Nun habe ich das Urteil über mich gesprochen – dafür.»
Ich war zutiefst betroffen. Zorn, Verzweiflung, Furcht und Agonie wechselten sich in seiner Stimme ab. Seine Augen zeigten ein tiefes, bedrohliches Rot.
«Um es kurz zu machen, mein Freund – ich habe nichts mehr, wofür sich zu leben lohnt. Ich habe kein Ziel mehr, keine Hoffnung. Und wenn sie mir keinen Geistlichen bringen, mache ich trotzdem Schluß. Da kommt mir eine Idee – ich werde mein Vermächtnis auf Tonband aufnehmen. Ich werde eine Botschaft an Arafat aufnehmen. Dann mache ich Schluß. Ich habe etwas Zyankali. Fragen Sie mich nicht, wo ich es herhabe. Mein Entschluß steht fest. Am 27. Oktober, meinem Geburtstag, wird sich mein Schicksal erfüllen, und ich werde mit offenen Augen in den Tod gehen.»
Er redete noch eine ganze Zeitlang ohne Unterlaß so weiter. Es lag auf der Hand, daß er schon einige Zeit über diesen Dingen gebrütet hatte, während langer, einsamer Tage und noch längerer und einsamerer Nächte.
«Meine Botschaft an Arafat – falls es Sie interessieren sollte – ist einfach: Er soll die acht israelischen Soldaten freilassen, die bei Behamdoun gefangengenommen worden sind. Das ist alles. Von Ihnen, Aharon, möchte ich, daß Sie Dina mein Tagebuch

überbringen. Ich hätte Sie auch darum bitten können, dafür zu sorgen, daß ich auf dem Land meines väterlichen Stammes bei Herodion beerdigt werde. Aber die Erfüllung eines solchen letzten Wunsches ist eine zwingende Verpflichtung, und ich habe meine Zweifel, ob Ihnen das möglich wäre.»

Ta'mari ging zum Bett hinüber und zog unter der Matratze ein dickes Notizbuch hervor. «Das ist das Wertvollste, das ich hier besitze – das Tagebuch, das ich seit meinem Eintreffen geführt habe. Ich weiß nicht, was mit ihm geschieht, wenn ich es hierlasse, also nehmen Sie es mit. Ich vertraue fest darauf, daß Sie es Dina überbringen werden. Wenn Sie wollen, können Sie es lesen.»

Die Situation war durch und durch bestürzend, nahezu unerträglich. Ich kannte Ta'maris Hang zur Dramatik inzwischen zur Genüge, doch für den Moment fiel es mir schwer zu entscheiden, wo das Theater aufhörte und der Ernst begann. Darüber hinaus war ich nicht sonderlich darauf versessen, mich allzusehr in diese Sache hineinziehen zu lassen. Ich hatte den Eindruck, daß er – was das Zyankali anging – nicht gelogen hatte. Ich hatte das Gefühl, daß er völlig am Ende war – und das tat mir weh. Sein Wohlergehen war für meine eigene Existenz entscheidend geworden. Ich mußte diese Drohung ernst nehmen.

Hinzu kam noch etwas anderes: All das trug sich zu, während Dina bis zu den Ohren in dem Geschäft des Gefangenenaustauschs steckte. Sein «Vermächtnis» an Arafat hatte etwas damit zu tun, auch wenn er es nicht ausdrücklich sagte. Seine Drohung, allem ein Ende zu setzen, hatte irgend etwas mit Dina und den Gefangenen zu tun. Ich ging mit schwerem Herzen aus der Zelle. Salah hatte mir eine Last aufgebürdet, die mich in eine unmögliche Lage brachte. Ich war so bedrückt wie besorgt. Er hatte mir fünf Tage Zeit gegeben. Erst danach hätte ich gewußt, ob er es wirklich ernst gemeint hatte. Ich mußte handeln, und ich mußte schnell handeln. Andererseits konnte ich selbst gar nichts tun.

Es war Freitagabend gegen Mitternacht. Zuri Ben-Nun war zwar mit Sicherheit zu Hause in Kiryat Arba. Am Sabbat aber

hätte er nicht einmal abgenommen, wenn ich angerufen hätte. Ich bat den Wächter um ein Beruhigungsmittel und gab es Ta'mari. Er nahm die Tablette wie ein Kind, das zu müde war, um sich noch zu wehren. Ich versprach, ihn am nächsten Tag wieder zu besuchen. «Tun Sie nur nichts Überstürztes. Beruhigen Sie sich.»
Ich hoffte nur, daß Dina nicht anrief. Was hätte ich ihr sagen können – daß er sich nur noch fünf Tage zu leben gegeben hatte?

Auf dem Heimweg, während ich mir das Vorgefallene noch einmal durch den Kopf gehen ließ, kam mir plötzlich der Gedanke, daß Ta'mari höchstwahrscheinlich furchtbare Angst vor dem Sterben hatte. Angesichts seines Stolzes und seines Ehrgefühls konnte man nicht darauf vertrauen, daß er es schließlich doch bleiben ließ. Monate der Verzweiflung und Entmutigung hatten seine Kraft aufgezehrt. Nun brauchte er nur noch einen Augenblick der äußersten Entschlossenheit, um seine Angst vor dem Tod zu überwinden.
Als ich zu Hause war, weckte ich Amalia und erzählte ihr die ganze Geschichte. Sie war noch bestürzter als ich. Wir setzten uns hin, und ich wiederholte ihr Wort für Wort, was er gesagt hatte. Sie machte sich Notizen, und als ich fertig war, hatte sie mit ihrer zierlichen Schrift fünf Seiten gefüllt. Wir steckten sie in einen Umschlag. Dann meldeten wir uns telefonisch bei demselben Armeeoffizier, der Dinas Besuch ermöglicht hatte. Er schickte noch in derselben Nacht einen Boten, der den Umschlag abholte. Am nächsten Morgen um fünf ging die Tür von Ta'maris Zelle auf, und er wurde angewiesen, seine Sachen zu packen. Anschließend wurden ihm Handschellen angelegt. Seinen vierzigsten Geburtstag «feierte» er im Gefangenenlager Ansar im südlichen Libanon. Er war nicht mehr allein.

Willkommen, Bruder Salah

Der Hubschrauber kreiste zum drittenmal über dem schmalen Landestreifen, bevor er schließlich zur Landung ansetzte. Der Flugplatz war von der PLO gebaut worden, auf halbem Weg zwischen Tyrus und Ansar im Südlibanon. «Da ist es», sagte Oberst Rosenfeld zu Brigadegeneral Katz und deutete auf ein Weizenfeld östlich des Platzes. Das Weizenfeld erstreckte sich bis zu der Ortschaft Duweir hinauf und stand kurz vor der Ernte.

Oberst Meir Rosenfeld war bereits über das dienstpflichtige Alter hinaus, aber dennoch eingezogen und mit dem Befehl über das Kriegsgefangenen-Ressort bei der Militärpolizei betraut worden; und nun war er mit Brigadegeneral Katz unterwegs, um einen geeigneten Platz für den Bau eines Gefangenenlagers ausfindig zu machen.

Die Entscheidung, ein solches Lager auf libanesischem Boden zu errichten, war erst vor ein paar Tagen – noch in der ersten Kriegswoche – vom Chef des militärischen Personalwesens, Generalmajor Moshe Nativ, getroffen worden. Das provisorische Lager A-Safa in Sidon war schon bald nach Invasionsbeginn völlig überlastet. Auf Grund seiner Lage sah sich die israelische Armee bei der Versorgung der Tausende von Gefangenen mit Wasser und Nahrungsmitteln gewaltigen Problemen gegenüber. Es war in der Folge nicht leicht, die Gefangenen unter Kontrolle zu halten – ganz zu schweigen von den Hunderten, vielleicht gar Tausenden Frauen und Kindern, die rund um die

Uhr die Tore belagerten und verlangten, zu ihren Angehörigen gelassen zu werden. Das Lager in Israel, in Meggido in der Nähe von Affula, war ebenfalls schon voll, und täglich kam ein nicht abreißender Strom von neuen Gefangenen hinzu. Die israelische Armee wurde von ihren Rechtsberatern jedoch darauf hingewiesen, daß die Überführung der Gefangenen auf israelischen Boden einen Bruch des Völkerrechts darstellte. Das Hauptlager mußte sich im Libanon befinden.

Während die israelische Armee immer tiefer in den Libanon vorstieß, kapitulierten täglich Hunderte von palästinensischen Kämpfern oder wurden von der Armee zur Aufgabe gezwungen. Die Lage verschlechterte sich derart, daß die Gefangenen und ihre Angehörigen zu einem Hindernis für den Vormarsch der Armee zu werden begannen. Zudem waren die Verhöre der Gefangenen unter diesen Umständen notwendigerweise oberflächlich und unergiebig.

Nach Sharons Kriegsplan sollte Israel auf die Bildung einer neuen libanesischen Regierung hinwirken, mit der sodann ein Friedensvertrag geschlossen werden sollte. Sobald das geschehen war – und man ging davon aus, daß es nicht lange dauern würde –, sollten die besetzten Teile des Libanon samt aller Gefangenen an die rechtmäßigen libanesischen Stellen übergeben werden. Das Lager war also als große, aber provisorische Anlage gedacht.

Das Gelände an der Landepiste bei Duweir schien eine vernünftige Lösung zu bieten, weil Material und Nachschub ohne weiteres eingeflogen werden konnten. Auch unter Sicherheitsaspekten schien es eine gute Wahl zu sein. Falls es Ärger gab, ließ sich auf dem Luftweg Verstärkung heranschaffen. Außerdem lag es nicht weit von der israelischen Nordgrenze. Man rechnete allerdings kaum mit Sicherheitsproblemen. Was sollte in den drei oder vier Wochen, bis das Lager wieder aufgelöst war, schon groß passieren?

Am 12. Juni, einen Tag, nachdem Katz und Rosenfeld das Gelände besichtigt hatten, erschien eine Vorhut der Militärpolizei, zusammen mit einem gewaltigen Mähdrescher. Die Weizenfel der gehörten zwei benachbarten arabischen Familien. Die Israelis ernteten den Weizen und lagerten ihn in einem großen, eigens für diesen Zweck aufgestellten Zelt. Die Araber wurden davon in Kenntnis gesetzt, daß die israelische Armee ihren Weizen geerntet habe und daß sie ihn behalten könnten. Nur müsse eine der Familien ihr Haus für einige Zeit räumen und solange zu ihren Nachbarn ziehen. Die Militärpolizei werde die beiden Familien mit Nahrungsmitteln, Wasser und Brennstoff versorgen. Das eine Haus wurde zum Lagerhauptquartier umfunktioniert, und Oberst Rosenfeld richtete sich auf dem Dach ein Büro ein, von wo aus er den Bau überwachte.

Wenige Tage danach wurde das Stoppelfeld unter einer dünnen Schotterdecke begraben; das Material wurde von schweren Armeelastern antransportiert. Es dauerte einen Monat, bis das Lager Ansar bezugsfertig war: Stacheldraht, Unterkünfte, Latrinen, Wachttürme, Zelte.

Am 14. Juli 1982 wurde das erste Kontingent von «Aufgegriffenen» nach Ansar gebracht, und Oberst Ben-Shahar übernahm das Kommando über das Lager. Als Salah Ta'mari mehr als drei Monate später, am Samstag, dem 23. Oktober, in Ansar eintraf, waren dort bereits 10000 Gefangene; und auch Oberst Rosenfeld war wieder da, diesmal als Lagerkommandant.

Die Gefangenen waren auf zwei Unterlager verteilt, die von den Militärpolizisten als «Wannen» bezeichnet wurden, Ansar I und Ansar II. Jede «Wanne» umfaßte fünfzehn umfriedete Höfe, und jeder – mit Stacheldraht umzäunte und von einem Wachtturm überragte – Hof war mit 250 bis 300 Gefangenen belegt.

Die Höfe maßen 40 mal 40 Meter und enthielten jeweils zehn oder zwölf große Militärzelte; in jedem Zelt waren also etwa 25 Mann untergebracht. Ein sechs Meter breiter Weg trennte die Sektoren und diente für Streifengänge. Die beiden «Wannen» waren von einem zusätzlichen Stacheldraht und außerdem von einem hohen Erdwall umgeben, auf dem Tag und Nacht Wachen postiert waren.

Ta'mari konnte die Zeltstadt nicht sehen, während er in das Lager gefahren wurde; er hatte die Reise in einem geschlossenen

Gefangenentransporter zurückgelegt. Er wurde in die aus Betonfertigteilen erbaute Unterkunft der Wachen geführt. Der an diesem Samstag Wachhabende «registrierte» Ta'mari, beschloß aber, ihn keinem der Sektoren zuzuweisen, bis der Lagerkommandant von seinem freien Tag zurück war.

Ta'mari fand sich bald darauf in einem Raum mit vier nackten Wänden, einem Tisch, einer Pritsche und einem vergitterten Fenster eingesperrt. Der Unterschied zwischen der Gefangenschaft in Israel und der im Libanon schien also recht gering. Ein paar Minuten darauf schloß ein Militärpolizist auf, brachte ihm ein paar Decken, die er auf das Feldbett warf, und stellte ihm einen Teller mit Essen hin. Er ging, ohne wieder abzuschließen. Jetzt bemerkte Ta'mari einen untersetzten, grauhaarigen, bebrillten Mann, der draußen stand. Er war in Uniform; offensichtlich handelte es sich um einen Leutnant.

«Mein Name ist Leutnant Sela», stellte sich der Mann vor. «Ich bin der Verbindungsoffizier der israelischen Streitkräfte für dieses Lager. Ich bin für die Betreuung von Presse- und Medienbesuchen zuständig. Darf ich mich setzen?» Ta'mari zuckte gleichgültig mit den Schultern. Leutnant Sela, im Zivilleben Rechtsanwalt, wußte überhaupt nichts über den Neuzugang. Der Diensthabende hatte ihm lediglich gesagt, er sei unerwartet eingetroffen und mache einen «wichtigen» Eindruck. Sela hatte sich gedacht, daß eine Unterhaltung mit dem Neuen etwas Abwechslung in die Monotonie dieses langen, ereignislosen Samstagnachmittags bringen könnte. Sie unterhielten sich bis spät in den Abend.

«Der Mann hat mich fasziniert», erzählte mir Sela Monate später in seiner Kanzlei in Tel Aviv. «Ich habe mich sofort mit ihm verstanden. Erstens hatte er eine charismatische Ausstrahlung. Zweitens war er fest von der Richtigkeit seiner Sache überzeugt. Er sprach mit mir in einer Sprache, die ich verstand, in Begriffen, die der jüdischen Tradition entlehnt waren. Er fing damit an, daß er sich mit Joseph verglich, der von seinen Brüdern, die ihn an die Ismaeliten verkaufen wollten, in eine Grube geworfen wurde. Ich verspürte eine tiefe Nähe zu ihm, obwohl er

wie der Abschaum der Menschheit aussah. Er steckte in Lumpen und hatte sich seit Tagen nicht mehr gewaschen und rasiert. Doch ab und zu, wenn er von der Notwendigkeit einer Koexistenz der beiden Völker sprach, leuchteten seine Augen auf.»
Spät am Abend, bevor Leutnant Sela ging, ließ Ta'mari offenbar durchblicken, daß er nicht mehr in der Lage sei, seine totale Isolierung zu ertragen; womöglich sei er sogar zu einer Verzweiflungstat imstande. Sela nahm das ernst und bat den Wachhabenden, ein Auge auf den Gefangenen zu haben, bis der Lagerkommandant am nächsten Morgen zurück sei. Sela wartete ungeduldig auf Rosenfelds Rückkehr und nahm ihn bei seiner Ankunft sofort beiseite.
Oberst Rosenfeld war über Selas Eingreifen alles andere als erfreut: «Den haben sie mir hergeschickt, ohne sich mit mir ins Benehmen zu setzen, und sie können ihn auf direktem Weg wiederhaben. Hier kann er doch nur eins machen – Ärger.»
Sela ließ sich nicht abwimmeln. «Rosenfeld», beharrte er, «der Mann ist eine echte Führernatur, und er hat Grips. An einem wie dem solltest du sogar ein Interesse haben. Wenn eines Tages die ganze Verbitterung und der Druck, die sich hier aufstauen, zum Ausbruch kommen, wirst du es nicht fertigbringen, 10000 Mann über den Lautsprecher zu beruhigen. Du brauchst einen Vermittler, einen, der sie vertreten kann. Meiner Meinung nach ist Ta'mari genau der richtige Mann dafür. Nur ist er im Augenblick schrecklich deprimiert.»
Rosenfeld war nicht so recht überzeugt. Sela drang weiter in ihn. Rosenfeld blieb hart. Sela ging noch einmal zu Ta'mari, redete mit ihm und bekniete Rosenfeld hinterher wieder. Am Abend gab Rosenfeld schließlich nach. «In Ordnung», beschied er Sela. «Ich gehe rüber und rede mit ihm. Sonst machst du mich noch verrückt.»
Ta'mari lag auf der Pritsche und döste. Rosenfeld gab ihm einen Klaps, und er sprang auf, nahm Haltung an, grüßte und sagte «Herr Kommandant!» Er hatte den Rang des älteren Herrn auf der Stelle erkannt. Rosenfeld war klein, stämmig und rothaarig wie Ben-Nun, nur daß sein rotes Haar allmählich grau wurde.

«Ihr könnt gehen», sagte Rosenfeld zu den beiden Wachen, die ihm in die Zelle gefolgt waren. Dann wandte er sich an Ta'mari. «Also, was haben Sie?» Er setzte sich nicht und forderte auch Ta'mari nicht auf, Platz zu nehmen.

«Nichts, Herr Kommandant», erwiderte Ta'mari leise auf englisch. «Ich bin kein Problem.»

«Setzen sie sich», befahl Rosenfeld, «und hören Sie mir genau zu. Ich habe eine ganze Menge über Sie gehört. Es heißt, Sie seien ein Unruhestifter. Stimmt das? Andererseits heißt es, Sie seien intelligent und einsichtig. Ich kenne Sie nicht, und Sie kennen mich nicht. Aber es lohnt sich für Sie, wenn Sie ein paar Dinge zur Kenntnis nehmen. Sie und die anderen bleiben hier, und es ist meine Pflicht, dafür zu sorgen, daß Sie hierbleiben. Sollte jemand diese überaus grundlegende Tatsache ignorieren und versuchen, die Insassen aufzuwiegeln und Krawalle anzuzetteln, bin ich gezwungen, das Feuer zu eröffnen. Und in diesem Lager ist reichlich Feuerkraft vorhanden. Wenn Sie diese einfache Tatsache begreifen können, dann können Sie Ihren Einfluß nutzen, um die Lage hier unter Kontrolle zu halten.»

«Nein! Nein», protestierte Ta'mari mit schwacher Stimme, beinahe flüsternd. «Ich bin fertig. Ich habe überhaupt keinen Einfluß mehr. Vergessen Sie mich einfach.» Rosenfeld begann zu spüren, in welcher schweren Bedrängnis Ta'mari war. Gerade noch zur rechten Zeit ging ihm auf, daß Sela recht hatte. Ta'mari schien sein Schicksal völlig gleichgültig zu sein, und das rührte den alten Kämpen irgendwie.

«Hören Sie zu», sagte er nach kurzem Nachdenken, «ich weise Sie in den Offizierssektor ein.» Ta'mari wollte es nicht glauben. «Wenn Sie das tun», sagte er zu dem israelischen Offizier, «bin ich mehr als dankbar.»

Rosenfeld hatte bemerkt, daß Ta'maris Augen einen Augenblick lang aufgeleuchtet hatten. «Gehen wir», sagte er, «und zwar gleich jetzt.»

Die beiden Männer gingen zusammen zum Sektor Nr. 5, in dem die Offiziere aller kämpfenden palästinensischen Organisationen zusammengefaßt waren – von den Verbänden Ahmed Jibrils, Georges Habashs, Naif Hawatmehs und der Sai'qa bis hinauf zur Fatah. Ta'mari, der nun zu ihnen stieß, war der ranghöchste Offizier unter ihnen.

«Tor öffnen!» befahl Rosenfeld dem dort postierten Militärpolizisten. Der Soldat steckte den Schlüssel ins Schloß und erstarrte mitten in der Bewegung. Drinnen strömten die Offiziere von allen Seiten herbei und wälzten sich wie eine Flutwelle auf das Tor zu.

Rosenfeld behielt Ta'mari ständig im Auge. Der hochgewachsene Mann in seinen Lumpen sah die Hunderte von Männern auf der anderen Seite des Tors lange an und gab ihnen ein winziges Signal – nicht mehr als das Heben einer Augenbraue. Das allerdings reichte auch schon. Die Männer machten kehrt und gingen langsam auf ihre Plätze zurück. Rosenfeld war vollkommen baff. So etwas hatte er in seinem ganzen Leben noch nicht gesehen. «Da kommt ein Mann daher, hebt eine Augenbraue, und alle gehorchen ihm.»

Das Tor wurde geöffnet, und Ta'mari ging hinein. Die Gefangenen warteten, bis Rosenfeld weg war, bevor sie sich um den Neuankömmling scharten. Eine Gruppe von Fatah-Offizieren geleitete ihren Kommandanten in eines der Zelte. Einer von ihnen hatte bereits Kaffee gemacht. Ta'mari setzte sich auf den Rand einer der auf dem Boden liegenden Matratzen. Jemand brachte ihm zwei zusammengerollte Decken. Ta'mari sah sich um und bemerkte, daß sich die Offiziere der anderen Organisationen nicht zu seiner Begrüßung eingefunden hatten.

Die Männer erwarteten ein paar Worte von Ta'mari. Statt dessen begann er sie mit Fragen einzudecken: «Wie viele Gefangene sind hier?»

«10000», antwortete jemand.

«5000», meinte jemand anders.

Es wurden weitere Zahlen genannt, von 4000 bis 12000.

Ta'mari war verblüfft. «Wollt ihr damit sagen, daß ihr schon so lange hier seid und keine Ahnung habt, wie viele Leute hier sind?»

Dann wollte Ta'mari die Situation im Lager erläutert haben – wie die Organisation aussah, was sie den ganzen Tag über taten, wie die Israelis sie behandelten. Die Männer gaben bereitwillig Auskunft. Sie erläuterten ihm, daß die Israelis in jedem Sektor einen «Mukhtar» – einen Sprecher – ernannt hatten, der für sämtliche Vorgänge in seinem Sektor verantwortlich war. Sie erklärten ihm die konspirative «Lagerpost»: Man schrieb eine Nachricht auf ein Stück Papier, mit der Adresse des Empfängers auf der Außenseite, wickelte das Papier um einen Stein und warf diesen in den nächsten Sektor.

Ta'mari bat um Papier und die Gesamtzahl der Sektoren. In wenigen Minuten hatte er einen Rundbrief – mit der Bitte um «Rückantwort» – an die Mukhtars verfaßt. Er wollte wissen, wie viele Männer sich in jedem Sektor befanden, welche Forderungen sie hatten und ob irgendwelche besonderen Probleme vorlagen. Er wies zwei von den Offizieren an, den Brief zu vervielfältigen und dafür zu sorgen, daß die «Post» rausging. «In einer halben Stunde wissen wir, wie viele Leute hier sind.»

Es war, als ob er den Leuten neues Leben eingeflößt hätte. Die vorgesetzten Offiziere gaben die Befehle nach unten weiter. Ta'mari unterzeichnete alle Briefe mit «Revolution bis zum Sieg!», dem Motto der Fatah, und seinem Namen. Ta'mari selbst verließ das Zelt nicht.

Binnen kurzem begannen Steine in den Offizierssektor zu prasseln. Sie waren sämtlich «An unseren geliebten Bruder Salah» adressiert, und alle enthielten die Nummer des Sektors, den Namen des Mukhtar, die exakte Anzahl der Gefangenen und was sie brauchten (Decken, Bücher, Arzneien und dergleichen); unter «Besonderheiten» wurden kranke Gefangene aufgeführt, die ärztliche Hilfe benötigten, sowie die Namen derjenigen Gefangenen, die ständig verhört wurden.

Liste um Liste wurde Ta'mari vorgelegt, der immer noch auf der Matratzenkante saß. Er ließ Major Ahmed Abu Leila von der Demokratischen Front Naif Hawatmas zu sich rufen und bat ihn, die Zahlenkolonnen zusammenzuzählen. Abu Leila war damit informell zum ersten Stellvertreter Ta'maris ernannt.

Rosenfeld war 55, der älteste Reserveoffizier der Militärpolizei. Obwohl er als Chef der Verwaltung für Kriegsgefangene den Platz persönlich ausgesucht und den Bau des Lagers selbst überwacht hatte, hatte er erst vor kurzem – vor drei Wochen, um genau zu sein – das Kommando über das Lager angetreten. Ständig gärte es im Lager. Nach der ersten Zeit im Juli, als sie noch geschockt und eingeschüchtert waren, waren die Insassen unruhig und aufsässig geworden.

Sie hatten damit angefangen, an allen Ecken und Enden PLO-Fahnen zu hissen und Arafat-Bilder aufzuhängen. Zwischen den Sektoren wurde ständig hin- und hergerufen, vierundzwanzig Stunden am Tag. Bisweilen vereinten sich die Stimmen zu einem donnernden Ruf, der sich in einen Schwall von Flüchen über den Staat Israel auflöste. Die Israelis, die in Ansar Wachdienst versahen, waren größtenteils Reservisten, und Rosenfeld wußte, daß den meisten nicht wohl bei der Sache war. Er war sich nicht sicher, ob die Truppe, die ihm zur Verfügung stand, einer akuten Krise tatsächlich gewachsen war.

Genausosehr war ihm bewußt, daß einem Teil der politischen und militärischen Führung Israels die bloße Existenz von Ansar heftige Kopfschmerzen bereitete. Das Massaker von Sabra und Shatila – dem eine Massendemonstration auf dem größten Platz von Tel Aviv folgte, bei der eine Untersuchung der Vorgänge gefordert wurde – war jedermann noch in frischer Erinnerung. «Sabra und Shatila war für alle ein Schock, auch für uns», sagte General Nativ später. «Wären wir in eine Lage gebracht worden, in der wir das Feuer hätten eröffnen müssen, dann hätten wir das der Welt nicht begreiflich machen können.» Nativ erklärte Rosenfeld, daß er für alles, was in Ansar geschah, persönlich Rede und Antwort stehen müsse.

Rosenfeld konnte in dieser Nacht nicht einschlafen. Es war schon nach Mitternacht, als er wieder aufstand, sich anzog und zum Sektor Nr. 5 hinüberging. Er befahl der Wache, das Tor zu öffnen. Die Wache zögerte; es war nicht üblich, daß ein israelischer Offizier einen Sektor allein betrat, ohne Sicherheitseskorte. Zum Morgenappell erschienen nicht weniger als fünf

Soldaten und ein Offizier in den Sektoren, und das mit massiver Rückendeckung von außen – durch bewaffnete Soldaten, ein Halbkettenfahrzeug mit feuerbereitem Maschinengewehr und Wachen mit dem Finger am Abzug.

«Aufmachen, sofort!» wiederholte er und ging hinein.

Ein Wächter rief die Neuigkeit seinen Kameraden zu – «Der Kommandant ist in den Offizierssektor gegangen!» – und gab Alarm. Innerhalb weniger Sekunden wimmelte es um den Sektor von Halbkettenfahrzeugen, Panzern und bewaffneten Soldaten.

Sektor Nr. 5 wurde in grelles Licht getaucht. Die Notfallmaßnahmen waren angelaufen. Rosenfeld schenkte dem Aufruhr wenig Beachtung. Er stand mitten auf einem freien Platz und sagte einem der Gefangenen, er solle gehen und Ta'mari herholen.

«Sie müssen ein tapferer Mann sein, wenn Sie zu dieser Stunde allein hierherkommen», begrüßte ihn Ta'mari auf englisch. Rosenfeld sah, daß Hunderte von Köpfen aus den Zelten lugten. Rosenfeld antwortete auf arabisch. Er wollte, daß alle verstanden, was er sagte. «Ich bin nicht tapfer. Ich bin der Verantwortliche für dieses Lager. Ich kann hingehen, wo ich will und wann ich will.» Er redete ungefähr eine Stunde lang mit Ta'mari, der ihn im Laufe des Gesprächs daraufhinwies, daß es im Sektor Nr. 28 einen Mann gebe, der nur eine Niere habe und dringend behandelt werden müsse. Ta'mari wollte Rosenfeld damit deutlich machen, daß er über alle Einzelheiten im Bilde und bereit war, Verantwortung für das Geschehen im Lager zu übernehmen.

«Kommen Sie morgen zu mir, dann besprechen wir das alles», sagte Rosenfeld und ging.

«Ich mußte mich erst einmal in diese Situation einfühlen», sagte er später. «Nachdem ich gesehen hatte, daß ich eine Stunde lang mit ihm dort stehen und reden konnte und uns niemand unterbrach oder Ärger machte, beruhigte ich mich ein wenig. Ich wußte, daß jetzt ein Ansprechpartner da war.»

Oberst Rosenfeld ging auf seine Stube zurück und fand endlich Schlaf; Ta'mari kehrte in sein Zelt zurück. Er war beeindruckt: «Der hat Nerven, dieser Kommandant.»

Als die Morgendämmerung über Ansar anbrach, wußte auch der letzte Lagerinsasse, daß Salah Ta'mari in Gefangenschaft geraten und im Sektor Nr. 5 war.
Wie an jedem Morgen üblich betraten fünf mit Schlagstöcken bewehrte Militärpolizisten und ein Offizier den Sektor Nr. 5 zum Appell. Beim Geräusch des sich im Schloß drehenden Schlüssels sprangen sämtliche Gefangenen von ihren Matratzen auf, rollten ihre Decken zusammen und legten sie ans Fußende. Danach setzten sie sich mit dem Rücken zum Zelteingang im Schneidersitz in Zweierreihe hin, legten die Hände über dem Nacken zusammen und steckten die Köpfe zwischen die Knie.
Ta'mari erhob sich von seiner Matratze und sah seinen Offizieren entgeistert zu. Die Israelis kamen herein und begannen die beiden Reihen durchzuzählen. «Du auch!» herrschte einer von ihnen Ta'mari auf arabisch an.
«Ich setze mich nirgendwo hin, verdammt noch mal! Du kannst mich auch im Stehen zählen! Und wenn es dir nicht paßt, dann schieß doch! Dann kannst du mich im Liegen zählen!»
Der Soldat ging drohend auf Ta'mari zu. Die Gefangenen hielten den Atem an und fragten sich, was sie tun sollten, falls Ta'mari geschlagen wurde.
Der israelische Offizier entschärfte die Situation auf der Stelle. «Laß ihn in Ruhe», befahl er. «Das ist 'n besonderer Kunde. Gib ihm keine Antwort. Zähl nur, und dann nichts wie raus hier.»
Niemand im ganzen Zelt rührte sich, bis der Zählappell vorüber war. Doch als die Soldaten das Zelt verlassen hatten, wandte sich einer seiner Kameraden an Ta'mari und bat ihn inständig: «*Minsahn allah* – um Gottes willen, wir können keinen Ärger brauchen! Tu nur nichts Überstürztes!»
«Macht euch keine Sorgen», erwiderte Ta'mari. «Ich will euch nicht noch mehr Ärger machen. Ihr habt schon genug davon.»
Seine Halsschlagader pochte. «Ihr seid Menschen und keine Nummern. Ich verbiete euch ab sofort, euch während des Appells mit dem Kopf zwischen den Knien hinzusetzen.» Er teilte

Befehle aus. Es war ihm klar, daß sie von der Angst beherrscht wurden, höhere wie niedere Chargen gleichermaßen.
Zum erstenmal, seit er den Sektor betreten hatte, ging er aus dem Zelt hinaus ins Tageslicht. Der Anblick, der sich ihm dort bot, machte ihn noch wütender. In der Sektorenmitte war in den Weg zwischen den Zelten und dem Stacheldraht ein großer Davidstern aus weißen Kieseln eingelegt, daneben ein siebenarmiger Leuchter, das Symbol des Staates Israel, und nicht weit davon entfernt fand sich als Kieselstein-Intarsie eine Miniatur des Felsendoms mit einem Davidstern auf der Kuppel; darüber stand – auf hebräisch, englisch und arabisch – das Wort «Frieden».
«Wer hat denn *das* gemacht?» fragte er einen Gefangenen, der in der Nähe stand.
«Wir alle», lautete die ausreichende Antwort.
«Das kann nicht da bleiben!»
Der Gefangene entfernte sich, als ob er nichts gehört hatte. Ta'mari blieb einen Augenblick stehen und dachte nach. Dann verlegte er sich auf eine andere Taktik; er ging von Zelt zu Zelt und erinnerte jedermann daran, daß es bereits Ende Oktober war und es bald Regen geben konnte. «Wenn wir uns nicht um die Wege hier kümmern, versinken wir noch alle im Schlamm.» Er forderte alle Mann auf, herauszukommen und die Wege mit sämtlichen greifbaren Steinen zu befestigen. Er ging selbst als erster in die Hocke und fing an, Kiesel zusammenzuklauben. Scheinbar unabsichtlich nahm er immer wieder einen Kiesel des Davidsterns, um ihn als Pflaster zu verwenden. Daß er vom Wort zur Tat überging, schien die Furcht zum Schwinden zu bringen. Mehr und mehr Kameraden beteiligten sich. Innerhalb einer Stunde war der Davidstern verschwunden, und der Leuchter und das Wort «Shalom» ebenfalls. Dafür war nun der Hauptweg des Sektors mit Kieseln gepflastert.
Dem diensthabenden Wachsoldaten fiel irgendwann der ungewohnte Betätigungsdrang der Insassen auf, und er machte seinem Vorgesetzten Meldung. Schließlich wurde Rosenfeld verständigt.

Als Ta'mari – auf Rosenfelds Befehl – von fünf Militärpolizisten aus dem Sektor eskortiert wurde, waren sich die Gefangenen sicher, daß irgendeine Strafaktion bevorstand. Ein paar, die sich nicht am «Wegebau» beteiligt hatten, begannen ihre Kameraden mit den verschiedensten «Na, hab ich es nicht gleich gesagt?»-Versionen zu traktieren.
Rosenfeld fuhr Ta'mari in scharfem Ton an. «Wie ich sehe, fangen Sie an, Unruhe zu stiften. Das paßt nicht zu unserem Gespräch von gestern abend. Heute morgen haben Sie beim Appell den Befehl verweigert, und jetzt höre ich, daß Sie Ihren Leuten befohlen haben, etwas zu zerstören, an dem sie sehr hart gearbeitet haben. Ich habe darin ein Zeichen der Brüderschaft gesehen. Glaubten Sie, die Gefangenen dagegen aufhetzen zu müssen?»
«Von welcher Brüderschaft reden Sie?» Ta'mari explodierte regelrecht. «Zwischen Leuten, die außerhalb des Stacheldrahts stehen und ihre Waffen auf die drinnen richten, kann es da Brüderschaft geben? Wenn Sie hier Ruhe und Ordnung aufrechterhalten wollen, Herr Kommandant, dann müssen Sie als erstes damit aufhören, die Gefangenen zu erniedrigen. Es ist erniedrigend, sie dazu zu zwingen, mit den Köpfen zwischen den Knien dazuhocken, während Sie sie zählen. Es ist Ihr Recht, Ihre Gefangenen zu zählen, aber Sie haben kein Recht, sie zu erniedrigen. Damit werde ich mich niemals abfinden – selbst wenn das bedeutet, daß Sie schießen lassen.»
Rosenfeld musterte Ta'mari genau. «Ich will Ihnen mal was sagen», erwiderte er. «Ich bin bereit, die Appellprozedur für eine Probezeit zu ändern – unter einer Bedingung: daß während des Appells Ordnung herrscht und daß mein guter Wille anerkannt wird.»
«Morgen früh, Herr Kommandant, werden alle Mann in Dreierreihen zum Appell antreten. Genau wie Soldaten. Was die künstlerische Gestaltung angeht, ist die Dekoration unserer Unterkünfte mit dem Judenstern eine weitere Form der Erniedrigung. Wenn Sie verängstigte Gefangene dazu zwingen, jüdische Symbole anzufertigen, dann seien Sie nicht überrascht,

wenn sie eines schönen Tages ihre Phantasie und weiße Kiesel bemühen, um das Wort ‹Auschwitz› zu formen.»
Rosenfeld stieg das Blut zu Kopf, aber er hielt seine Zunge im Zaum. Ta'mari war anscheinend noch nicht ganz fertig. «Und eins noch», fügte er hinzu. «Leutnant Sela hat mir die Genfer Konvention gezeigt und mir erläutert, in welchen Punkten hier gegen sie verstoßen wird. Ich mache mir keine Illusionen darüber, daß wir als Kriegsgefangene behandelt werden – aber das Recht auf eine Vertretung steht uns jedenfalls zu.»
«In Ordnung», sagte Rosenfeld. «Dann sind Sie die Vertretung.»
«O nein, Herr Kommandant.» Ta'mari schüttelte den Kopf. «Wenn ich Sie weiter auf informeller Ebene treffe, bin ich niemandem mehr zunutze. Ich habe nicht die Absicht, sämtliche Gefangenen allein zu vertreten. Hier sind Leute aus ganz verschiedenen Organisationen, aus verschiedenen Ländern, mit ganz unterschiedlichen Problemen. In der Fatah sind wir an eine demokratisches Prozedur gewohnt...»
Rosenfeld überhörte diesen Seitenhieb. «Was schlagen Sie dann vor?» fragte er.
«Ich muß das mit den anderen beraten. Morgen werde ich Ihnen Bescheid geben.»
Das Komitee, das daraufhin ins Leben gerufen wurde, wurde vom Kommandanten des Lagers Ansar anerkannt und begann bald darauf regelmäßig mit Vertretern des Internationalen Roten Kreuzes zusammenzutreffen. Jeden Abend um acht empfing Oberst Rosenfeld das Gefangenenkomitee nach der Besprechung mit seinen Offizieren im Büro von Leutnant Sela.
Rosenfeld ermächtigte Ta'mari, jeden Tag fünfzehn Gefangene zum Zweck der Familienzusammenführung in andere Sektoren zu verlegen. Die Familien, die auf diese Weise wieder zusammenkamen, blieben Ta'mari verpflichtet und bildeten seine treuesten Anhänger. Zugleich war es ihm damit möglich, bestimmte Fatah-Leute in Sektoren zu schleusen, wo die konkurrierenden Organisationen in der Mehrheit waren, und so über die dortigen Entwicklungen auf dem laufenden zu bleiben.

Ta'mari erwies sich nicht nur als Führernatur, sondern auch als ausgebuffter Politiker.

Die ersten Novembertage kündigten das Kommen des Winters an. Bis dato hatten die Gefangenen auf Matratzen auf dem Boden geschlafen, jeder mit einer Decke. Nun reichte das nicht mehr. «Die Nächte werden kalt», erklärte Ta'mari Oberst Rosenfeld. «Wir brauchen mehr Decken. Wir brauchen Feldbetten, auf die wir die Matratzen legen können, sonst schlafen wir bald im Schlamm. Solche Zustände können Sie nicht einmal Gesunden zumuten, von den Kranken gar nicht zu sprechen. Wenn Sie sich nicht bald darum kümmern, könnte sich die Lage erheblich verschlechtern.»

Ein Wort am rechten Fleck war genug. Wenige Tage darauf entlud ein Lastwagenkonvoi gewaltige Mengen an Decken, Feldbetten, warmen Jacken, Pullovern, Socken und Winterunterwäsche für die Insassen von Ansar. «Ich habe der gesamten Armee Beine gemacht», erinnerte sich Rosenfeld. «Vom Stabschef bis hinunter zu den Quartiermeistern. Es war eine reichlich teure Operation. Stellen Sie sich das mal vor – fünf Decken pro Insasse. Das lief auf 75 000 Decken auf einen Schlag hinaus. Ganz zu schweigen von den 10 000 Fladenbroten pro Tag und dem Wasser und allem anderen. Ansar hat die israelische Regierung am Tag so etwa eine Million Dollar gekostet.»

Als der Winter dann da war, kam eine weitere Forderung – nach Kerosin-Heizöfen. Die Heizöfen trafen schließlich ein, und mit ihnen ein Trupp bei der Armee beschäftigter Zivilisten, die sie in den Sektoren aufstellen sollten. Die Zivilisten weigerten sich jedoch, die Sektoren zu betreten, während sich 300 oder 400 «Terroristen» in ihnen aufhielten. Rosenfeld mußte sich schnell etwas einfallen lassen.

Während dieser Zeit waren in Ansar II weitere zehn Sektoren im Bau, die der drückenden Enge abhelfen sollten. Rosenfeld ordnete an, daß die Zivilisten die Heizöfen zuerst in den neuen, noch nicht belegten Sektoren installieren sollten. Als sie damit fertig waren, befahl er die vorübergehende Verlegung von Häftlingen aus Ansar I nach Ansar II. Auf diese Weise konnten die Heizöfen in den nun leerstehenden alten Sektoren installiert werden. Als der Einbau abgeschlossen war, wurde den Gefangenen mitgeteilt, daß sie in die alten Zelte zurückverlegt würden. Blitzschnell verbreitete sich das Gerücht, daß die alten Sektoren keine Heizöfen bekommen hätten. Das reichte aus, um eine Revolte auszulösen. Die Gefangenen zückten Küchenmesser und fingen an, die nagelneuen Zelte an den Seiten aufzuschlitzen.

Rosenfeld tobte wie ein Stier und gab Befehl, die Gefangenen zurückzubringen; die aber wollten nicht weichen. Daraufhin wurde der Ausnahmezustand erklärt und der rebellierende Sektor von Panzern und Militärpolizisten umstellt. Rosenfeld marschierte mitten in ihn hinein und begann über den Lärm der Panzer und Halbkettenfahrzeuge hinweg die Gefangenen anzubrüllen. «Entweder ihr räumt auf der Stelle den Platz oder es wird Blut fließen!»

Langsam, aber sicher verließen die Männer den Sektor, nachdem sie wenigstens ein bißchen Dampf abgelassen hatten. Sie gingen auf die Lagerstraße hinaus, die sich nach den ersten Regenfällen in einen Sumpf verwandelt hatte. Rosenfeld befahl den Gefangenen, sich hinzusetzen, mitten in den Schlamm, und sich nicht zu rühren. «Ihr bleibt hier sitzen, bis ihr tot umfallt – oder bis ich weiß, wer die neuen Zelte zerschnitten hat!» Die Panzer rückten näher, als ob sie den Ernst der Lage noch deutlicher machen wollten.

Schließlich wurde Ta'mari vom anderen Ende des Lagers herbeigeholt. Rosenfeld erklärte ihm, was passiert war. Die Panzer, die Halbkettenfahrzeuge und die Männer im Schlamm sagten ihm, was jetzt gerade geschah. Rosenfelds Miene ließ keinen Zweifel zu: Die Lage war ernst.

Ta'maris erster, spontaner Impuls war, sich zu den anderen Gefangenen in den Schlamm zu hocken, und genau das tat er auch. Da saß er nun und schlotterte schon bald vor Kälte. Nach einiger Zeit stand er allerdings wieder auf, drehte sich um und sah seinen Leuten ins Gesicht. «Ihr meint wohl, ihr wärt große Helden?

Wollt ihr wissen, was Heldentum ist? Ich kann's euch sagen. Aufstehen und auf den Stacheldrahtzaun zugehen, im vollen Wissen, daß ihr erschossen werdet, bevor ihr auf der anderen Seite seid. Wenn es das ist, was ihr wollt, dann gehen wir doch! Ich gehe voran. Wozu soll das gut sein, Zelte aufzuschlitzen?» Er brüllte, seine Verbitterung war offensichtlich. Was Ta'mari eigentlich so aufgeregt hatte, war der Umstand, daß die Leute, die die Zelte zerschnitten hatten – Männer aus der PFLP von Georges Habash – sich nicht nur hartnäckig der Zusammenarbeit mit dem Lagerkomitee verweigerten, sondern auch ihre eigenen Aktivitäten nicht mit ihm koordiniert hatten. Mit ihrer auf eigene Faust unternommenen Aktion hatten sie das Prinzip der Einheit durchbrochen, für dessen Durchsetzung Ta'mari so hart gearbeitet hatte.

Rosenfeld gab – lange danach – zu, daß ihn Ta'mari in diesem Augenblick bedauerte. «Erstens mal saß er da und fror. Aber was noch schlimmer war, er konnte überhaupt nichts tun. Ich konnte es nicht mehr ertragen. Ich wollte nicht, daß *er* zu leiden hatte. Ich entschloß mich, der Sache ein Ende zu setzen. Ich ließ alle aufstehen und schickte sie in die zerschnittenen Zelte zurück. Sollten sie doch dort hausen und im Wind und Regen schlottern! Ich dachte mir, daß sie vielleicht auf diese Weise kapierten, was Ta'mari ihnen sagen wollte.»

Ta'maris Autorität war inzwischen dauerhaft gefestigt, aber Ansar brodelte dennoch ständig weiter. Die Unzufriedenheit funktionierte nach dem Muster eines Buschfeuers – hatte man sie an einer Stelle ausgetreten, flammte sie an einer anderen wieder auf. Die im Lager stationierten Soldaten – egal aus welcher Truppe oder welchen Ranges – wurden ebenfalls von der bedrückenden Atmosphäre dieses Ortes angesteckt. Ansar war deprimierend, ekelerregend, scheußlich – ob man nun Mitleid mit den Gefangenen verspürte oder ihnen allesamt den Tod auf den Hals wünschte. Und unter den Männern aus der regulären Armee und wie der Reserve fanden sich Typen aller Art.

Die bloße Existenz eines derart gigantischen Gefangenenlagers stellte an sich schon ein Problem dar. «Wir begriffen das menschliche Problem, vor dem wir standen, sehr wohl», sagte General Nativ im nachhinein. «Israelis aller Art landeten dort, zu den verschiedensten Zeiten ihres Lebens. Es gab Leute darunter, die ihre Aggressionen auf die leichte Tour loswurden, indem sie die Gefangenen beschimpften oder mit Steinen bewarfen. Es gab aber auch andere, die einfach nicht mit dem Gedanken fertig wurden, daß es überhaupt so ein Lager gab, von Israelis errichtet und umgeben von Stacheldraht, Panzern und Wachen. Es erinnerte sie an die Konzentrationslager. Dieser Vergleich wurde von Israelis gezogen, von Ausländern, von den Medien. Das war schon beinahe natürlich, besonders wenn man das frische Trauma von Sabra und Shatila in Rechnung stellt.»

Zu diesen naheliegenden Assoziationen, zu Frustration und Ekel gesellte sich noch etwas – die blanke Angst. Sie war regelrecht mit Händen zu greifen. Die Menschen hatten Angst – vor dem, was wohl als nächstes passierte, davor, wo das nächste Buschfeuer ausbrach und welchen Blutzoll es fordern würde. «Und Angst», fügte Nativ hinzu, «ist ein schlechter Ratgeber.»

Der erste tödliche Zwischenfall ereignete sich in der Woche vor Weihnachten. Es geschah bei einer Routinepatrouille. Einer der Soldaten, der mit dem Finger am Abzug seines Maschinengewehrs auf einem Halbkettenfahrzeug saß, verlor schlicht und einfach die Nerven. Er drückte auf den Abzug, als das Fahrzeug den Sektor Nr. 20 passierte, und leerte das ganze Magazin. Drei Gefangene, die beim Abendbrot saßen, waren auf der Stelle tot. Weitere zwölf wurden verwundet. Der Soldat erlitt einen Schock, genau wie sämtliche übrigen Insassen des Sektors.

Binnen weniger Minuten hatte sich der Vorfall im ganzen Lager herumgesprochen. Die Reaktion kam spontan. Tausende tobender Gefangener warfen sich gegen den Stacheldraht und begannen zu brüllen und den Staat Israel, die israelische Armee und die Wachen zu verfluchen.

Am nächsten Morgen, eine halbe Stunde vor dem üblichen Morgenappell, erschien Rosenfeld vor dem Sektor Nr. 20 und befahl der Wache, das Tor aufzuschließen. Saruji, der mit

Ta'mari befreundete Schuldirektor von Sidon, rannte auf ihn zu, um ihn vor dem Betreten des Sektors zu warnen. «Die bringen Sie um!» Rosenfeld kümmerte sich wenig um diese Warnung. Die Gefangenen kamen aus ihren Zelten und bildeten einen bedrohlich engen Ring um den Lagerkommandanten, der sie anzubrüllen begann: «Geht in eure Zelte zurück! Alle miteinander! Auf der Stelle!» Die Gefangenen hatten die übliche Einheit von fünf Soldaten plus Offizier erwartet, doch Rosenfelds Mut reichte auch. Sie sahen, daß er von seiner Waffe Gebrauch machen würde, wenn er mußte. Saruji redete ebenfalls beschwörend auf sie ein, und sie kehrten schließlich doch in ihre Zelte zurück.

In der Mitte des Sektors stand ein improvisierter Katafalk. Rosenfeld wußte, was das zu bedeuten hatte: es war das Symbol der Beduinen für Blutrache. Er machte es sich dennoch zur Pflicht, selbst von Zelt zu Zelt zu gehen und den Männern zu sagen: «Es war ein tragischer Unfall, und der Schuldige wird vor Gericht gestellt.»

Der Morgenappell ging ohne weiteren Zwischenfall über die Bühne. Später an diesem Tag erklärte Ta'mari den Insassen von Sektor Nr. 20, daß Rosenfeld zur Zeit der Morde gar nicht im Lager gewesen war; er habe seinen Hubschrauber am Morgen bei der Landung gesehen. Am gleichen Abend noch warnte er Rosenfeld bei ihrem regelmäßigen Treffen, daß es von nun an lebensgefährlich für ihn sei, irgendeinen Sektor allein zu betreten – egal, weshalb.

Ta'mari hatte erkannt, daß er beim nächsten Zwischenfall für niemandes Sicherheit mehr garantieren konnte.

Es war in Ansar üblich, jeden Tag eine bestimmte Zahl von Gefangenen zum Verhör abzuholen. Die Verhöre fanden entweder an einem Ort statt, den die Gefangenen «die Jauchegrube» nannten – in der Nähe des Lagers –, oder auf Truppenübungsplätzen jenseits der israelischen Grenze.

Der israelische Geheimdienst war mit einer schweren Aufgabe betraut worden: Er mußte jeden Gefangenen identifizieren, herausfinden, welcher Organisation er angehörte und dann so viel Informationen aus ihm herausholen wie irgend möglich – welche Art von Aktionen die Organisation ausführte, die Menge der Waffen, über die sie verfügte, wo im Libanon ihre Basen lagen, wer die Kommandeure waren und so weiter.

Allein schon die Anzahl der Gefangenen war entmutigend. Hinzu kam ihre verständliche Unlust, den Mund aufzumachen: Die meisten rückten nur falsche Namen und irreführende Informationen heraus, was später zu einem gerüttelt Maß an Verwirrung führte, als die Gefangenen beider Seiten ausgetauscht wurden. «Ich bin mir nicht so sicher, ob wir in jedem Fall wirklich wußten, wen wir da laufenließen», bemerkte General Nativ dazu. «Es kann gut sein, daß wir ein paar dicke Fische am Haken hatten, die wir einfach nur nie identifizieren konnten.»

Auf jeden Fall waren die Verhöre und deren Methoden ein Mittel, Druck auf die Gefangenen auszuüben. Alle miteinander fürchteten sich davor, aufgerufen zu werden. Nach Ta'maris Meinung waren die Verhöre einer der am meisten demoralisierenden Faktoren. Er entschloß sich, eine Kampagne gegen das Verhörsystem ins Rollen zu bringen.

Eines Tages, nachdem wieder einige Gefangene vom Verhör zurückgebracht worden waren, wurde der israelische Kommandant vor ein Ultimatum gestellt. Ta'mari drohte ihm, «daß wir anfangen, unsere Zelte in Brand zu setzen, wenn die Verhöre nicht eingestellt werden. Das sollte Beweis genug sein, daß wir es ernst meinen. Sollte das nichts bewirken, werden wir anfangen, über den Zaun zu klettern. *Dann* müssen Sie schießen lassen.»

Ta'mari wußte genau, daß es von einem solchen Ultimatum kein Zurück mehr gab. «Entweder hören sie auf, uns mit diesen Verhören zu zerbrechen – oder sie müssen uns umbringen. Letzten Endes geht es darum, ob wir uns von innen oder von außen her zerstören lassen.»

Eines Morgens – Ta'mari war im Sektor Nr. 6 – hörte er einen Gefangenen seinen Namen rufen. Er hatte eine schwere Grippe und immer noch hohes Fieber. Obwohl er von den vielen Medikamenten noch ziemlich geschwächt war, verließ er das Zelt, um zu sehen, was er wollte. «Sie holen zwölf Leute zum Verhör raus», wurde ihm gemeldet.

Ta'mari gab den Befehel, und die Männer begannen zu singen. Sie hatten in diesen Massengesängen schon einige Übung. Dann gab er Befehl, eines der Zelte in Brand zu setzen. Als sich niemand bereitfand, es zu tun, machte er es selbst. Innerhalb weniger Minuten brannten im Sektor Nr. 6 etliche weitere Zelte. Das Feuer breitete sich rapide aus. Die Flammen elektrisierten alle übrigen Gefangenen, die lauter zu singen begannen, Palästinenserfahnen schwenkten und Arafat-Bilder in die Höhe hielten.

«Das war der Augenblick der Wahrheit», sagte Rosenfeld später. «Wir waren zu Tode erschreckt. So etwas hatten wir in Ansar noch nicht erlebt. Was hätten wir tun können, wenn sie ihre Drohung wahrgemacht und angefangen hätten, auf die Zäune zu klettern? Was sollte ich mit 10000 wildgewordenen Gefangenen anstellen – alle umbringen?»

Rosenfeld befahl Ta'mari, den Sektor zu verlassen. Ta'mari weigerte sich. «Ich habe nichts mit Ihnen zu bereden!» rief er ihm unter dem Jubel der Gefangenen zu. Rosenfeld befahl der Wache, das Tor aufzuschließen, und betrat den Sektor allein. Die Masse der Gefangenen wich ein wenig zurück, blieb jedoch beisammen. Ta'mari, der bei den brennenden Zelten stand, sah, daß Rosenfeld allein in den Sektor gekommen war. Das war zuviel für ihn. Ob es der Rauch der brennenden Zelte, seine schlechte körperliche Verfassung oder die schreckliche Vorstellung war, daß das Lager mit toten Gefangenen übersät sein würde, falls Rosenfeld etwas geschah – wer wollte es wissen; jedenfalls brach er ohnmächtig zusammen.

Vier Gefangene hoben ihn auf und rannten mit ihm in das Krankenzelt des Sektors. Er wurde auf eine Pritsche gebettet. Sein Gesicht und sein Körper waren von kaltem Schweiß bedeckt. Rosenfeld betrat das Zelt und trat an seine Pritsche. Hunderte von Gefangenen strömten hinter ihm in das große Zelt. Es dauerte einige Minuten, bis Ta'mari das Bewußtsein wiedererlangte. Er hob den Kopf, erkannte die Lage und den Kommandanten und brachte es noch fertig zu flüstern: «Tut dem Kommandanten nichts!» Dann verlor er wieder das Bewußtsein. Der Gefängnisarzt, Dr. E'mad, forderte alle auf, das Zelt zu verlassen. Nur Rosenfeld blieb.

«Ich hatte Sie aufgefordert, die Verhöre einzustellen», sagte Ta'mari, als er wieder bei Bewußtsein war. «Ich kann so nicht mehr weitermachen. Die Männer halten es nicht mehr aus. Unter den Gefangenen, die Sie heute herausgeholt haben, ist ein Mann, der ein Nierenleiden hat. Er könnte sterben.»

Rosenfeld hörte zu. Von dem Feuer sprach keiner. Draußen züngelten immer noch die Flammen an den Zelten. Schließlich wandte sich Rosenfeld an Ta'mari. «Geben Sie Ihren Leuten Befehl, das Feuer zu löschen. Ich verspreche, daß ich Ihnen auf halbem Weg entgegenkomme.»

Ta'mari gab seinen beiden Leutnants, die am Zelteingang warteten, ein Zeichen. Sie gingen und führten seinen Befehl aus. Rosenfeld trat an einen Tisch und machte Kaffee. «Trinken Sie das», forderte er Ta'mari auf. «Das bringt Sie wieder auf die Beine.»

Rosenfeld war ein ehrlicher Mann. Die Verhöre wurden eingestellt.

Leben im Lager

So wie für Ta'mari mit der Verlegung nach Ansar ein neues Kapitel seines Lebens begann, veränderte sich auch das Verhältnis zwischen uns. Wir hatten bis dahin häufig, beinahe regelmäßig und sehr intensiv miteinander geredet. Jetzt begegneten wir uns nur noch selten und mit großem zeitlichem Abstand. Einer der Soforteffekte dieser neuen Lage war, daß Ta'maris Angewiesensein auf mich sowohl in praktischer wie in psychologischer Hinsicht abnahm. Ein weiterer Effekt war, daß ich mich mit gutem Grund erleichtert fühlen konnte; seiner Selbstmorddrohung war erfolgreich der Boden entzogen. Ich erfuhr nämlich auf dem «kleinen Dienstweg» davon, daß sich der neue Ansar-«Bürger» nicht nur schnellstens eingelebt hatte, sondern daß ihm von den Gefangenen auch ein eindrucksvoller Empfang bereitet worden war. Die Geschichte hatte ihn an einen Platz gestellt, wo seine natürlichen Führerqualitäten voll zum Zuge kommen konnten.

Ich hatte das Gefühl, daß diese Distanz uns beiden nur guttun konnte. Ich hatte mich ein bißchen überengagiert, und er war ein wenig zu abhängig geworden. Ich war irgend etwas zwischen Familienfürsorger, Kindermädchen und Telefon nach draußen gewesen. Es war mir klar, daß er mich in seiner neuen Umgebung quasi «abschütteln» mußte, um die Position einnehmen zu können, für die er so hervorragend geeignet war. Schließlich gehörte ich letzten Endes eben doch zu den Leuten auf der anderen Seite des Zauns – und ein Zaun war es in diesem

Fall sowohl im übertragenen wie im wortwörtlichen Sinne des Begriffs –, gehörte ich zu Israel, zum Feind, zu den Offizieren und Soldaten, die die Gewehrläufe auf die Gefangenen in Ansar gerichtet hielten.

Während der Monate, in denen wir viel zusammen, ja sogar Freunde gewesen waren, hatte ich oft über das Anormale an unserer Beziehung nachgedacht. Wie tief auch die persönliche Zuneigung von Amalia und mir zu Dina und Salah und umgekehrt geworden war – «total» konnten unsere Beziehungen zueinander nie werden. Politik, Nationalstolz und der Lauf der Welt verhinderten es. Ich wußte, daß diese Anomalie zu jener Zeit von Salah noch viel stärker empfunden wurde.

Sicher, ich war stets daran interessiert, ja sogar neugierig darauf gewesen, ihn zu besuchen, mit ihm zu reden, aber innerlich hatte ich Distanz gehalten. Eine ganze Weile hatte ich sogar Abstand davon genommen, eine Besuchserlaubnis zu beantragen. Doch trotz der physischen Distanz und des Aufhörens unserer regelmäßigen Treffen riß der Kontakt keineswegs ab. So gut wie jeder Journalist, der das Lager besuchte, richtete mir Grüße von ihm aus.

Eines Abends erhielt ich dann einen Anruf von Leutnant Sela, dem Rechtsanwalt, der seinen Reservistendienst als Sprecher der israelischen Armee in Ansar abgeleistet hatte. «Hören Sie zu», sagte er mir, «ich habe meine zweite Dienstzeit in Ansar hinter mir. Ich hatte einige lange Unterredungen mit Ta'mari, obwohl er fast immer zu tun hatte. Er hat mir etwas anvertraut, was ich Ihnen weitersagen möchte: ‹Wenn Sie es wissen wollen: Der Mensch, den ich als meinen engsten Freund betrachte – unter den Juden und selbst unter den Arabern –, ist Aharon.›

Ta'mari gebot in Ansar über eine Machtfülle wie ein arabischer Potentat», meinte Leutnant Sela, der während seines Dienstes in Ansar Gelegenheit gehabt hatte, Salah zu beobachten. «Trotz des Umstands, daß er und seine Leute ständig von Demokratie redeten, glaube ich nicht, daß die Art, wie sie ihre Angelegenheiten regelten, ganz dem entspricht, was ich demokratisch nennen würde. Man konnte eher sagen: Was immer Ta'mari für richtig hielt, das wurde auch gemacht.» Und er verfügte auch über einige herrscherliche Privilegien: ein Gefolge von Gehilfen sowie zwei Offiziersburschen, die ihm den Alltagskram abnahmen. Einer von ihnen, ein Ägypter namens Roza, kochte gewöhnlich für das gesamte Lagerkomitee, bei dessen Sitzungen stets Erfrischungen auf dem Tisch standen, übrigens auch dann, wenn Ta'mari Bittsteller empfing.

Die israelischen Armeebehörden außerhalb von Ansar waren über den Palästinenserführer und das Für und Wider seiner machtvollen Stellung recht genau im Bilde. «Wir waren damals der Ansicht», sagte General Nativ, «daß Ta'mari seine Position nicht dazu nutzen würde, eine Meuterei anzuzetteln. Er konnte uns ordentlich auf den Wecker fallen, aber auf einen regelrechten Aufstand hätte er sich nicht eingelassen. Da wir uns dieses Unterschieds genau bewußt waren, haben wir uns auch nicht mit ihm angelegt. Er wollte die Palästinenser im Lager organisieren. Er wollte sie indoktrinieren, instruieren, ihnen etwas zu tun geben, ihre Moral und ihren körperlichen Zustand heben. Und er hatte Erfolg. Das war eindeutig. Dieses Arrangement gab den Gefangenen zudem eine gute Gelegenheit, Dampf abzulassen: Sie protestierten gegen uns, brüllten uns an, beschimpften uns; sie veranstalteten zum Zeichen ihres Protests gemeinsame Gebete und organisierten Demonstrationen.»

Zwischen dem Palästinenserführer und dem israelischen Lagerkommandanten, Oberst Rosenfeld, fanden tägliche Routinebesprechungen statt, die natürlicherweise zu einer vielschichtigen Beziehung zwischen den beiden führten. Zum einen waren sie Wächter und Gefangener, zum anderen aber auch zwei menschliche Wesen – im guten wie im schlechten. Ta'mari bezeichnete ihr Verhältnis als «Poker mit offenen Karten». Trotz des ständigen Auf und Ab – und etwas anderes konnte man in einer solchen Lage auch nicht erwarten – war ihr Verhältnis während Rosenfelds gesamter Dienstzeit in Ansar von gegenseitigem Respekt geprägt. Jeder von den beiden mußte später einräumen, daß sich der andere – soweit es eben möglich war – als vertrauenswürdig und fair erwiesen hatte.

Die Bücher kosten nur noch
ein Fünftel ihres früheren Preises . . .

... schrieb der Bischof von Aleria 1467 an Papst Paul II. Das war Gutenberg zu verdanken.

Heute, 500 Jahre später, kosten Taschenbücher nur etwa ein Fünftel bis ein Zehntel des Preises, der für gebundene Ausgaben zu zahlen ist. Das ist der Rotationsmaschine zu verdanken und zu einem Teil auch – der Werbung: Der Werbung für das Taschenbuch und der Werbung im Taschenbuch, wie zum Beispiel dieser Anzeige, die Ihre Aufmerksamkeit auf eine vorteilhafte Sparform lenken möchte.

Pfandbrief und Kommunalobligation

Meistgekaufte deutsche Wertpapiere - hoher Zinsertrag - bei allen Banken und Sparkassen

Verbriefte Sicherheit

Schon kurze Zeit nach seiner Ankunft machte sich Ta'mari Rosenfelds Hilfe zunutze, um seine Autorität in den Sektoren durch Verminderung des Einflusses der Opposition zu stärken. Ta'mari zufolge vereitelte die Opposition ein geschlossenes Handeln. Rosenfeld sah keinen Grund, ihm nicht zu helfen. Bei einem Treffen des Komitees mit dem Kommandanten verlangte Ta'mari von Rosenfeld, den Mukhtar eines Sektors abzulösen, der sich weigerte, Befehle des Komitees entgegenzunehmen, was, wie er erläuterte, für beide Seiten zu Schwierigkeiten führen könne. Noch am selben Abend, um Mitternacht, schickte Rosenfeld einen seiner Stellvertreter los, der den abgesetzten Mukhtar in einen anderen Sektor verlegen sollte. Eine Stunde später kam sein Stellvertreter wieder. Der Mann weigerte sich, den Sektor zu verlassen und wurde von seinen Mitgefangenen auf den Schultern umhergetragen, was große Unruhe im Lager erregte.
Rosenfeld handelte sofort, und zwar wie immer: Er begab sich zu dem Sektor, um sich der Sache persönlich anzunehmen. Doch diesmal hatte sein Erscheinen nicht den üblichen Effekt. Es gelang ihm nicht, die Männer zu beruhigen. Im Gegenteil, sie wurden nur noch wütender. «Ich habe sie angebrüllt», erinnerte er sich, «ob einer von ihnen sterben wolle.» Einer der Männer rief: «‹Ana!› – Ich!» Rosenfeld zögerte keinen Augenblick. Er bedeutete den Soldaten, die den Sektor bewachten, ihm eine Kalaschnikow zuzuwerfen, und schoß dem Mann zwischen die Beine. «Der Bursche ist schneller gerannt, als die Kugeln pfiffen», fügte er hinzu. Aber es reichte, um den Mukhtar davon zu überzeugen, daß er umziehen mußte.
Zur Aufrechterhaltung dieser delikaten Balance machte Ta'mari häufig auch Gesten in Rosenfelds Richtung. «Er setzte mich gelegentlich im voraus von einer anstehenden Demonstration in Kenntnis», erinnerte sich Rosenfeld. «Ich wußte Zeit und Ort. ‹Sie wollen Ihnen klarmachen, daß sie Beschwerden vorzubringen haben und angehört werden wollen›, hat mir Ta'mari dann immer erklärt. Wenn der Zauber dann losging, stand ich schon am Fenster, wenn meine Leute mit ihren Meldungen kamen.

‹Nehmt's leicht›, habe ich ihnen dann gesagt. ‹Es wird schon nichts passieren.›» Und so war es in der Regel auch. Die Demonstration nahm ihren Lauf, und es kam zu keinen bösen Folgen.

So rosig war allerdings denn doch nicht alles. Zu einem Treffen zwischen Komitee und Kommandant erschien Ta'mari in kämpferischer Stimmung. Er schob den Teller mit den belegten Broten zur Seite und knallte zwei Exemplare der Vierten Genfer Konvention auf den Tisch, das eine Exemplar in englischer Sprache; er hatte es von Leutnant Sela erhalten. Das zweite war eine von ihm selbst angefertigte Übersetzung ins Arabische, als Hilfe für seine Kollegen im Lagerkomitee, die kein Englisch konnten.

«Laut Genfer Konvention», begann Ta'mari und verwies auf den entsprechenden Paragraphen, «haben alle Gefangenen das Recht, Besuch von ihren Familienangehörigen zu empfangen.» Rosenfeld schnitt ihm das Wort ab. «Sparen Sie sich Ihre Worte», sagte er. «Das ist unmöglich. Ich kann doch nicht 50000 Leute aus dem Südlibanon hier reinlassen. Damit werden wir einfach nicht fertig.» Er erinnerte das Komitee an die Beinahe-Aufstände, die sich nur wenige Wochen vor der Übernahme der Lagerleitung durch ihn abgespielt hatten, als sich Tausende von Besuchern um das Lager gedrängt und sogar den Erdwall erstiegen hatten, nur um einen Blick auf ihre Männer und Söhne zu erhaschen. «Es war ein Wunder, daß damals niemand umgekommen ist», sagte er. «Ich weiß, daß ich die Genfer Konvention verletze, aber das ist der Preis, den ich zu bezahlen bereit bin. Und den Sie auch werden zahlen müssen. Das ist alles. Fertig. Aus. Punktum.»

Die Gefangenen in den Sektoren warteten auf eine gute Botschaft, doch die Botschaft, die Ta'mari ihnen brachte, war alles andere als gut. Im Sektor Nr. 4 brach eine Revolte aus, und bald wurde eine große, schwarz-grün-rote Palästinenserflagge geschwenkt. Sie war selbst hergestellt worden, aus Zeltflicken, die mit einer Mixtur aus Zahnpasta und diversen Gewürzen gefärbt waren. Die Flagge hatte längst bereitgelegen und nur noch auf ihren Einsatz gewartet. Alles, was den Männern gefehlt hatte, war die richtige Gelegenheit zum Hissen, und die war nun gekommen.

Rosenfeld stand draußen, sah sich die Sache an und ließ nach kurzer Zeit Ta'mari kommen: «Geben Sie ihnen Befehl, die Flagge runterzunehmen.» Ta'mari gab ihm keine Antwort. Er nahm ihn einfach nicht zur Kenntnis.

Die Atmosphäre wurde immer explosiver. Rosenfeld gab – angesichts der Umstände reine Routine – den Befehl, Verstärkungen um die Sektoren zusammenzuziehen. «Wenn diese Flagge nicht in fünf Minuten runter ist, gibt es ein Blutvergießen», mahnte er. Als ob die Lage nicht schon schlimm genug gewesen wäre, fuhr plötzlich auch noch ein Rotkreuz-Team ins Lager. Die Panzer näherten sich den Zelten. Die Soldaten legten die Waffen an. Nun fehlte nur noch der Feuerbefehl. Plötzlich wurde die Flagge heruntergenommen. Die allgemeine Anspannung ließ nach, nur bei einem nicht: bei Rosenfeld. Sein Zorn loderte weiter.

Später, als er mit Ta'mari allein war, gab er sich betont unfreundlich. «Warum haben Sie diese gottverdammte Flagge nicht runtergenommen, als ich Ihnen den Befehl dazu gab?»

«Ich habe sie nicht gehißt», erwiderte er, «und ich nehme auch keine Flagge runter, die andere gehißt haben. Ich habe mich auch mit denen gestritten, aber aus einem anderen Grund. Ich war der Meinung, wenn jemand schon eine Flagge hißt, dann muß er auch die Kraft haben, die Folgen zu tragen. Ich wußte, daß sie nicht soviel Kraft hatten. Deshalb war ich grundsätzlich gegen die ganze Sache.

Ich muß noch einmal betonen», sagte mir Rosenfeld, als er mir von dem Vorfall berichtete, «daß seine Reaktion wie immer vernünftig, flexibel und durchdacht war. Ich habe häufig erlebt, daß es besser ist, einen Streit mit einem gescheiten Mann zu verlieren, als einen Streit mit einem Dummen zu gewinnen.»

Beide Männer arbeiteten außerordentlich hart und lange, und beide trugen eine schwere Verantwortungslast für das Leben anderer. Beide waren sie nicht mehr die Allerjüngsten, wenn auch Rosenfeld der weitaus ältere war – um mindestens fünfzehn Jahre. Seine dienstfreien Tage waren dünn gesät und unregelmäßig und wurden oft genug von verzweifelten Anrufen unterbrochen, doch bloß sofort zurückzukommen, um irgendeine drohende Katastrophe abzuwenden.

Rosenfeld war der erste, der in Ansar zusammenbrach; er erinnerte sich noch gut an dieses Ereignis – und zwar wegen Ta'mari.

«Eines Tages hatte ich für neun Uhr abends wie üblich ein Treffen mit dem Gefangenenkomitee angesetzt. Ich ging auf die Baracke zu, in der wir immer tagten, als mir auf einmal schwarz vor Augen wurde. Als ich wieder zu mir kam, drehte sich alles um mich. Ich wollte nicht um Hilfe rufen – schließlich war ich ja der Boss, und der muß immer auf dem Posten sein. Es gelang mir schließlich und endlich, in mein Büro zurückzukehren, und jemand holte den Doktor. Der Doktor kam herüber, und ich sagte, daß das Komitee wahrscheinlich noch dasäße und auf mich warte. Ich bat jemanden, Ta'mari herzuholen. ‹Hören Sie›, sagte ich, ‹mir geht es nicht besonders. Mich friert.› – ‹Herr Kommandant›, hat er gesagt, ‹Sie sind sehr müde. Wahrscheinlich leiden Sie an totaler Erschöpfung.› Das war mehr oder weniger das, was der Doktor auch gesagt hatte. Es waren jede Menge Leute im Raum, aber es war Ta'mari, der losging und noch eine Decke holte und mich mit ihr zudeckte. Bevor er hinausging, hat er sich noch einmal umgedreht und zu mir auf englisch gesagt: ‹Sie sind die Art von Feind, die ich mag.›»

Wenn Ta'mari in die Krise geriet – und das passierte ihm recht häufig –, traf er bei den israelischen Offizieren auf genausoviel Verständnis. Oberstleutnant Shatz, dem sich Ta'mari in Sidon ergeben hatte und der lange Zeit in Ansar diente, war einer von ihnen.

Shatz erkannte sehr bald, daß es sozusagen «zwei» Ta'maris gab – den feindlichen Kommandanten und den Menschen mit all seinen menschlichen Schwächen. «Ich war sein Psychiater», erinnerte er sich, «und nicht etwa sein Psychologe. Sein Psychiater. Er hat mich immer wieder einmal angerufen und gesagt: ‹Ich hab da ein Problem. Ich muß rüber nach Ansar II. Kommen Sie mit und machen Sie das Tor auf.› Ab und zu fuhr ich ihn dann rüber. Dann hat er mir immer im Vertrauen gesagt: ‹Hören Sie, Shatz, ich halte das nicht mehr lange aus. 24 Stunden am Tag muß ich für alle und jeden da sein. 24 Stunden am Tag höre ich mir ihre Sorgen an, ihre Beschwerden, ihre Bitten. Ich habe einfach keine Kraft mehr.› An diesem Punkt habe ich dann immer den Wagen gewendet und bin zu meiner Bude zurückgefahren. Ich wußte, daß Ta'mari vegetarisch lebte und hatte meistens einen Vorrat an Trockenfrüchten da. Dann hatte ich auch ein paar Schallplatten mit klassischer Musik. Bei so etwas konnte er seine Batterien wieder aufladen. Gelegentlich habe ich ihn dort auch allein gelassen, obwohl ich eine Waffe auf der Stube hatte. Ich habe ihm einfach vertraut.»

Yehuda Shatz war ein gestandener Armeeveteran und ein Mann von extrem rechter Gesinnung, der sich alldem zum Trotz mit seinem palästinensischen Konterpart anfreundete. Vielleicht war es ein in Teilen unbewußter Vorgang. Shatz war mit einer Psychologin verheiratet. Einer seiner Söhne war Soldat, und er hatte zwei kleine Töchter. Wenn er – selten – einmal frei hatte, stellte er zu Hause gewöhnlich fest, daß er stundenlange Gespräche mit seiner Frau führte – über Ta'mari, oder daß er nach irgendeiner Kleinigkeit Ausschau hielt, die er ihm mitbringen konnte. Er kaufte ihm stets eine Schachtel Fondant, weil er wußte, wie sehr er Süßigkeiten mochte. Bei einem seiner Besuche zu Hause sagte seine Frau zu ihm: «Yehudi, du liebst diesen Mann ganz einfach.»

«Wen?» wollte er wissen.

«Diesen Ta'mari», erwiderte sie.

Shatz wollte nichts von dieser Feststellung seiner Frau wissen. «Du und deine Psychologie!» konterte er ein wenig verärgert.

In der gleichen Nacht noch, als er wieder in Ansar war, rief er seine Frau an. «Gib den Mädchen einen Kuß von mir», sagte er. Und dann fügte er noch hinzu: «Ach – und was du heute morgen gesagt hast – ich glaube, du hast recht damit.»

Ta'mari gab im nachhinein – auch wenn er sein «Spiel» in Ansar als «Poker mit offenen Karten» beschrieb – durchaus zu, daß er schon noch ein paar Karten im Ärmel hatte. Als er für uns die verschiedenen Strategien rekonstruierte, die er in Ansar zur Anwendung gebracht hatte, sagte er: «Ich habe als Gefangener nicht immer die Wahrheit gesagt. Ein Umstand, den ich wirklich ausgenutzt habe, war die ständige Angst der Israelis vor einer Katastrophe. Als ich sie warnte, daß alle am Rand eines Nervenzusammenbruchs stünden, war das eine reine Erfindung von mir. Aber die Israelis haben mir geglaubt. Ich wußte, daß sie die blanke Angst vor einem Ausbruch von Massenhysterie umtrieb, und ich habe mit dieser Angst gespielt, um sie so weit zu bringen, daß sie uns Dampf ablassen ließen. Die Wahrheit war, daß wir es uns genau wie die Israelis gar nicht leisten konnten, in unkontrollierte Hysterie abzugleiten. Tatsächlich war die Lage nie so dramatisch, wie ich sie aussehen ließ. Ihre Befürchtungen waren die gleichen wie die meinen, nur daß ich sie das nie und nimmer wissen lassen durfte.»
Ta'mari wußte genau, wie er die spontanen Reaktionen der Gefangenen für seine Zwecke einsetzen konnte.
Mit den organisierten Protestaktionen – im Gegensatz zu den spontanen Unmutsäußerungen – hatte Ta'mari mehr als ein Ziel. Neben dem Ziel, den israelischen Wachen auf die Nerven zu fallen, ging es ihm auch darum, so viele Gefangene wie möglich in einer gemeinsamen Aktion zu einen. Er wollte, daß sich jeder einzelne Gefangene an den Protesten auf die Weise beteiligte, die ihm am besten lag. Das Motto seiner Gesamtstrategie lautete: «Ein Maximum an Leuten bei einem Minimum an Gewalt.»
Eines Morgens wurde dieses Motto in die ungewöhnlichste Protestaktion von allen umgemünzt. Als die Dämmerung anbrach, mochten die Wachhabenden nicht glauben, was sie sahen: keinen einzigen Gefangenen. Das gesamte Lager sah und hörte sich an wie eine Geisterstadt. Die 32 Wachen berichteten sämtlich das Unglaubliche, und bald fuhren Panzer rund um die Sektoren auf. Die Vertreter des Roten Kreuzes waren vom

«kollektiven Verschwinden» sämtlicher Gefangener genauso entsetzt.
Tags zuvor hatte das Komitee einen einstündigen Sitzstreik beschlossen, an dem sich alle Gefangenen beteiligen sollten. Der erste Vorschlag hatte gelautet, den Sitzstreik in der Mitte jedes Sektors stattfinden zu lassen: Tausende von Gefangenen sollten eine volle Stunde dasitzen, ohne etwas zu sagen oder sich zu rühren. Es wäre ein grandioser Anblick gewesen.
Ta'mari hatte eine andere Idee. «Fünf Prozent der Gefangenen sind krank», erklärte er, «und daher nicht in der Lage, in der Sonne zu sitzen. Weitere fünfzehn Prozent haben sogar vor dem eigenen Schatten Angst und wollen bei einer Protestaktion nicht gesehen werden. Sie haben Angst, fotografiert zu werden. Sie werden daher drinnen bleiben oder sogar Krankheit vorschützen. Das bedeutet, daß wir von vornherein mit einer Nichtbeteiligung von zwanzig Prozent rechnen müssen. Wir sollten daher folgendes tun – wir sollten den Streik *in* den Zelten durchführen. Jeder wird imstande sein, sich an ihm zu beteiligen, einschließlich der Leute, die krank sind, und derjenigen, die Angst haben.»
Der Protest war ein großer Erfolg. «Nach einer Stunde war alles vorbei», erinnerte sich Ta'mari. «Die Wirkung war phantastisch, besonders bei den Gefangenen selbst. Der größte Angsthase war so stolz auf sich, daß er nicht aufhören konnte, davon zu erzählen, ‹wie *wir* ihnen einen Schrecken eingejagt haben›.»
Die Protestaktionen klappten mit der Zeit immer besser und gewannen im Einklang mit Ta'maris Vorhaben zunehmendes ideologisches Gewicht – als Antithese zur Gewalt um ihrer selbst willen. Er baute sogar das gemeinsame Singen von Liedern und eine Lagerhymne in seine Strategie ein: «Protest», erläuterte er, «ist eine Art von öffentlichem Schauspiel und muß wie alle öffentlichen Darbietungen einen Anfang, einen Höhepunkt und einen Ausklang haben. Ich hatte mir gedacht, daß das gemeinsame Singen am Ende einer Aktion der beste Ausklang sei und den Leuten ein wirklich gutes Gefühl geben würde. Der ge-

meinsame Gesang von Tausenden von Menschen hat eine gewaltige Wirkung auf die Singenden. Aber ich erkannte auch, daß das Singen bei den Gefangenen als nicht besonders ‹männlich› galt. Also habe ich als erster zu singen begonnen, allein.» Langsam, aber sicher fielen die Gefangenen um ihn herum mit ein, bald schlossen sich ihnen die Leute aus dem nächsten Zelt an und so weiter und so fort, bis schließlich Tausende sangen.

Ta'mari verfaßte zwei Gedichte, die zu den «offiziellen» Ansar-Hymnen wurden. Sämtliche Gefangenen kannten sie auswendig, und es darf vermutet werden, daß sie sie ihr Leben lang nicht vergessen werden. Die Texte wurden aus dem Lager geschmuggelt, und die Lieder wurden schon bald darauf vom Ashbal-Orchester in Beirut gespielt, dessen Dirigent sie vertont hatte. Es dauerte nicht lange, bis die Lieder in sämtlichen palästinensischen Flüchtlingslagern im Südlibanon regelrechte «Hits» wurden.

Unter den Gefangenen in Ansar gab es aber auch solche, die dem geschriebenen Wort den Vorzug gaben, und diese schrieben Stücke, Gedichte und natürlich nationalistische Lieder. Wann immer es möglich war, wurden sie öffentlich aufgeführt.

Trotz all dieser kreativen Anstrengungen fand Ta'mari, daß das Element der Zeit – oder, genauer gesagt, der Verlust des Zeitgefühls – der destruktivste Faktor des Lagerlebens war. «Die Leute verloren einfach ihr Gefühl für die Zeit, ihre Fähigkeit, zwischen gestern, heute und morgen zu unterscheiden.» Nicht allen Männern gelang es, sich gegen den seelischen Druck des Lagerlebens zu behaupten, und manche wurden sogar buchstäblich verrückt.

Quassem zum Beispiel war ein Kleiderschrank von Mann; er brachte an die 130 Kilogramm auf die Waage. Eines Morgens erwachten die Männer in seinem Sektor von einem furchtbaren Gebrüll. Als sie aus ihren Zelten sahen, entdeckten sie Quassem, der einen Mitgefangenen verfolgte und mit einer Eisenstange bedrohte, einer langen Zeltstütze, die er aus dem Boden gerissen hatte. Sein potentielles Opfer schrie hysterisch. Als ein anderer dazwischenzugehen versuchte, ließ Quassem von ersterem ab, nahm statt dessen die Jagd auf ihn auf und versuchte ihn mit seiner improvisierten Waffe niederzuschlagen. Quassem war zum Amokläufer geworden. Bald machte eine wachsende Schar von Gefangenen abwechselnd Jagd auf Quassem oder wurde von ihm gejagt. Dieser Anblick war für die Wachen zuviel, und sie alarmierten Oberstleutnant Shatz.

Shatz befahl als allererstes: «Schafft Ta'mari her, und zwar sofort!» Ta'mari wurde mit einem Wagen hergebracht, betrat den Sektor, ohne von Shatz dazu aufgefordert worden zu sein, sah mit einem Blick, was los war und ging schnurstracks, ohne auch nur einen Augenblick zu zögern, auf Quassem zu. In dem Moment, als Quassem den auf ihn zugehenden Ta'mari erkannte, blieb er sofort stehen. Die Eisenstange hielt er allerdings noch immer bedrohlich in die Höhe.

Ta'mari ging – ständig leise auf ihn einredend – weiter auf den Mann zu und faßte ihn, als er vor ihm stand, mit beiden Händen an. Er bat um ein feuchtes Handtuch und wischte Quassem als erstes Gesicht und Mund ab. Dabei brach Quassem mit einem Schlag zusammen. Ta'mari verlangte nach weiteren nassen Tüchern und legte Quassem Kompressen auf die Stirn. Dann bat er zwei Leute, ihm dabei zu helfen, Quassem ins Krankenzelt zu schaffen.

Von dem Augenblick an, als sie ihn aufhoben, klammerte sich der Riese an Ta'maris Hand und ließ sie nicht mehr los, selbst dann nicht, als sie ihn ins Bett verfrachtet hatten. Nachdem er ein paar Minuten im Bett gelegen hatte, sprang er plötzlich wieder auf und rannte in eine Zeltecke. Einen Moment lang hatten alle Angst, daß er sich wieder eine Zeltstange greifen würde. Aber er schien es nur auf ein Stück Seil abgesehen zu haben, das an die Stütze gebunden war. Er kam mit dem Seil zurück, band sich ein Ende ums Bein und das andere um ein Bein von Ta'mari. Er wollte ganz sicher sein, daß ihn Ta'mari nicht allein ließ. Ta'mari protestierte nicht. Er blieb fünf Tage und Nächte bei Quassem. Sie schliefen zusammen, aßen zusammen, gingen zusammen auf die Latrine. Ta'mari nahm Quassem sogar zu den Sitzungen des Lagerkomitees mit. Nach fünf Tagen erklärte sich Quassem einverstanden, das Seil abzumachen – aber nur unter der Bedingung, daß Ta'mari ihn jeden Tag besuchte. Ta'mari versprach es ihm. Er ließ Quassem außerdem in einen anderen Sektor verlegen, in dem er einen Verwandten hatte, der bereit war, sich um ihn zu kümmern. Ta'mari hielt sein Versprechen bis zum Tag der endgültigen Auflösung von Ansar.

Die israelischen Offiziere waren von dieser Seite der vielschichtigen Persönlichkeit Ta'maris gebührend beeindruckt: Der willensstarke palästinensische Kommandokämpfer konnte so zahm wie ein Lamm sein. Er hatte ihnen Führungsqualitäten bewiesen, die sie bis dahin nicht erlebt hatten.

Nach dem Zwischenfall mit Quassem intensivierte Ta'mari seine Bemühungen, den Gefangenen noch mehr Beschäftigung zu verschaffen, mit denen sie die freudlosen Stunden herumbringen konnten – und wenn er diese Arbeiten selbst erfinden mußte.

Ein Projekt, das er anregte, war eine allgemeine Verschönerungsaktion für das Lager. Er teilte die Männer in Gruppen ein, die die Sektoren auf Vordermann bringen sollten. Der erste Schritt war die Müllbeseitigung: Aller Unrat, der herumlag, mußte weg. Als zweites wurden die Wege von Unkraut befreit. Als drittes wurde das Rote Kreuz um Pflanzen und Samen angegangen.

Letzterer Einfall stieß bei den Gefangenen selbst auf erheblichen Widerstand: «Warum sollen wir hier etwas anpflanzen?» wollten sie wissen. «Willst du, daß wir hier bleiben, bis die Bäume Früchte tragen, oder sollen sie jemand anders Freude machen?»

Ta'mari betrachtete diese Arbeit als Selbstzweck und versuchte seine Kameraden davon zu überzeugen, daß jede Arbeit besser sei als Langeweile und Nichtstun. «Das bloße Pflanzen hat schon etwas Befriedigendes. Außerdem wird sich euer Zeitgefühl verbessern, wenn ihr etwas wachsen und gedeihen seht. Ihr lernt wieder in Tagen, Wochen, Monaten denken. Und außerdem glaube ich, daß es unsere Hoffnung stärken wird, wenn wir hier Blumen wachsen sehen – wo der Feind doch gerade jede Hoffnung zuschanden machen will.»

Bald ging der Samen in den Blumen- und Gemüsebeeten um die Zelte auf. Ta'mari hatte bei seiner Begrünungsaktion noch eine andere Idee im Hinterkopf, die er jedoch – zumindest zu diesem Zeitpunkt – noch für sich behielt.

Jeden Morgen gab Ta'mari ein Bulletin des Oberkommandos heraus. Er verfaßte die «Urschrift», die dann von seinen Stellvertretern abgeschrieben und an alle Sektoren geschickt wurde. Das Bulletin enthielt Instruktionen über den Tagesablauf einschließlich der laufenden Arbeitsprogramme, Sportereignisse, Treffen, Lehrgänge und anderer Aktivitäten. Ein Mittel, mit dem er die Gefangenen aus ihrer Lethargie aufrütteln wollte, war die Heranziehung von Leuten mit Spezialkenntnissen zu Vorträgen und Lehrgängen. Schließlich wimmelte das Lager von Lehrern, Rechtsanwälten, Musikern und Ärzten. Nach einiger Zeit enthielt das Bulletin auch regelmäßige Nachrichten, die von einem seiner Stellvertreter zusammengestellt wurden, dessen Hauptaufgabe es war, das sorgfältig verborgene Radiogerät abzuhören.

Ta'mari gab später zu, daß er sich die größte Mühe geben mußte, um den Tonfall des Bulletins nicht zu aggressiv werden zu lassen. Er feilte so lange daran herum, bis er sämtliche kriegerischen und großspurigen Töne ausgemerzt hatte, die sich eingeschlichen haben mochten. Er wollte keine falschen Hoffnungen wecken, weil er wußte, daß die Reaktionen extrem sein würden, wenn sie sich nicht erfüllten. Einmal strich er einen Bericht über den Gefangenenaustausch, und als dann die Revolte Abu Musas gegen Arafat ausbrach, berichtete er darüber ausgesprochen zurückhaltend. «Ich wollte auf keinen Fall, daß diese spezielle Kontroverse nun auch noch in Ansar ausgetragen wurde. Das letzte, was wir brauchen konnten, war eine Spaltung in den eigenen Reihen.»

Das Bulletin enthielt aber auch verdeckte Informationen, zum Beispiel über seine Kontakte zu den PLO-Führern draußen. Ta'mari erzählte uns, daß es ihm gelungen sei, diese Kontakte fast die ganze Zeit über aufrechtzuerhalten. Gefangene, die aus dem einen oder anderen Grund vorzeitig entlassen wurden, überbrachten Botschaften und sogar Briefe von Ta'mari an Arafat, Abu Jihad oder Abu Musa. Die Antworten kamen häufig mit neuen Gefangenen zurück, die den Israelis von der PLO – eigens zu dem Zweck, den Kontakt zu Ta'mari nicht abreißen zu lassen – sozusagen «untergeschoben» wurden. Diese Leute provozierten israelische Soldaten im Südlibanon vorsätzlich, um ins Gefängnis zu kommen.

Der Fluchttunnel

Im April 1983 kamen den israelischen Behörden Zweifel hinsichtlich der Zweckmäßigkeit des Gefangenenkomitees, das sich in der Zwischenzeit außerordentliche Macht erworben hatte. Seine potentielle Gefährlichkeit nahm zu; seine Nachteile begannen seine Vorteile zu überwiegen.

Zu dieser Zeit stand Oberst Rosenfeld kurz vor der Ablösung von seinem Posten als Lagerkommandant, den Oberst Attiya übernehmen sollte. Oberstleutnant Yehuda Shatz, der zu Beginn der Dienstzeit Attiyas nach Ansar versetzt wurde, wurde mit der Aufgabe betraut, die Sektoren neu zu organisieren. Der erste Punkt, den er sich vornahm, war eine kritische Würdigung von Wert und Unwert des Lagerkomitees.

Praktisch von seinem ersten Tag in Ansar an hatte Ta'mari davon geträumt, einen Massenausbruch zu organisieren, den er sich ganz klassisch vorstellte – er dachte an ein System heimlich angelegter Tunnel.

Zuerst behielt er diesen Gedanken für sich, aber im Laufe der Zeit diskutierte er die Idee dann doch mit einigen seiner Fatah-Kameraden, die Erfahrung im Aushub und Bau von Bunkern und unterirdischen Munitionslagern hatten. Er brauchte ihren technischen Rat. Es dauerte einige Zeit, bis die Idee aus dem Planungsstadium heraus war, weil sowohl technische Schwierigkeiten wie auch die Notwendigkeit dazwischen kamen, Energie auf andere dringende Fragen zu verwenden. Doch als die Auseinandersetzung zwischen Arafat und den Rebellen die Verhandlungen zwischen Israel und der PLO über einen Gefangenenaustausch zum Erliegen brachten und es für die Gefangenen von Ansar düster aussah, entschied Ta'mari, daß es an der Zeit war, etwas Konstruktives zu unternehmen. Statt einander mit endlosen Disputen für und gegen Arafat auf die Nerven zu fallen, taten die Männer besser daran, einen Fluchtweg zu buddeln. Und je erfolgreicher die Operation, je mehr Männer freikamen – davon war er überzeugt und wurde nie müde, es zu wiederholen –, desto größer der Schlag für den Feind. Ta'mari schätzte, daß innerhalb weniger Tage an die zweitausend Gefangene entfliehen konnten, wenn der Plan gelang.

Sektor Nr. 20 wurde als erster ausgewählt, weil er am westlichsten Punkt von Ansar I lag. Die Arbeit sollte im Eckzelt beginnen. Man schätzte, daß man einen fünfzehn Meter langen Tunnel graben mußte, um den Bereich hinter den Zäunen zu erreichen. Dort standen ein paar Klohäuschen für die Soldaten, doch der Wachdienst an dieser speziellen Stelle war eher oberflächlich.

Der Sektor wurde in drei Kolonnen eingeteilt: eine grub, eine schaffte den Aushub weg und eine paßte auf. Gearbeitet wurde rund um die Uhr. Zum Graben benutzten die Männer angeschärfte Zeltstützen und Blechbüchsen. Auf der israelischen Seite des Lagers waren von Gefangenen, die dort Reinigungsdienste verrichteten, auch einige Hämmer und Beile «ausgeborgt» worden.

Die Erde wurde in Eimern weggeschafft, die mit Hilfe einer primitiven, aus den Seitenteilen von Benzinkanistern angefertigten Seilwinde hochgezogen wurden. Die Tunnel wurden anfangs von improvisierten Kerzenleuchtern erhellt, die aber, wie man entdeckte, zuviel Sauerstoff verbrauchten. Ta'mari dachte sich ein besseres System aus Spiegeln aus, die so placiert wurden, daß sie das Tageslicht von außerhalb des Zelts in den Tunnel lenkten. Bei Nacht wurden Taschenlampen benutzt, die gestohlen oder gelegentlich von Leuten draußen gekauft worden waren. Als sämtliche Batterien verbraucht waren, wurde die Nachtarbeit jedoch eingestellt.

Als der Tunnel länger wurde, ersannen die Männer eine Methode zur Verbesserung der Frischluftzufuhr; sie pumpten mit Plastik-Benzinkanistern durch eine Reihe zusammengesteckter Schläuche Luft nach unten.

Die Massengesänge wurden häufiger, nachdem man herausgefunden hatte, daß sie ein einfaches Mittel darstellten, um den Lärm der Tunnelgräber bei Nacht zu übertönen, besonders wenn sie sich durch eine harte Gesteinsschicht beißen mußten. Zudem ließen sich die Gefangenen alle möglichen Arten musikalischer «Begleitung» zu ihren Gesängen einfallen; so trommelten sie etwa auf die Blechwände der Abtritthäuschen oder schlugen Töpfe und Pfannen zusammen.

Binnen einer Woche war ein großer Abschnitt fertig. Der Tunnel war beinahe einen Meter breit und ungefähr 75 Zentimeter hoch. Seine Decke war mit Dauben von Holzkübeln und Blechstreifen von den Abtritten und Duschen verstärkt.

Gegen Ende dieser Woche kam es zu einem Unglücksfall. Beim Graben wurde versehentlich ein Wasserrohr aus Asbestbeton beschädigt, und der Tunnel wurde überflutet. Die Gefangenen begannen das Wasser mit Benzinkanistern auszuschöpfen und entwickelten urplötzlich gewaltigen Eifer beim Gießen der Blumenrabatten. Es war indessen alles vergebens. Der Tunnel stürzte ein.

Sie mußten wieder ganz von vorn beginnen, und das war nicht einfach. Ta'mari versuchte die Männer davon zu überzeugen, daß sich ihre Erfahrung zumindest bei neuen Versuchen an anderem Ort bezahlt machen werde. Immerhin hatte er in einem Punkt völlig recht behalten: Alle Energie, die zuvor in die politische Selbstzerfleischung gegangen war, floß nun in die «Bautätigkeit».

Oberstleutnant Shatz behauptete später, «daß wir schon drei oder vier Tage, nachdem sie mit dem Buddeln begonnen hatten, Bescheid wußten. An einem Tag haben sie in sechs Sektoren gleichzeitig mit dem Graben begonnen. Nach unserer Schätzung mußten sie pro Tunnel ungefähr dreißig Kubikmeter Aushub zutage fördern und verteilen. Bei einem Tempo von einem

Meter pro Tag hätten sie etwa einen Monat gebraucht, bis sie fertig gewesen wären. Wir entschlossen uns, die Sache im Auge zu behalten und abzuwarten.

Als eine Woche herum war, hatten sich die hohen Blumenrabatten und Gemüsebeete allerorten gewaltig vermehrt. Ta'mari bat um mehr Saatgut. ‹Warum nicht?› habe ich ihm geantwortet. ‹Dann haben Sie wenigstens jede Menge Frischgemüse.›

Man sah richtig, wie der Boden in den Zelten immer höher wurde. Die Matratzen waren ständig eingestaubt. Wir sagten aber noch nichts. Dann kamen eines Tages die Leute, die an den Abwasserpumpen arbeiteten, an und beschwerten sich, daß die Pumpen immer wieder verstopft seien. Es paßte alles zusammen. Ich ließ Ta'mari rufen.

‹Setzen Sie sich erst mal›, habe ich zu ihm gesagt, ‹und hören Sie zu. Sie haben einmal gesagt, wir spielten Poker, aber mit offenen Karten... und jetzt buddeln Sie Tunnel. Glauben Sie etwa, wir wüßten das nicht?›

Ich führte ihn nach draußen, gab ihm einen Kopfhörer, der an seinem Sensor hing, und sagte: ‹Hören Sie mal. Das ganze Lager ist ein einziger Ameisenhaufen. Alles buddelt. Morgen früh will ich, daß alle mit ihren Sachen am Tor antreten. Ich werde die Tunnel zerstören lassen.›

Ta'mari gab sich gar nicht erst die Mühe, den Sachverhalt abzustreiten. Er sagte nur: ‹Jeder Gefangene hat ein Recht auf Flucht!›

Ich habe ihm darauf geantwortet: ‹Das ist keine Frage von Recht oder Unrecht. Es ist eine Gewissensfrage. Wenn Sie sie weitermachen lassen, gehen die Toten auf Ihr Gewissen, nicht auf unseres. Wenn Sie stiften gehen wollen – nur zu. Unsere Jungs werden in beiden Fällen froh sein – ob Sie entkommen oder ob Sie draufgehen.›»

Am nächsten Morgen wurde ein riesiger Betonmischer in den Sektor Nr. 20 gefahren und der Tunnel versiegelt. Die Männer standen schweigend und verängstigt dabei. In den anderen Sektoren ging das Graben weiter.

Shatz fuhr fort: «An diesem Samstag – es mußte am Sabbat sein, wenn sie glaubten, daß wir die Feiertagsruhe hielten – entschlossen wir uns, einen Sektor mit Tränengas zu räumen. Dann begannen wir nach der Tunnelöffnung zu suchen, doch sie war gut getarnt, unter einer Matratze, die mit Brettern und Erde bedeckt war. Dann haben wir den Tunnel zubetoniert. Wir beschlossen daraufhin, uns einen Sektor nach dem anderen vorzuknöpfen und sie alle der Reihe nach dichtzumachen.

«Beim Treffen des Lagerstabes an diesem Tag beschlossen wir, als nächstes die Sektoren Nr. 13 und Nr. 8 dranzunehmen. Wir evakuierten also die Gefangenen von Nr. 13 und versiegelten den Tunnel. Aber aus irgendeinem Grund verschoben wir die Arbeiten an Nr. 8 auf den nächsten Tag.»

In dieser Nacht floh eine Gruppe von Gefangenen aus dem Sektor Nr. 8. Der Tunnel war etwa 25 Meter lang und endete hinter dem Außenzaun. Das Dorf Ansar war etwa fünf Kilometer vom Lager entfernt. Ta'mari behauptet bis heute, es seien um die fünfzig Leute entkommen. Shatz dagegen beharrt auf zwölf. Jedenfalls bezogen die israelischen Kräfte nach Entdeckung der Flucht Positionen um das Gebiet und gaben aus Maschinenwaffen Sperrfeuer ab. Vier Gefangene wurden getötet, ein weiterer wurde im Tunnel gefangen. Vier Männern gelang es, sich nach Damaskus durchzuschlagen, und weitere drei erreichten andere Zielorte.

«Danach», berichtete Shatz, «haben wir die Arbeiten im Galopp zu Ende geführt. Wir haben sämtliche Insassen rausgeholt und alle Tunnel dichtgemacht.»

Ta'mari behauptet, daß der Gefangene, der im Tunnel erwischt wurde, die ganze Sache vermasselt habe. «Er war der letzte in der letzten Gruppe. Vierzig Leute waren bereits draußen und warteten auf die letzten. Es war vorher abgesprochen worden, daß sie sich hinter dem Erdwall in der Nähe des Wadis sammeln sollten. Trotz strikter gegenteiliger Befehle hatte der letzte beschlossen, seine ganze Habe mitzunehmen. Er hatte alles in eine Decke gepackt. Die Decke blieb im Stacheldraht hängen, und der ganze Inhalt fiel heraus. Bei dem Versuch, die Decke loszubekommen und seine Sachen einzusammeln, hat er anscheinend dermaßen viel Krach gemacht, daß ihn die israelischen Wachen bemerkten und das Feuer eröffneten. Er rannte in den Tunnel zurück und wurde dort erwischt.»

Laut Ta'mari verirrten sich vier Gefangene und landeten in Mukhtara, dem Dorf des Drusenführers Walid Jumblatt. Von dort aus versuchten sie, in einem Ambulanzwagen der drusischen Miliz Beirut zu erreichen. Der Ambulanzwagen wurde jedoch von einer Einheit der israelischen Armee gestellt, die auf der Suche nach den Flüchtlingen war. Die Israelis eröffneten das Feuer auf das Fahrzeug, erschossen zwei der Flüchtlinge und verwundeten die beiden anderen. Die beiden Verwundeten wurden nach Ansar zurückgebracht. Allen anderen, so behauptet Ta'mari, sei die Flucht gelungen. Einige hätten sich sogar an den Kämpfen in Tripoli beteiligt. Andere hätten später einen Angriff auf die Wachen um Ansar geplant, der fehlgeschlagen sei. Sie seien erneut gefangengenommen und ins Lager zurückgebracht worden.

Die Tunnel waren nicht die einzige Fluchtroute in der Geschichte von Ansar. Einmal wurde versucht, sich im Müllwagen zu verstecken. Ta'mari zufolge versteckten sich acht Gefangene unter dem Unrat, der regelmäßig in das Wadi außerhalb des Lagers gekippt wurde. «Einer der Männer konnte nicht warten, bis der Laster den Müllplatz wieder verlassen hatte», berichtete er. «Er wühlte sich auf der Stelle heraus und wurde vom Fahrer im Rückspiegel entdeckt. Der Fahrer rannte ihm nach, fing ihn ein und brachte ihn ins Lager zurück.»

Shatz behauptet dagegen, es sei nur einem Mann gelungen, auf diesem Weg zu entkommen. Gleich, welche Zahl stimmte – der Müllwagen wurde danach stets überprüft.

Bei einer anderen Gelegenheit glückte eine weitere Flucht – in einer Märznacht des Jahres 1983, als das Lager für etwa zwanzig Minuten ohne Wachen war. Ein Gefangener nutzte ganz einfach die Gunst der Stunde, sprang über den Zaun und verschwand in der Dunkelheit. Shatz macht einen Irrtum für diese Flucht verantwortlich. Üblicherweise mußte der diensthabende Wächter auf seine Ablösung warten und durfte erst dann seinen Posten verlassen. An diesem Tag waren frische Reservisten im Lager eingetroffen, die eine neue Regelung einführten: Der Wächter, dessen Dienst zu Ende war, verließ seinen Posten und weckte seine Ablösung. In der Zwischenzeit waren sämtliche Posten verwaist.

Die Frage bleibt, warum nur ein Mann aus dieser Situation Nutzen zog. Ta'maris Antwort war einfach: «An diesem Morgen hatte Dr. Herbert Emmery, der österreichische Vermittler beim Gefangenenaustausch, Ansar einen Besuch abgestattet. Die Männer, die ihn gesehen hatten, glaubten fest daran, daß der Austausch in wenigen Tagen stattfinden würde und es daher eine Dummheit wäre, wegen einiger zusätzlicher Tage in Freiheit das Schicksal herauszufordern.»

Am 6. Juni 1983 jährte sich der Kriegsbeginn zum erstenmal. Shatz war überzeugt, daß es an diesem Tag zu irgendeiner Form des Massenprotests kommen werde. Er tippte darauf, daß die Gefangenen beginnen würden, *en masse* den Zaun zu ersteigen. In Erwartung dessen ordnete er für alle, die in Ansar für die Sicherheit zuständig waren, Alarmbereitschaft an. Sein Befehl war unmißverständlich: «Wenn tausend Mann zugleich auf die Zäune steigen, bleibt uns nichts anderes übrig, als das Feuer zu eröffnen.» Der Protest nahm allerdings eine vollkommen andere Form an. Ta'mari, der dahintersteckte, ist nicht sonderlich stolz auf das, was tatsächlich geschah.

Der Hauptzweck der Übung war, Ansar wieder in die Schlagzeilen zu bringen. Den April und Mai hindurch waren die Verhandlungen über den Gefangenenaustausch zügig vorangekommen, und die Gefangenen hegten hochgespannte Hoffnungen. Ende Mai gerieten die Verhandlungen dann aber in eine Sackgasse. Die kollektive Frustration der Gefangenen machte sich am 6. Juni Luft. Gegen sieben Uhr abends ging ganz Ansar in Flammen auf.

Die Operation lief jedoch nicht ganz nach Plan. Die Männer aus dem Sektor Nr. 25 hatten vorgeschlagen, das ganze Lager niederzubrennen und eine Botschaft diesen Inhalts an den Gefangenenrat übermittelt. Das Komitee trat zur Beratung zusammen, und Ta'mari machte den Vorschlag, nicht alle Zelte auf einmal anzuzünden, sondern statt dessen jeweils ein Zelt in jedem Sektor zur gleichen Zeit anzustecken; die weiteren Zelte sollten dann je nach der Reaktion der Israelis an die Reihe kommen. Der entsprechende Befehl wurde über die Lagerpost in Umlauf gesetzt. Als die Zeit für den Beginn des Feuerwerks gekommen war, waren die Insassen des Sektors Nr. 25 zu dem Schluß gelangt, daß ihr ursprünglicher Plan doch besser war; also setzten sie ihn in die Tat um. Die Feuersbrunst in Nr. 25 erwies sich als ansteckend; bald folgten sämtliche übrigen Sektoren. Fackeln wurden in das Öl für die Heizöfen getaucht und zum Anstecken der Zelte benutzt. Bald darauf brannte das gesamte Lager – mit Ausnahme der Krankenzelte, der Küchen und des Zelts des Vereinigten Oberkommandos.

Die israelischen Soldaten waren von diesem Anblick verblüfft, aber sie hatten ja von ihren Vorgesetzten den Befehl, nicht einzugreifen. Sie standen einfach auf dem Erdwall und sahen zu, wie das Lager abbrannte. Der Anblick dieses gewaltigen Sonnwendfeuers hatte etwas nahezu Surrealistisches.

«Von der Tatsache einmal abgesehen, daß sich der Schaden auf rund zwei Millionen Dollar belief», erinnerte sich Shatz, «hat sich niemand wirklich aufgeregt. Sie schadeten sich mehr als uns. Es war bereits Sommer, und sie hatten sich gedacht, sie könnten genausogut im Freien schlafen, was für den Augenblick ja auch stimmte. Wenn der Sommer jedoch vorüber war, würde es auch wieder regnen. Wir mußten irgendwann neue Zelt heranschaffen, aber eilig hatten wir es damit nicht gerade. Die konnten ruhig ein wenig im eigenen Saft schmoren.»

Nach dem Feuer änderte sich der Anblick von Ansar erheblich. Das Lager, in dem einmal große Feldzelte gestanden hatten, war nun statt dessen mit Tausenden winziger, von den Gefangenen aus Decken improvisierten Zeltchen und anderen, vom Erfindungsgeist ihrer Erbauer zeugenden «Unterkünften» übersät. Die meisten Zwischenzäune aus Stacheldraht besaßen kaum mehr als Erinnerungswert. Die Gefangenen hatten sie mit bloßen Händen abgebaut und den Draht zur Anfertigung von Werkzeug, Stützen und dergleichen verwendet.

Eine Neuordnung des Lagers war zwingend geboten. Die Armee entschloß sich daher, die Militärpolizei von ihrer Zuständigkeit für Ansar zu entbinden und reguläre Einheiten an deren Stelle treten zu lassen. Die Verantwortung für das Lager wurde General Amir Drori übertragen, dem Chef des Nordabschnitts, der Oberst Yaacov Cafri zum Lagerkommandanten ernannte. Cafri war Kommandeur einer Panzerbrigade.

«Die Militärpolizei kam mit dem Lager nicht mehr zurecht», erinnerte sich General Nativ. «Sie gaben das sogar selber zu. Die meisten Männer kamen aus der Reserve, und ihre Dienstzeit betrug zwischen neunzig und hundert Tagen. Die Männer hielten es einfach nicht aus. Sie waren total demoralisiert. Der Generalstab war der Ansicht, daß frische, reguläre, vor allem aus jungen Soldaten bestehende Einheiten besser geeignet wären, die Situation in den Griff zu kriegen. Die Gefangenen sollten den Unterschied zu spüren bekommen: Statt Militärpolizisten mit Schlagstöcken patroullierten nun bewaffnete Soldaten durch das Lager.»

Die Reorganisation des Lagers kostete etliche Millionen Dollar und umfaßte auch die Erneuerung der Sektoren und der Innenzäune. Die neuen Zelte sollten auf Asphalt stehen, um weiteren Buddelaktionen vorzubeugen. Der Morgenappell, der sich schlichtweg ins Nichts aufgelöst hatte, wurde wieder eingeführt. Alle Schlupflöcher, im übertragenen wie im wörtlichen Sinn, sollten gestopft werden.

Zur Erreichung dieses Zwecks mußten bestimmte Vorkehrungen getroffen werden. Ungefähr zwei Kilometer vom Lager entfernt befand sich ein aufgelassener Steinbruch, der von den Gefangenen «Wadi Jehennon» – «Tal des Todes» – genannt wurde. Es wurde beschlossen, ihn in ein provisorisches Gefangenenlager umzuwandeln. Der Boden wurde mit Kies befestigt, und die Männer sollten schubweise dorthin verlegt werden – zuerst die von Ansar I, dann die von Ansar II. Der bloße Gedanke, daß sie an einen anderen Ort gebracht werden sollten, stieß bei den Gefangenen auf Unwillen, und sie mußten mit Gewalt herausgeholt und in geschlossenen Fahrzeugen abtransportiert werden.

Wie sich herausstellte, waren die Lebensumstände dort angenehmer als in den Resten des alten Lagers. Innerhalb der Grenzen des neuen Lagers konnten sich die 2500 Gefangenen frei bewegen. Shatz bezeichnete es stets als «Sommerfrische».
Nur hatten die «Sommerferien» schließlich ein Ende. Es war an der Zeit, wieder an den gewohnten Ort zurückzukehren. Dieser «gewohnte Ort» allerdings war einer völligen Runderneuerung unterzogen worden. Die Zäune waren neu gezogen und verstärkt worden. Die neuen Zelte standen in Reih und Glied auf undurchdringlichem Boden. Was ein sich selbst überlassenes Chaos gewesen war, sollte zu rigider Ordnung zurückfinden.
Shatz war der Ansicht, daß es Widerstand geben würde, wenn die Gefangenen zurückgebracht werden sollten; er rief deshalb das Komitee zusammen und fragte: «Wollen Sie freiwillig zurück oder müssen wir Gewalt anwenden?»
Ta'mari antwortete: «Wir kehren geordnet zurück, wie sich das für Soldaten gehört.»
Die Rückfahrt erfolgte auf offenen Lastwagen, und alle machten willig mit.
Ob Ta'mari wußte oder nicht, daß dieses Kapitel ein Nachspiel haben würde, bleibt der Mutmaßung überlassen. Shatz ist bis heute davon überzeugt, daß er es wußte. «Das Blutvergießen, das der Räumung – bzw. Nicht-Räumung – des Steinbruchs folgte, lastet auf Ta'maris Gewissen, nicht auf dem unseren.»
Die Räumung ging friedlich zu Ende, doch Shatz war sich sicher, daß sie nicht vollständig gewesen war. «Was hätte ich als Gefangener wohl getan?» fragte er sich immer wieder, und er kam zu dem Schluß, daß er versucht hätte zu entfliehen. Zumindest einige der Gefangenen, so war er sich sicher, waren zurückgeblieben, versteckten sich im Steinbruch und warteten darauf, sich aus dem Staub zu machen, sobald der letzte Soldat sich verzogen hatte. Er ließ das Komitee noch einmal zu sich rufen.
«Ist noch jemand dort? Sagen Sie's mir lieber jetzt. Wir werden den Platz nämlich mit Bulldozern umpflügen. Wer jetzt noch

dort ist, kommt nicht ungeschoren davon.» Das gesamte Komitee war der Ansicht – oder behauptete jedenfalls –, daß niemand mehr da sei. Shatz erneuerte seine Warmung: «Ich werde jeden Winkel dieses Steinbruchs unter Feuer nehmen lassen. Die Verantwortung für Verwundete liegt ganz bei Ihnen.» Das Komitee wiederholte seine Versicherung, daß alle mitgekommen seien.
Shatz war noch immer nicht zufrieden. Er ließ Oberst Abu el-Fida holen und stellte ihm dieselbe Frage. Er wußte, daß el-Fida seinen eigenen Anhang hatte. Seine Antwort lautete jedoch auch nicht anders als die des Komitees. Seinen abschließenden Appell richtete er an Dr. 'Emad, der häufig als letzter Mittler zu den Gefangenen diente. Er wußte ebenfalls von nichts.
Nun hatte Shatz den Eindruck, mit reinem Gewissen an die Arbeit gehen zu können. Er befahl einer Kompanie, das Wadi mit Maschinengewehrfeuer einzudecken. «Plötzlich tauchten hinter einem Schutthaufen zwei Gefangene auf», erinnerte er sich. «Einer von ihnen war am Kopf verwundet, der andere am Bein. Ihre Schreie waren furchtbar.»
Die beiden Verwundeten wurden in einem Krankenwagen nach Ansar zurückgebracht. Shatz ließ das Komitee wieder antreten. «Schauen Sie sich diese Burschen an», sagte er und deutete auf die Verwundeten. «Wenn Sie noch welche zurückgelassen haben, dann können Sie sich sicher sein, daß sie tot zurückkommen und nicht als Verwundete.» Das Komitee hatte immer noch nichts zu sagen.
Shatz fuhr fort: «Ich hatte nicht die Absicht, auch nur einen von meinen Leuten in Gefahr zu bringen. Ich habe ihnen also erklärt: ‹Wir werden nicht nach Gefangenen suchen. Wir werden den Platz nur unter Beschuß nehmen und dann ordentlich was von der Luftwaffe reinschütten lassen.› Ta'mari hat selbst danach keine Miene verzogen.»
Eine Kompanie rückte in das Wadi ein und nahm es von allen Seiten und aus sämtlichen Richtungen unter Maschinengewehrfeuer. Dann kam ein gigantischer D 8-Bulldozer, um das Gelände einzuebnen. Plötzlich grub sich der Bulldozer auf einer

Schaufelseite ein. Der Fahrer stoppte, schaltete in den Rückwärtsgang, rollte zurück und erlitt einen Schock: der Kopf eines Menschen war ihm vor die Schaufel gerollt.
«Da haben wir zu graben angefangen», erzählte Shatz, «und sind bald auf Gliedmaßen gestoßen. An diesem Punkt beschloß ich, nicht weiterzumachen. Wer da drunten war, war sowieso tot. Ich ließ Ta'mari und das übrige Komitee und Abu el-Fida, Dr. 'Emad und einen der Mukhtars holen. Ich beschloß, sie weitergraben zu lassen. Sie haben ein paar Stunden gegraben und vier zerquetschte Körper freigelegt, die sie alle identifizieren konnten.»
Schließlich wurde das Rote Kreuz herbeigerufen. «Ich habe Ihnen erklärt, daß wir die Führer der Gefangenen wiederholt gewarnt und daß sie die Zusammenarbeit verweigert hätten. So ist es eben gewesen», schloß Shatz mit einem Schulterzucken.
1984, ein Jahr nach Abschluß des Gefangenenaustauschs, veröffentlichte der jordanische Journalist Salim el-Juneidi in Amman ein Buch mit dem Titel ‹*Das Gefangenenlager Ansar*›. Die Aussagen, die es enthielt, stammten von ehemaligen Insassen, darunter auch Salah Ta'mari. Der oben geschilderte Vorfall wird folgendermaßen dargestellt:
«Vier Gefangene gruben sich einen Bunker, in dem sie sich verstecken wollten, wenn die Rückverlegung in die Sektoren kam. Sie glaubten, daß sie nach der Räumung fliehen könnten. Sie setzten Ta'mari von ihrem Plan in Kenntnis, und Ta'mari riet ihnen, ihn schleunigst zu vergessen. Er sagte ihnen, daß es erstens gefährlich sei. Zweitens sei er der Ansicht, daß der Austausch in naher Zukunft stattfinden werde. Die vier Männer wollten jedoch nicht auf ihn hören. Sie blieben in ihrem Bunker zurück. Als sie den Bulldozer auf sich zufahren sahen, bekamen sie es mit der Angst zu tun, lebendig begraben zu werden. Sie kamen also mit erhobenen Händen heraus und bedeuteten dem Fahrer per Handzeichen, er solle anhalten. Er hielt jedoch nicht an, und sie wurden vom Schaufelblatt zerstückelt.»
Der Autor merkt dazu an, daß der Fahrer des Bulldozers am selben Morgen die Leichen der israelischen Soldaten geborgen

hatte, die im Gebäude der Militärverwaltung von Tyrus umgekommen waren. Das Gebäude war nach der Explosion eines mit Sprengstoff präparierten Wagens eingestürzt. «Als er an diesem Abend nach Ansar geschickt wurde, fand er die Gelegenheit, seine Rachsucht zu befriedigen.»

Das neue Regiment wurde in dem total erneuerten Gefangenenlager strikt durchgesetzt. Es kannte keine Kompromisse. Eine Neuerung war die «weiße Linie». In jedem Sektor wurde zwei Meter vom Innenzaun entfernt eine weiße Linie gezogen. Sie ähnelte der Außenlinie eines Tennisplatzes. Die Gefangenen wurden belehrt, daß die weiße Linie die äußere Begrenzung des Sektors bilde und nicht etwa der Zaun selbst: «Wer die weiße Linie überquert, bekommt eine Kugel.»

Langsam, aber sicher begriffen die Gefangenen, was das bedeutete. Am ersten Tag beschloß ein Gefangener, einmal auszuprobieren, was passierte, wenn er mit den Schuhen auf die Linie trat. Im nächsten Augenblick flogen ihm die Schuhe um die Ohren. «Am nächsten Tag», erinnerte sich Shatz, «probierten sie ein paar andere Spielchen. Einer der Gefangenen ließ einen Ball, mit dem sie spielten, über die Linie rollen. Er ging ihm nach, um ihn zurückzuholen, und bekam dafür eine Kugel in die Hand. Ein anderer, der rund um den Sektor Rad schlug, bekam für seinen Vorwitz eine Kugel in die Ferse.»

In den ersten drei Tagen des neuen Lagerregimes wurden elf Mann verwundet. Doch die Gefangenen fanden sich nicht so schnell damit ab. Der zwölfte zahlte mit seinem Leben. Ta'mari zufolge warf einer der Gefangenen seinem Bruder im benachbarten Sektor einen «Briefstein» hinüber. Der Stein landete im «Niemandsland», und als der Bruder die Hand ausstreckte, um seinen «Brief» aufzuheben, wurde er von einem der Streife gehenden Soldaten in den Kopf geschossen. «Er hat nicht einmal versucht, sich in Sicherheit zu bringen, und selbst wenn er es versucht hätte, wäre der Soldat verpflichtet gewesen, ihn einoder zweimal anzurufen und dann zu schießen – und nur das. Keinen tödlichen Schuß, nur verwunden. Doch dieser Gefangene ist eben auf der Stelle tot gewesen.»

Shatz hat eine andere Version. Er behauptet, daß der Gefangene sich außerhalb des Sektors befand, auf dem Patrouillenweg. «Wann ist für Sie ein Gefangener auf der Flucht – wenn er sich außerhalb des Sektors befindet oder wenn er bereits zu Hause unter der Brause steht?»

Nach dem Tod dieses Gefangenen gab es keinen Versuch mehr, die weiße Linie zu überqueren. «Die Zäune», faßte Shatz das Ergebnis zusammen, «glänzten stets wie ein neuer Shekel. Nicht einmal ein Krümelchen Staub ist mehr über sie rübergekommen.»

Die Genfer Hose

Herbst 1983. Das Lager Ansar bereitete sich auf einen neuen Winter vor, völlig unbeeindruckt, wie es schien, von den intensiven Verhandlungen über den Gefangenenaustausch. Salah Ta'mari und die Israelis in Ansar hatten ein gemeinsames Ziel: jeden Tag mit dem geringstmöglichen Maß an Ärger hinter sich zu bringen.

Der Anschein aber trog: Der bevorstehende Austausch beherrschte die Gedanken eines jeden. Er erzeugte Spannungen im Lager, die sich schon beim Fallen einer Nadel in Gewalttätigkeiten Luft schaffen konnten. Das Warten war unerträglich, besonders jetzt, wo die Verhandlungen auf Touren gekommen waren. Ta'mari war dabei keineswegs nur passiver Zuschauer. Als Vertreter der Gefangenen von Ansar war er schon beinahe ein Jahr an allen Aspekten dieses komplizierten Handels beteiligt.

Im Dezember 1982 hatten sich zwei Vertreter der Konfliktparteien Israel und PLO insgeheim in Wien getroffen. Bei dem Israeli hatte es sich um den früheren Knesset-Abgeordneten Aryeh (Lova) Eliav gehandelt, ein bekanntes Mitglied der Friedensbewegung. Der Palästinenser war Issam Sartawi, ein enger Freund und Berater Arafats.

Es war nicht das erste Treffen der beiden gewesen. Sie waren gemeinsame Träger des Bruno Kreisky-Friedenspreises, und ihre Freundschaft hatte sich seither noch vertieft. Eliav war mit Wissen der israelischen Regierung zu diesem Treffen gereist.

Seine Mission galt zwei Zielen – herauszufinden, was den fünf Israelis zugestoßen war, die seit dem Libanon-Krieg als vermißt galten, und einen Besuch des Internationalen Roten Kreuzes bei den acht in PLO-Gefangenschaft befindlichen Israelis zu arrangieren.

Sartawi setzte Eliav bei diesem Treffen davon in Kenntnis, daß «Salah Ta'mari zum offiziellen Vertreter der PLO-Gefangenen bei den Verhandlungen» ernannt worden sei. Er bat Eliav, seinen «guten Freund» Ta'mari in Ansar zu besuchen, um ihn von der Ernennung zu benachrichtigen und ihm einen Brief zu überbringen. Anschließend gingen Eliav und Sartawi im strömenden Regen zu einer Konfiserie im Herzen von Wien; Sartawi wollte Ta'mari «eine Kleinigkeit schicken, die er besonders mag». Sie erstanden die größte Schachtel Mozartkugeln, die der Laden auf Lager hatte.

In der gleichen Woche noch traf Eliav mit der Schokolade und einer Videocrew in Ansar ein, die das Treffen zwischen Eliav und Ta'mari für Sartawi dokumentieren sollte. Das Videoband sollte der PLO den unwiderlegbaren Beweis liefern, daß die PLO-Gefangenen in israelischer Hand in guter Verfassung waren.

Issam Sartawi und Salah Ta'mari sollten sich nicht wiedersehen. Fünf Monate später, am 10. April 1983, während Ta'mari noch immer im Lager saß, wurde Sartawi von Abu Nidals Leuten in Portugal ermordet.

Nachdem er den Brief Sartawis gelesen hatte, bat Ta'mari die übrigen Mitglieder des Lagerkomitees zu dem Treffen hinzu. Sie kamen und erst, nachdem er ihnen den Brief vorgelesen hatte, war er bereit, sich mit Lova Eliav filmen zu lassen.

Wie stets, wenn er es mit einem Israeli zu tun hatte, zog er den Vergleich zwischen der jüdischen Geschichte und dem, was die Palästinenser heute erlebten. «Wir glauben, daß wir sehr viele Dinge gemein haben. Wir haben ein gemeinsames Erbe. Noch wichtiger aber ist, daß wir eine gemeinsame Zukunft haben. Um uns diese Zukunft zu erkämpfen, brauchen wir auf beiden Seiten tapfere Menschen. Viele werden noch im Kampf um den

Frieden fallen, aber ich glaube zutiefst, daß ihr Opfer nicht umsonst gewesen sein wird.»

Eine seiner wichtigsten Aufgaben in Ansar, fuhr er fort, sei es, den Israelis zu beweisen, daß «wir so intelligent sind wie sie, genauso gebildet, und daß wir dieselbe tiefe Liebe – vielleicht sogar eine tiefere Liebe – für dasselbe Land empfinden».

Eliav unterbrach ihn höflich: «Wir wollen nicht darüber streiten, wessen Liebe tiefer ist. Einigen wir uns darauf, daß sie gleich tief ist.»

Ta'mari weigerte sich jedoch, diesen Punkt zu verschenken: «Einverstanden. Aber halten wir auch fest, daß Ihre Augen für Sie sehr wichtig und meine Augen für mich genauso wichtig sind. Wenn ich mein Augenlicht verliere, wird mir mein Augenlicht noch wichtiger, einfach weil ich es verloren habe. Das ist es, was ich sagen will. Solange ich gezwungen bin, in einem Zelt zu leben, den vier Winden ausgesetzt, ist mir mein zerstörtes Heim um so teurer.»

Ta'mari legte besonderen Wert darauf, Eliav deutlich zu machen, daß niemand – und unter keinen Umständen – «irgendeinen Versuch machen sollte, *mich* vor den anderen freizubekommen! Ich werde der letzte Gefangene sein, der diesen verfluchten Ort verläßt. Ich werde derjenige sein, der die Schlüssel dieses Lagers nimmt und ins Meer wirft. Ich will, daß das absolut klar ist.»

Eliav schlug Ta'mari vor, noch ein paar Worte an Dina zu richten, die sich das Band bestimmt zusammen mit Sartawi ansehen werde. Ta'mari sprach, als ob die Kamera überhaupt nicht vorhanden war. «Es tut mir weh, daß Dina jetzt allein ist. Ihre Mutter ist tot, und ich bin im Lager. Wenn man eine Frau wie Dina hat, dann erwartet man sehr viel von ihr. Man erwartet seelische Größe von ihr. Ich versuche, mich ebenso zu verhalten, denn sonst würde ich sie nicht verdienen. Ich hoffe, daß sie ihre große Tapferkeit behält und nicht die Hoffnung verliert. Wenn ich sage, daß ich der letzte sein werde, der von hier weggeht, dann nicht deshalb, weil ich sie nicht vermisse. Das genaue Gegenteil ist wahr. Sie weiß, daß ich nichts genießen kann, wenn sie es nicht mit mir genießt. Nur weil ich sie liebe, will ich der letzte sein, der geht.»

Das Gespräch zog sich noch lange hin. Die beiden Männer diskutierten über den langen und bitteren Konflikt zwischen Israelis und Palästinensern. Jeder legte vor der laufenden Kamera seine Ansichten zu dieser Frage dar.

Dann gab Ta'mari Eliav einen Brief für Dina und ein paar kleine, handgearbeitete Geschenke: einen Holzkamm, eine Parfumflasche aus Stein und eine Gebetskette aus Olivenkernen. Er selbst weigerte sich, die Schachtel mit den Mozartkugeln auch nur anzurühren. Sie wurden statt dessen an Kranke im Lager verteilt.

Eliav ging mit seinen Eindrücken von Ansar, Ta'mari und dem Videoband, um Sartawi ein weiteres Mal zu treffen, diesmal in Paris. Sartawi brachte Dina zu diesem Treffen mit.

Als Eliav das nächste Mal nach Ansar kam, hatte er einen Brief von Dina in der Tasche:

«Ich bin soeben in Paris eingetroffen und auf direktem Weg zu Sartawis Wohnung gefahren, wo ich einen Freund traf, der die Freundlichkeit hatte, Dich zu besuchen. Ich habe die Geschenke erhalten und auch das Videoband, das ich mir noch nicht angesehen habe, weshalb ich jetzt noch nichts dazu sagen kann. Wir versuchen, noch heute abend ein Videogerät aufzutreiben, damit wir es uns ansehen können. Wenn es mir nicht gelingt, dann sehe ich es mir in Kairo an. Ich fliege noch heute nacht zurück.

Die Verhandlungen ziehen sich nun schon so lange hin! Ich flehe zu Gott, daß er mir die Stärke gibt durchzuhalten, solange Du fort bist, die Stärke und die Geduld und den Glauben – all das, was Du immer im Überfluß besessen hast.

Du kannst Dir sicher sein, daß ich jeden Stein umgedreht habe. Ich bin alle paar Tage in einem anderen Land, manchmal sogar jeden anderen Tag. Diese Möglichkeit, Dir einen Brief zukommen zu lassen, erscheint mir wie ein Wunder, eines dieser vielen Wunder unseres gemeinsamen Lebens. Deine Reinheit und Dein Glaube an Anstand, Vernunft und Gerechtigkeit geben Dir ein Recht auf Wunder. Ich werde Dich niemals enttäuschen.

Alia und ich setzen uns hin und schreiben Dir jedesmal, wenn wir das Bedürfnis haben, Dir etwas zu sagen. Unsere einzige Hoffnung besteht darin, daß Du alles wirst lesen können, wenn Du bald gesund wieder zu uns zurückkehrst. Alle guten Wünsche und alle Liebe dieser Welt sind nichts gegen das, was in meinem Herzen ist. Ich bin in meinen Gebeten ganz bei Dir. Mein Herr segne Dich, schütze Dich und beschleunige Deine Freilassung.» Der Brief war wie immer mit «D.» unterschrieben.

Nach der offiziellen Ernennung wurde Ta'mari – und durch ihn die übrigen Gefangenen – über den Fortschritt der Austauschverhandlungen auf dem laufenden gehalten. Eliav berichtete ihm regelmäßig, wie auch andere Israelis, die auf die eine oder andere Weise mit der Sache zu tun hatten.

Im Januar 1983 benannte die PLO ein eigenes Team unter der Leitung von Oberst Abu Ziyad, das für sie verhandeln sollte. Die Israelis beriefen den Rechtsanwalt Aryeh Marinsky zum Leiter des israelischen Teams. Die «Annäherungsgespräche» – wie sie genannt wurden – fanden in Wien statt, mit Hilfe von Dr. Herbert Emmery, Berater des österreichischen Bundeskanzlers Kreisky. Die Leute von der PLO saßen in einem Raum, die Israelis in einem anderen, und Emmery pendelte zwischen ihnen hin und her und bügelte die Anlaufschwierigkeiten aus. Die Verhandlungen dauerten beinahe ein Jahr, und es war Emmery zu verdanken, daß sie schließlich mit einem Erfolg endeten, nachdem er selbst schon zum österreichischen Botschafter in Griechenland ernannt worden war.

Die Bedingung, die die PLO für die Freilassung der sechs Israelis stellte, war die Freilassung sämtlicher Insassen von Ansar und weiterer 1250 Palästinenser, die vor Gericht gestellt und verurteilt waren und derzeit ihre Strafe in israelischen Gefängnissen verbüßten. Eliav wurde eine Liste sämtlicher 1250 Gefangenen übergeben. Es war diese Forderung, die sich bei den Verhandlungen als das dornenreichste Problem erwies.

Die Israelis wiederum bestanden darauf, daß auch die beiden

Gefangenen, die sich in der Gewalt von Ahmad Jibril befanden, in den Austausch einbezogen werden müßten. Den beiden war, wie man sich erinnern wird, bis dahin nicht einmal ein Besuch von seiten des Roten Kreuzes erlaubt worden. Der erste Hoffnungsschimmer zeigte sich im Frühjahr 1983, als die Gespräche zwischen Israel und der PLO nach Genf verlegt wurden.

Marinsky war inzwischen schwer erkrankt und durch einen anderen Rechtsanwalt und früheren Justizminister, Shmuel Tamir, ersetzt worden. Vor der Abreise der neuen Delegation nach Genf wurde Ta'mari zu einem Treffen mit Tamir nach Tel Aviv gebracht. Das Treffen war vom Lagerkomitee genehmigt worden. Ta'mari wurde aus diesen Anlaß erlaubt, sich neu einzukleiden, und er zog sich eine von jenen Cordhosen an, die ihm Dina mitgebracht hatte. Diese Hose bekam von den Ansar-Insassen den Spitznamen «Bantalon Geneva» – «Genfer Hose» – verpaßt. Ab nun war, wenn Ta'mari Ansar in seiner Cordhose verließ, jedermann klar, daß er an einer Sitzung teilnahm, die mit den Verhandlungen zu tun hatte.

Als die beiden Delegationen dann in Genf durch Vermittlung der Österreicher und des Roten Kreuzes in die Verhandlungen eintraten, befanden sich in der PLO-Delegation auch Mitglieder der Organisation von Jibril. Sie waren alle in der Genfer PLO-Vertretung untergebracht. Der Chef der Palästinenserdelegation war Muhammad Ramlawi, ein alter Freund Ta'maris.

Als Eröffnungszug bot Israel die Freilassung von 2000 Ansar-Insassen an. Die Erwiderung der PLO fiel offensiv aus: Dafür kriegt ihr einen Soldaten und zwei Leichen. Die Israelis fanden, daß – selbst wenn man mit harten Bandagen verhandelte – ein Mindestmaß an Anstand gewahrt bleiben müsse. Nach ihrem Empfinden hatte die PLO die Grenzen des guten Geschmacks überschritten; sie packten die Koffer und flogen nach Hause.

Ta'mari weigerte sich zu glauben, daß der Fehlschlag auf das Konto der Palästinenser ging. Oberst Shatz forderte ihn auf, ruhig das Radio in seinem Wagen anzumachen. «Stellen Sie jeden Sender ein, den Sie wollen – BBC, Monte Carlo!» Ta'mari hörte die Nachrichten von Radio Monte Carlo: Die PLO beschuldigte

Israel, für den Abbruch der Verhandlungen verantwortlich zu sein. Die israelische Version der Geschichte erfuhr er ein paar Tage darauf von Shmuel Tamir.

Ta'mari wollte seinen Kameraden in Genf den Standpunkt der Ansar-Insassen in aller Deutlichkeit klarmachen. Um dies tun zu können, bat er um Erlaubnis zu einem Gespräch mit der PLO-Delegation in Genf. Tamir war einverstanden. Ta'mari nahm über das Telefon im Büro von Shatz mit Genf Kontakt auf. Er bekam Ramlawi an den Apparat.

Ta'mari schilderte seinem alten Freund den Ernst der Lage in Ansar. Die Männer könnten schon beim Fallen einer Nadel explodieren, manche stünden am Rand des Nervenzusammenbruchs, manche seien bereits zusammengebrochen, das Lager sei ein Dampfkochtopf ohne Ventil. Israel, berichtete er seinem Freund, richte sich schon auf den kommenden Winter ein, und die ganze Verzweiflung und Enttäuschung der Gefangenen werde sich diesmal nicht nur gegen die Israelis, sondern auch gegen die PLO-Führung richten. Er bat Ramlawi, Arafat von ihm auszurichten, daß die Tausende Gefangenen von Ansar das Gefühl hätten, die PLO halte den Fortschritt der Verhandlungen auf, ziehe die Dinge unnötig in die Länge und pokere zu hoch. «Sag dem ‹Khityar› – dem ‹Alten› [Arafats Spitzname; d. Verf.] –, er soll einmal eine Minute an die Tausende von Leuten denken, die hier leiden, und an die Familien, die darauf warten, daß sie endlich nach Hause kommen.» Die Verhandlungen indes lagen weiter auf Eis.

In dieser Zeit geschah in Ansar etwas wirklich Haarsträubendes. Ta'mari schrieb es der Verzweiflung zu, die die meisten Gefangenen ergriffen hatte.

Unter den Insassen waren auch drei Ägypter, die sich bei Ausbruch des Krieges in Sidon aufgehalten hatten. Sie waren von den Israelis aufgelesen und – weil sie sich nicht ausweisen und keine einleuchtende Erklärung für ihren Aufenthalt in Sidon geben konnten – zusammen mit den anderen eingesperrt worden. Die drei machten geltend, es gebe keinen Grund, sie in Ansar festzuhalten, weil zwischen Israel und Ägypten Frieden herrsche und sie nichts mit den Terroristengruppen zu tun hätten. Israel konterte, daß sie entlassen würden, wenn Ägypten ihre Freilassung verlange. Ihre Namen wurden der israelisch-ägyptischen Militärkommission übermittelt. Nach drei Monaten kam die Antwort der Ägypter: Nein. Also blieben sie in Ansar. Die Ägypter wiederholten ihr Ansinnen von Zeit zu Zeit. Die Israelis konnten ihnen lediglich versichern, daß sie in dem Augenblick den Ägyptern überstellt würden, wo diese sie haben wollten.

Als die Verhandlungen über den Gefangenenaustausch begannen, waren die drei selig: sie waren überzeugt, in Kürze freizukommen. Als sie jedoch erfuhren, daß die Gespräche abgebrochen waren, befiel sie schiere Verzweiflung. Sie beschlossen, in den Hungerstreik zu treten. Bald wurde klar, daß niemand einen Deut darum gab, ob sie sich zu Tode hungerten oder nicht. An diesem Punkt entschlossen sie sich zu einer drastischeren Aktion – zu etwas, das wirklich alle schockieren würde.

Ohne alle hygienischen Vorkehrungen, von Betäubung gar nicht zu sprechen, nähten sie einander mit dünnem Draht die Lippen zusammen. Ta'mari tobte, und das nicht nur wegen der Barbarei dieser Handlung. «Sie hatten etwas getan, was zu allem im Widerspruch stand, das uns heilig war. Sie waren nichts als drei lausige Typen, die uns alle miteinander als wilde Tiere erscheinen ließen. Dabei hatte alles, was wir in Ansar zu tun versucht hatten, auf den Beweis des genauen Gegenteils gezielt. Wir konnten nicht zulassen, daß uns drei Kriminelle unser Erscheinungsbild in der Öffentlichkeit vorschrieben.» Ta'mari hatte das Image der Gefangenen stets im Auge behalten, selbst dann, wenn die Situation hoffnungslos war.

Am nächsten Tag wurden die drei mit Gewalt aufs Krankenrevier gebracht, wo ihnen ein israelischer Arzt die Drähte entfernte. Eine Woche darauf wiederholten die Ägypter ihr Fakirstück, und der Doktor sah sich gezwungen, ihnen die Drähte noch einmal zu entfernen. Er machte sie allerdings darauf aufmerksam, daß es das letzte Mal gewesen sei.

Die Israelis waren sich des ungeheuerlichen Drucks, der auf den Gefangenen lastete, sehr wohl bewußt und versuchten ihnen das Leben, wo immer das möglich war, ein wenig leichter zu machen. So wurden zum Beispiel jeden Freitag die Tore sämtlicher Sektoren geöffnet und alle Wachen abgezogen. Die Gefangenen durften sich für zwei Stunden frei im Lager bewegen. «Viel Vergnügen!» wünschte ihnen Shatz dann immer. «Macht euch auf die Socken und trinkt Tee mit euren Freunden! Nur – wenn ihr die Pfeife hört, will ich jeden wieder dort sehen, wo er hingehört.»

Shatz tat sein bestes, die Rotkreuz-Gelder zu verbrauchen, die für die persönlichen Bedürfnisse der Gefangenen zur Verfügung standen. Sie bekamen mehr Kaffee, mehr Süßigkeiten, mehr Zigaretten, mehr Getränke (nachdem sie aus Glasflaschen in Plastikbehälter umgefüllt worden waren). Jeder Sektor wählte ein Verteilungskomitee, das dafür zu sorgen hatte, daß alles gerecht verteilt wurde. Als das Lager schließlich aufgelöst wurde, blieben riesige Mengen kandierter Früchte zurück.

Doch während die Gefangenen kandierte Früchte mampften und versuchten, den Tag totzuschlagen, wurde Arafat auf letzte Bastionen in Tripoli zurückgeworfen. Seine Leute lagen pausenlos unter Artilleriebeschuß und mußte eine Position nach der anderen räumen. Ta'mari schickte damals einen Brief an Arafat, in dem es hieß: «Die Freilassung der Gefangenen von Ansar – und zwar gerade jetzt – wird uns nicht nur einen großen Propagandaerfolg bringen; sie wird es uns auch möglich machen, Dir einen ständigen Strom von Verstärkungen nach Tripoli zu schicken!»

In Israel wuchs unterdessen die Sorge um die sechs in Tripoli festgehaltenen Soldaten. Die Gefahr, daß sie in den Kämpfen umkommen konnten, bewegte Israel dazu, die Verhandlungen wiederaufzunehmen, die – wie zuvor – unter der Schirmherrschaft und Vermittlung des Roten Kreuzes und der Österreicher standen.

Diesmal wurde man sich einig. Sämtliche Ansar-Insassen sollten im Austausch gegen die sechs Israelis freigelassen werden.

Arafat stimmte dem Abkommen von Tripoli aus zu, forderte jedoch wenigstens eine Geste Israels: die Entlassung von hundert in Israel abgeurteilten palästinensischen Terroristen.
Israel lehnte ab. Aus der Bitte um eine Geste wurde auf einmal eine unwiderrufliche Bedingung. Also wurden die Verhandlungen, nachdem bereits eine Einigung erzielt war, von neuem abgebrochen. Das Rote Kreuz, das beide Seiten für unnötig starrköpfig hielt, beschloß, von sich aus aktiv zu werden.
Jean Hoflieger, einer der höchsten Rotkreuz-Repräsentanten, flog von Genf nach Damaskus und brach – sämtliche Warnungen in den Wind schlagend – von dort nach Tripoli auf. Er traf mit Arafat zusammen und reiste nach Ansar weiter. Ta'mari bat ihn, Arafat auszurichten, er solle sich nicht stur stellen. «Sagen Sie ihm», bat er ihn, «daß die Leute hier am Ende sind.»
Hoflieger brachte Arafat dazu, seine Forderungen zurückzuschrauben. Arafat wollte sich nun mit 63 zusätzlichen, von ihm selbst ausgewählten Gefangenen zufriedengeben. 26 von ihnen waren von israelischen Gerichten wegen Mordes bei terroristischen Überfällen abgeurteilt worden. Die übrigen 37 waren auf hoher See aufgebracht worden.
Israel war gezwungen, diese Forderung anzunehmen.
Das Verhandlungsteam kehrte nach Genf zurück, doch diesmal zur Abklärung der technischen Einzelheiten der Übergabe.
Sämtliche Ansar-Häftlinge mit Familien im Südlibanon sollten an besonderen Übergabepunkten im Südlibanon freigelassen werden. Alle, die nicht im Libanon bleiben wollten, sollten nach Algerien geflogen werden. Es blieb Ta'mari und dem Komitee überlassen, diese beiden Gruppen zu ermitteln. Nach zwei Tagen war die Aufteilung klar: 1000 Gefangene wollten nach Algerien, die anderen, insgesamt noch 4000, wollten im Libanon bleiben.
Achtundvierzig Stunden vor dem Austausch tauchte ein Großaufgebot von Rotkreuz-Vertretern in Ansar auf. Jeder Gefangene erhielt einen dunkelblauen Trainingsanzug und schneeweiße Turnschuhe.

Am Abend des 22. November 1983 stattete Oberst Yehuda Shatz dem Zelt des Vereinigten Oberkommandos seine letzte Visite ab. Als er vor dem Zaun stand, rief er Ta'mari herbei. Als Ta'mari näher kam, warf Shatz etwas über den Zaun: «Da, fangen Sie!» rief er. Ta'mari fing den Gegenstand im Flug auf. Es war ein schwerer Schlüsselbund. «Öffnen Sie alle Tore», rief Shatz ihm zu, «in allen Sektoren!»

Auf dem schmalen Landestreifen neben dem Lager Ansar standen etliche Herkules-Transportmaschinen der israelischen Luftwaffe bereit. Rund um das Lager warteten einige hundert Busse.

Zuerst wurden die Flugzeuge abgefertigt. Die Gefangenen traten in Reih und Glied an und riefen dem Vertreter des Roten Kreuzes Name und Nummer zu. Nachdem sie von der Liste gestrichen waren, wurden die Gefangenen an Händen und Füßen mit Plastikhandschellen gefesselt. Ta'mari war, wie er geschworen hatte, der letzte, der das Lager verließ. Während er auf wackligen Beinen auf der Bordtreppe der Herkules stand, trat Shatz auf ihn zu, um ihm Lebewohl zu wünschen.

«Hier», sagte er und drückte Ta'mari etwas in die Hand. «Nehmen Sie das da mit. Als Andenken.» Er war der große Schlüssel zum Haupttor von Ansar.

Gegen Mitternacht landeten die Flugzeuge auf dem Flughafen Ben-Gurion, wo drei Boeing 747 der Air France auf sie warteten. Wie vereinbart durften die Jumbos Israel nicht verlassen, bis in Lod die Bestätigung aus Tripoli vorlag, daß die Fatah die sechs israelischen Gefangenen im dortigen Hafen übergeben hatte. Inzwischen stiegen die Gefangenen, nachdem ihnen die Handschellen abgenommen worden waren, in die Flugzeuge. Die Triebwerke heulten auf. Doch die Bestätigung war noch nicht da.

Die Spannung, die in der Luft lag, war regelrecht mit Händen zu greifen. Die Rotkreuz-Leute auf dem Flughafen Lod standen in Funkverbindung mit ihrem Büro in Tel Aviv, das wiederum Genf an der Strippe hatte. In Genf bestand eine weitere Standleitung nach Damaskus, und Damaskus hatte Funkkontakt mit der Fatah-Einheit in Tripoli.

Fünf Minuten vergingen. Zehn, fünfzehn, dreißig Minuten. Die Triebwerke heulten immer noch auf der Startbahn. Erst nach fünfzig nervenzerfetzenden Minuten kam das erlösende Wort. Es war von den Docks in Tripoli zur Hauptstadt von Syrien, von dort nach Genf, weiter nach Tel Aviv und schließlich nach Lod übermittelt worden: Die sechs waren angekommen. Der erste Jumbo hob ab.

Dann die zweite Meldung: Das Boot mit den sechs Israelis hatte das zwölf Kilometer vor der libanesischen Küste ankernde französische Schiff erreicht. Der zweite Jumbo hob ab, mit Kurs auf Algerien.

Von dem französischen Schiff kam die dritte Meldung: «Die sechs Israelis sind auf ein Kanonenboot der israelischen Marine verbracht.»

Erst als auch diese Meldung vorlag, war Ta'mari zum Abflug bereit. Alle anderen waren bereits an Bord. Bevor er die Treppe zur letzten der drei Boeings hochstieg, gaben ihm drei hohe Offiziere der israelischen Armee die Hand.

Ta'mari erkannte nur einen von ihnen, den Chef der Militärpolizei.

Hinter ihnen, im allerletzten Moment, tauchte Uri Goldstein vom israelischen Fernsehen auf, der das ganze letzte Jahr über die Verhandlungen berichtet hatte. Plötzlich sah sich Ta'mari einem Mikrofon und diversen Kameras gegenüber. Auf einen Schlag war alles in helles Licht getaucht. Der Lärm der Triebwerke war ohrenbetäubend, und Ta'mari war von der Arbeit der letzten paar Tage noch stockheiser. Dennoch raffte er sich ein letztes Mal auf. «Ich glaube an die Koexistenz zwischen Juden und Arabern, und ich habe immer daran geglaubt. Ich glaube, daß die Zukunft Großes bringt. Vielleicht nicht die unmittelbare Zukunft und vielleicht auch nicht mehr zu unseren Lebzeiten. Dennoch habe ich einen – vielleicht naiven – Glauben an die Zukunft. Ich glaube ohne jeden Vorbehalt an sie. Es wird der Tag kommen, wo alle in diesem Land zusammen leben und gemeinsam der Gefahr trotzen werden. Wir alle, Juden wie Araber, werden dann sagen: ‹Nie wieder!›

Ich stehe nach wie vor erst am Rand zur Freiheit, und ich will nicht unlogisch werden, weder im positiven noch im negativen Sinn des Wortes. Ich hoffe, daß unsere Erfahrung, meine und die meiner Kameraden, sich als konstruktiv erweisen wird. Ich hoffe, daß die tiefe Wut, die in mir hochkommt, eine konstruktive Wut sein wird. Es macht mich furchtbar wütend, daß menschliche Wesen zum Zusammenleben unfähig sind, und dies trotz der Tatsache, daß sie so vieles gemein haben.
In der ganzen Zeit, die ich hier verbracht habe, habe ich vielen Jden die Hand gereicht. Wir alle sind menschliche Wesen. Ich kann nicht vergessen, daß sich mir in den düstersten Stunden meines Lebens eine jüdische Hand entgegenstreckte. Andererseits gab es Menschen, deren Betragen außerordentlich unjüdisch war. Jude zu sein ist etwas, was man sich erwerben oder verlieren kann. Manchmal habe ich das Gefühl, daß wir, die Palästinenser, uns etwas erwerben, das Sie, die Juden, im Begriff sind zu verlieren.»
Er verbesserte sich sofort: «... daß *manche* von Ihnen ...»
Ta'mari drehte sich um und stieg die Gangway hinauf. Kurz darauf war er außer Sicht. Seine fünfhundert Tage in Israel waren Vergangenheit.

Spät in der Nacht kam ich an diesem Abend aus Ansar nach Hause.
Ich hatte über die Abreise der Gefangenen und das nun verlassene Lager für die Abendnachrichten berichtet. Ta'mari hatte ich nicht zu Gesicht bekommen.
Am 23. November um sechs Uhr morgens war von dem gigantischen Zeltlager nichts mehr übrig bis auf die Decken, die in den Stacheldrahtzäunen hingen, gewaltige Haufen zurückgelassener Kleidung und riesige Abfallhaufen.
Das israelische Fernsehen zeigte immer wieder Bilder von den sechs nach Hause zurückgekehrten Jungs: Danny Gilboa zum Beispiel, wie er von jubelnden Freunden auf den Schultern getragen wurde, und dann von allen übrigen, einem nach dem anderen.

Sechs israelische Mütter waren außer sich vor Freude. Amalia und ich dachten an eine andere Frau. Dina war auf dem Weg nach Algerien, um ihren Mann in die Arme zu schließen.

«Ich will nach Bethlehem zurück»

Am Nachmittag des 23. November 1983 landeten die drei Jumbos der Air France auf dem Flughafen von Algier. Zuvor hatten sie auf Verlangen der algerischen Regierung einen kurzen Zwischenstopp eingelegt: die Algerier wollten keinen direkten Nonstopflug zwischen Israel und Algerien zulassen, nicht einmal unter der Schirmherrschaft des Roten Kreuzes.

Der Flughafen glich einem großen Rummelplatz. Tausende und aber Tausende Menschen hatten sich zur Begrüßung der Gefangenen eingefunden, die Familien der Gefangenen, in der Hauptsache Frauen und Kinder. Es mußten Polizeiketten aufgeboten werden, um die Leute daran zu hindern, den zentralen Platz zu überrennen, auf dem die offizielle Begrüßung stattfinden sollte.

Als die Passagiere ausstiegen, entbot ihnen das Pfeifen- und Trommlerkorps der «Jungen Löwen», Ta'maris Lieblingsprojekt, einen musikalischen Willkommensgruß. Manche der Gefangenen brachen in Tränen aus; andere knieten sich einfach nieder und küßten die algerische Erde.

Als Ta'mari aus der Maschine trat, sah er sich in der Menge nach Dina um; sie war nicht da. Statt dessen wurde er von Abu Ayyad umarmt, der mit einer beachtlichen Anzahl arabischer Würdenträger zu dieser Gelegenheit erschienen war. Der algerische Staatspräsident Shazli Ben-Jadid stach unter ihnen durch seine gewaltige weiße Mähne hervor. Neben weiteren PLO-Leuten und Mitgliedern der algerischen Regierung war auch Nayef Hawatma anwesend. Der größte Teil der höheren PLO-Führer war nicht gekommen. Sie waren anderweitig beschäftigt: Sie schossen gerade in Tripoli aufeinander.

Dina war nicht rechtzeitig eingetroffen, weil ihr Flugzeug aus Genf Verspätung hatte. Die Ironie des Schicksals wollte es, daß ausgerechnet sie nach so vielen tausend Flugmeilen im Laufe der Bemühungen um die Gefangenen während Ta'maris Haftzeit den großen Augenblick verpassen sollte.

In Tel Aviv warteten wir derweil ungeduldig auf Nachrichten. Ich war in den Rundfunkstudios und rannte die Treppen rauf und runter, um die von den verschiedensten Nachrichtenagenturen einlaufenden Meldungen durchzusehen. Amalia tat in der Redaktion von *Yediot Achronot* dasselbe. Wir hatten das nicht so verabredet; wir waren lediglich beide auf das neugierig, was Ta'mari – nach allem, was er hier gesagt hatte – nun sagen würde. Es war in gewisser Weise der Moment der Wahrheit, vielleicht auch eine Probe auf unsere Freundschaft.

Wie zu erwarten gewesen, wurden seine Äußerungen nur teilweise wiedergegeben – die sogenannten «deftigen» politischen Brocken. Die «Garnierung», seine persönlichen Bemerkungen, seine unverwechselbaren Formulierungen, wurde zum Großteil ausgespart.

Auf der zweiten Seite von *Yediot Achronot* erschien unter der Schlagzeile «Früherer Kommandeur der Ansar-Gefangenen erklärt: ‹Ich träume von einer Koexistenz›» ein ziemlich ausführlicher Bericht. Es hieß in diesem Artikel, er wolle – neben seinem Glauben an die Koexistenz und seiner Hoffnung auf ein Zusammenleben von Juden und Arabern in einem demokratischen Palästina – «weiter mit meinen Kameraden gegen die Grausamkeit und die expansionistischen Ziele der führenden Kreise in Israel» kämpfen.

Mit Leuten wie Meir Rosenfeld oder den beiden israelischen Ärzten Shlomo und Portnoy, die in den Krankenrevieren von Ansar gearbeitet hatten, wußten die Nachrichtenagenturen nichts anzufangen. Ta'maris Dankesworte an diese Menschen, mit denen er seine Pressekonferenz in Algerien eröffnete, wurden daher nicht verbreitet. Außerdem sprach er «einigen Israelis», die ihm zu helfen versucht und «große Menschlichkeit bewiesen» hätten, seinen Dank aus. «Ich möchte sie nicht namentlich erwähnen», fügte er hinzu, «weil ich mir nicht sicher bin, ob sie mir dies erlauben würden. Ich bin mir zudem nicht sicher, ob es ihnen schaden könnte.»

Er behauptete auf dieser Pressekonferenz, bestimmte Ansar-Gefangene seien auf dem Weg zum Flughafen «verschwunden» und nicht in die Freiheit entlassen worden. Ihr Fehlen sei erst auf dem Flug von Tel Aviv nach Algerien entdeckt worden. Er richtete einen Appell an das Rote Kreuz, den Vorfall zu untersuchen.

Diese spezielle Behauptung, der damals von Israel widersprochen wurde, fand wenige Monate darauf Bestätigung, nachdem der zweite Gefangenenaustausch mit Ahmad Jibril vonstatten gegangen war. Es kam heraus, daß 60 Mitglieder seiner Organisation, die eigentlich mit den anderen freigelassen werden sollten, tatsächlich heimlich in ein anderes Gefängnis gebracht und als Faustpfand zurückgehalten worden waren. Sie wurden schließlich im Rahmen eines weiteren Austauschs von 1150 Terroristen gegen Nissim Salem, Yoske Groff und Hezi Shai – eines dritten israelischen Gefangenen, der in den Händen Jibrils entdeckt worden war – ebenfalls freigelassen.

Ta'mari trat in Algerien sogleich den Beweis an, daß er weder aus einer politischen Wüste gekommen noch in einer solchen gelandet war. Er bekräftigte seine volle Unterstützung für Arafat und fügte hinzu, daß sämtliche politischen Strömungen in der PLO in Ansar vertreten gewesen seien, aber durchweg alle an die Bewahrung der Einheit der Bewegung geglaubt hätten. Einige der Entlassenen bewiesen unverzüglich, daß ihnen die Unterstützung Arafats das wichtigste Anliegen war: Kurz nach ihrer Ankunft in Algerien brachen sie auf, um sich in Tripoli an den Kämpfen gegen die Rebellen zu beteiligen.

Fünf Tage nach der Ankunft Ta'maris in Algerien erhielten wir Grüße von ihm. Eine in Rom lebende Freundin von Ta'mari und

Dina rief uns an, um uns von ihm auszurichten, daß er uns «nicht vergessen habe und nie vergessen werde».
Während dieser ersten Tage fragten wir uns oft – obwohl wir eigentlich nie darüber sprachen –, wann wir, wenn überhaupt, wohl wieder etwas von Dina hören würden. Die wenigen, die von unserer Bekanntschaft wußten, hatten versucht, uns unsere «Flausen» auszureden. Welchen Grund sollte sie noch haben, den Kontakt mit uns aufrechtzuerhalten, nachdem sie ihren Mann wiederhatte? Israel hatte keinen Platz mehr in ihrem Leben. Sie hatte uns schon auf die verschiedenste Art und Weise gedankt. Salah trat in eine neue, unbekannte Phase seines Lebens ein. Die Haltung so mancher seiner Kameraden zum israelischen Kapitel seines Lebens mußte ein zweischneidiges Schwert sein. Es gab in der Tat eine Menge Gründe für die Annahme, daß das Kapitel «Dina» in unserem Leben abgeschlossen war.
Bis wenige Tage darauf das Telefon klingelte. Es war der dritte Abend des Hanukka, jenes jüdischen Festes, bei dem das Wunder des Öls und der Sieg der Makkabäer über die alten Griechen gefeiert wird. Wir hatten gerade Kerzen angezündet, als der Apparat klingelte. Es war eine Freundin – eine Freundin namens Dina. Sie wollte wissen, wie es uns ginge und uns berichten, was es bei ihr Neues gab. Mit ihrer Wärme und ihrer direkten Art erzählte sie uns von ihren neuen «Sorgen»: «Salah arbeitet vierundzwanzig Stunden am Tag. Ich hatte gedacht, daß wir vielleicht irgendwo in Europa einen kurzen Urlaub machen würden – aber nein. Er muß sich um tausend Dinge zugleich kümmern. Er muß in Tabesa bei seinen Leuten bleiben. ‹Sie brauchen mich dort›, sagt er mir. Was soll ich da schon machen?»
Aufregend war das Leben mit Salah für Dina bestimmt. Leicht war es nie.

Ta'mari blieb etwa vier Monate in Tabesa. Der einstige Vorsitzende des «Komitees für die Verteidigung der Rechte der Gefangenen» in Ansar war jetzt der Vorsitzende des «PLO-Komitees für die Verteidigung der Rechte der Palästinenser», einer neuen, in dem algerischen Lager ins Leben gerufenen Körperschaft.

Hunderte Palästinenser blieben in Algerien. Manche von ihnen blieben, weil sie nirgendwo hinkonnten. Andere blieben, weil sie nicht die nötigen Papiere hatten, um über irgendeine Staatsgrenze zu kommen. Es war zwar richtig, daß sie nun alle frei waren, aber sie lebten nach wie vor in einem Lager hinter Stacheldraht und unter den wachsamen Augen algerischer Soldaten. Wie in anderen arabischen Ländern, die aus Beirut evakuierte Palästinenser aufgenommen hatten, machten sich die algerischen Behörden ihre Gedanken über das Unruhepotential, das die Palästinenser bildeten, und über die Gefahr, die sie für die Stabilität des herrschenden Regimes darstellten. Die Palästinenser konnten sich zwar im Lager völlig frei bewegen, mußten aber von der algerischen Armee eine Sondergenehmigung einholen, wenn sie Ausgang wollten, und diese Erlaubnis mußte von den Lagerbehörden gegengezeichnet werden. Es verstand sich beinahe von selbst, daß Ta'mari Chefkoordinator der verschiedenen Gruppierungen wurde.

Er hatte aber auch noch andere Funktionen zu erfüllen. «Jeder einzelne hatte sein spezielles Problem», berichtete er uns später. «Der eine mußte seine Familie finden oder er mußte ihr helfen, Pässe oder Personalausweise zu bekommen, oder er brauchte medizinische Hilfe. Was immer das Problem war, belanglos oder ernst, die Anlaufstelle war ich. Sie waren einfach daran gewöhnt, mich als so etwas wie eine Amtsperson zu betrachten, und das konnte ich ihnen nicht auf einen Schlag abgewöhnen. Ich mußte bei ihnen bleiben, bis alles mehr oder weniger geregelt war.»

In Wahrheit brauchte er sie so sehr wie sie ihn. Er war über ein Jahr lang der unbestrittene Führer Tausender von Menschen gewesen. Es fiel ihm nicht leicht, diese Position über Nacht aufzugeben. Wer konnte wissen, ob die Zukunft ihm in der Fatah jemals wieder eine solche Stellung bescheren würde? Schließlich war er auf dem Höhepunkt seiner Macht in Ansar der unangefochtene Führer von 10000 Männern gewesen. Es hatte niemals auch nur eine Organisation in der PLO mit so vielen Leuten gegeben.

Jedenfalls tauchten in Tabesa wieder Probleme auf, die ihm schon von Ansar her bekannt waren. So zum Beispiel die Meinungsverschiedenheiten in der Bewegung, die sich in den Kämpfen von Tripoli zeigten, nur daß sie hier noch erbitterter ausgetragen wurden, weil die Führer der verschiedenen Organisationen Zugang zum Lager hatten und den Männern ihre Positionen darlegen konnten.

«Wenn es in Ansar ernstliche Zusammenstöße gab», erinnerte sich Ta'mari, «gelang es mir immer, die Leute abzulenken. Es genügte, wenn einer mit Steinen nach einem israelischen Wächter warf, und schon schlossen sich alle gegen den gemeinsamen Feind zusammen.» In Tabesa gab es niemanden, den man mit Steinen bewerfen konnte, und als es zu Auseinandersetzungen kam, war er sofort und persönlich gefordert.

Die meisten PLO-Leute lebten seit der Evakuierung aus Beirut mit ihren Familien in Algerien. Jetzt kamen auch noch die Familien der ehemaligen Ansar-Gefangenen hinzu, und Ta'mari fiel bald auf, daß Tausende Kinder im Lager herumstreunten und nichts zu tun hatten. Er erkundigte sich bei den palästinensischen Veteranen, warum sie keinen Kindergarten eingerichtet hätten. «Daran haben wir überhaupt nicht gedacht», lautete die Antwort. Außerdem, behaupteten sie, sei kein Platz dafür da.

Also nahm Ta'mari die Sache in die Hand. Er bat darum, die Hälfte des Offiziersklubs zu räumen. Die Offiziere machten bereitwillig mit. «Sie glaubten, ich bräuchte den Platz zur Einrichtung eines Oberkommandos. Ich ließ in der Stadt Spielzeug, einen Fernsehapparat und einiges andere holen. Bei den Familien der Lagerinsassen machte ich zwei gelernte Kindergärtnerinnen ausfindig. Nach ein paar Tagen nahm der Kindergarten von Tabesa seine Arbeit auf.»

Gegen Ende 1983 reiste Yassir Arafat aus Tripoli ab, und das mit einer Überraschung für viele: Er legte einen Zwischenaufenthalt in Ägypten ein und umarmte Hosni Mubarak, den ägyptischen Präsidenten.

Die Extremisten in der PLO – und die gab es auch in Tabesa –

waren der Meinung, solange Ägypten seinen Friedensvertrag mit Israel nicht annulliert hätte, habe Arafat in Ägypten nichts zu suchen. Sein Schritt wurde als Verrat betrachtet. Ta'mari hatte die Möglichkeit eines solchen Schachzugs lange vorausgesehen – er war schon in unserem allerersten Gespräch darauf zu sprechen gekommen –, und schlug sich nun auf die Seite von Arafat. «Die Fortsetzung der Ächtung Ägyptens», meinte er, «hätte Ägypten ja doch nicht dazu zwingen können, seinen Friedensvertrag mit Israel aufzukündigen. Es war die leichteste Sache der Welt, sich der ‹Ablehnungsfront› anzuschließen, die zu allem und jedem nein sagte. Doch die Neinsagerei führt zu gar nichts. Wir mußten uns von allen Scheuklappen befreien, die wir mit uns herumtrugen. Genau das war Arafats Absicht.»

Ta'mari versuchte, den Extremisten seine Haltung zu erläutern. Seiner Meinung zufolge trug Arafats Reise nach Kairo «zur Entwertung des Camp David-Abkommens bei, und zwar durch Annäherung Mubaraks an die palästinensische Position». Später fand Ta'mari in der Intensivierung der antiisraelischen Aktivitäten in Kairo und der zunehmenden Unzufriedenheit in weiten Kreisen der ägyptischen Öffentlichkeit – bei Anwälten, Journalisten, Schauspielern und so weiter – einen «Beweis» für seine Unterstellung, indem er die wachsende antiisraelische Stimmung Arafats Besuch zuschrieb.

Der israelisch-ägyptische Friedensvertrag war Ta'mari seit jeher ein Dorn im Auge gewesen. Im Laufe eines unserer Gespräche in Israel hatte er mir erklärt, er sei der Überzeugung, daß Sadats Strategie letztlich die Aufgabe der Palästinenser bedeutete und er das dem ägyptischen Präsidenten nie verziehen habe. «Mir schien, daß der Begriff Land oder Heimat für Sadat nichts anderes war als ein Brett für einen Zimmermann – man kann es zerschneiden, wie man es gerade braucht, und hier und da etwas abhobeln.» Er gestand mir, der Tag des Besuchs von Sadat in Jerusalem sei einer der düstersten Tage seines Lebens gewesen.

Für mich war es genau umgekehrt, was ich ihm damals auch sagte: «Er war einer der schönsten und aufregendsten Tage meines Lebens.» Ich hatte noch hinzugefügt, ich sei der Meinung, daß er unrecht habe: «Sadat ist es gelungen, die Barriere des Hasses zu durchbrechen und den ersten Friedensvertrag zwischen Israel und einem arabischen Land zustande zu bringen. Und vergessen Sie nicht, daß der Vertrag auch eine mögliche Lösung des Palästinenserproblems andeutet.»

Mir war nicht ganz klar, ob die Haltung Ta'maris zu Arafats Besuch auf eine Änderung seiner grundsätzlichen Haltung hindeutete. Eines immerhin war klar: Ta'mari hatte erkannt, daß der Frieden zwischen Israel und Ägypten ein *fait accompli* darstellte und es wenig Sinn hatte, dagegen anzurennen.

Nach einiger Zeit reiste Ta'mari wieder im Auftrag der PLO durch Europa und in die Vereinigten Staaten. Sein erster Besuch galt Oslo, wo die norwegische Liga für Menschenrechte eine Konferenz zugunsten der Palästinenser organisiert hatte.

In Washington, wohin er zusammen mit Dina gereist war, gewährte das Paar dem ägyptischen Korrespondenten von *Aakhir Sa'ah* ein Interview, in dem unter anderem zu lesen war: «Dina Abd al-Hamid und ihr Gatte, der vor kurzem aus israelischer Haft entlassen wurde, befinden sich als Gäste der Jahreskonferenz des Nationalverbands amerikanischer Araber in Washington. Sie haben die Absicht, mit Hilfe dieser und anderer den Palästinensern wohlgesonnener Organisationen in den Vereinigten Staaten Gelder für die Gründung eines ‹Ansar-Museums› in Washington zu sammeln.»

Ta'mari war die Idee dazu bereits in Ansar gekommen. Das Museum sollte lediglich eine Abteilung eines größeren, dem palästinensischen Erbe gewidmeten Museums bilden. Seine Einrichtung in der Hauptstadt der Vereinigten Staaten sollte nach seiner Meinung zwei Zwecken dienen: Es sollte zum einen die Kunde vom «heroischen Kampf der Palästinenser» in der großen palästinensischen Diaspora in den USA und zum anderen in der gesamten amerikanischen Öffentlichkeit verbreiten und auf diese Weise auch die Augen und Ohren der dortigen Juden und der Israelis erreichen. Ta'mari war sich der scharfen Kritik an Israel – auch von seiten seiner Freunde – im Gefolge des Libanon-Feld-

zugs genau bewußt. Das war die Welle, auf der er reiten wollte.
Während er noch in Ansar war, hatte er alle und jeden gebeten, alles aufzubewahren, was mit dem Lager zu tun hatte – Dokumente, Bulletins, handgearbeitete Gegenstände –, und in Algerien hatte er bei den Ex-Gefangenen so viel zusammengetragen, wie er nur konnte. Aufnahmen einiger im Lager entstandener Kunstgegenstände waren von einem Londoner Fotografen gemacht worden. Ta'mari besaß weitere Bilder von Ansar, die ihm Oberstleutnant Shatz geschenkt hatte. Shatz hatte den Alltag in Ansar mit seiner eigenen Kamera festgehalten. Schließlich hatten einige Gefangene von Israelis Kameras gekauft und sie benutzt, bis ihnen der Film ausgegangen war.
Das Museum existiert noch nicht, und dies keineswegs wegen mangelnder Begeisterung oder fehlender Aktivitäten. Ta'mari und Dina zufolge fehlt es ihnen noch an ausreichenden Mitteln zur Realisierung des Projekts. Darüber hinaus, und das ist vielleicht das entscheidendere Hindernis, haben sie noch nicht alle notwendigen Genehmigungen von seiten der Amerikamer beisammen. Ein Palästinensermuseum mit PLO-Schlagseite in Washington steht auf der Prioritätenliste des Außenministeriums wohl nicht gerade an allererster Stelle.
Ta'maris damalige Aktivitäten in den USA lagen auf der Linie der neuen Positionen der PLO. Der Dialog zwischen Hussein und Arafat in Verbindung mit einer Wiederannäherung zwischen der PLO und Ägypten hatte den Zweck, den Amerikanern eine akzeptablere PLO zu präsentieren; dies war nun das taktische und politische Ziel der PLO. Nach dem Krieg im Libanon war die PLO-Führung zu der Folgerung gelangt, daß nur die USA über den nötigen Einfluß verfügten, Israel zu wesentlichen Zugeständnissen – für die PLO, versteht sich – zu zwingen. Daraus ergab sich, daß die PLO ihr Image bei den Amerikanern aufbessern mußte.
«Die Amerikaner», meinte Ta'mari, «nutzen zur Wahrung ihrer Eigeninteressen arabisches Geld und jüdisches Blut. Es stimmt zwar, daß sie Israel jedes Jahr ein paar Milliarden Dollar überwei-

sen, aber das kommt sie immer noch billiger, als die eigenen Streitkräfte in den Nahen Osten zu schicken. Israel erledigt die Dreckarbeit für sie. Im Gegenzug wird Israel mit Geld bezahlt, das die Amerikaner von den reichen arabischen Ländern bekommen. Sie kaufen Öl, sogar aus Libyen, und machen mit gigantischen Entwicklungsprojekten und Industriekomplexen in den reichen, aber rückständigen arabischen Ländern Milliardengewinne.»

Amerikas bedingungslose Unterstützung Israels ist, wie Ta'mari meint, «seinen Freunden regelrecht peinlich. Das ist der Grund, warum es Ländern, die noch antikommunistischer sind als die Amerikaner, so schwerfällt, für die amerikanische Politik einzutreten.»

Von Washington reiste Ta'mari dann nach Amman. Die PLO-Führung setzte ihren Dialog mit Hussein fort, einen Dialog, der schon begonnen hatte, als Ta'mari noch Gefangener war. Dina kehrte in ihr Haus nach Kairo zurück.

Dina hatte uns mehrfach nach Kairo zu Besuch eingeladen. Wir hatten – und zwar alle vier – von Anfang an häufig über die Möglichkeit eines Wiedersehens gesprochen; in einer anderen Zeit, an einem anderen Ort, fern von den Zwängen der Arbeit und der Politik, wenn Salah kein Gefangener mehr sein würde und wir – und wenn auch nur im übertragenen Sinn – nicht mehr diejenigen waren, die ihn gefangenhielten.

Ungefähr sechs Monate nach dem Gefangenenaustausch lud Dina uns zu sich nach Kairo ein. Ta'mari, der noch in Washington weilte, rief ebenfalls an und versprach, auf dem Rückweg nach Amman in Kairo vorbeizuschauen. Als Amalia und ich dann in die ägyptische Hauptstadt aufbrachen, wußten wir bereits, daß Salah diesmal doch nicht dabei sein konnte. Dina hatte angerufen und ihn entschuldigt.

Dinas Chauffeur Fawzi holte uns im Hotel ab und brachte uns zu ihrem Haus in Me'adi. Wir kannten diese vornehme Gegend der Stadt von unserem Aufenthalt in Kairo als Angehörige der israelischen Botschaft. Ein Straßenname, den wir damals nicht

beachtet hatten, beeindruckte uns nun doppelt: «Prinzessin-Dina-Straße».
Die Tür wurde von einem ansehnlichen nubischen Diener geöffnet, der eine goldbestickte seidene Galabiyya und den traditionellen weißen Fez trug. «Willkommen!» begrüßte er uns. «Bitte kommen Sie doch herein. Das Haus steht zu Ihrer Verfügung. Ich bin Gaber.»
«Guten Tag, Gaber», erwiderte ich. Ich hatte häufig mit ihm am Telefon gesprochen, wenn Dina nicht zu Hause war. Er hatte es niemals versäumt, ihr meine Botschaften absolut korrekt zu übermitteln.
Gaber führte uns in den geräumigen Salon. Man sah, welch herrschaftliches Haus dies einst gewesen war. Auch jetzt war es noch eindrucksvoll genug, obwohl man ihm das Fehlen einer ständigen Hausherrin anmerkte. Der Raum war voller Kunstgegenstände, Antiquitäten, Perserteppiche, Gobelins und Vitrinen, machte aber keinen bewohnten Eindruck. Er sah eher einem Museum als einem Wohnraum gleich. Es war der Raum, vermutete ich, in dem Hussein vor beinahe dreißig Jahren um Dinas Hand angehalten hatte.
Gaber servierte uns einen kühlen Drink und sagte uns, daß Dina in Kürze nach unten komme. Wir hatten Zeit, uns in dem Raum umzuschauen. An den Wänden und auf den zahlreichen Tischen und Schränken befanden sich jede Menge Fotos, etliche davon in silbernen Rahmen mit dem königlich-jordanischen Wappen. Ein Bild zeigte Alia als Kind, wie sie Präsident Nasser die Hand gab. Ein Bild zeigte Feisal II., den König des Irak, der 1958 ermordet worden war. Weitere Bilder zeigten Dinas Großvater Abd el-Aziz und einen weiteren Vorfahren, Sharif Hussein von Mekka. Wir entdeckten auch ein Bild von Ta'mari: glatt rasiert und tadellos gekleidet. Wir hätten ihn beinahe nicht erkannt.
In der Mitte des Raums standen auf einem Tisch aus Elfenbein und Perlmutt gearbeitete Nachbildungen der Al Aqsa-Moschee und des Felsendoms in Jerusalem. Wir wußten, daß Dinas Vater auf dem Tempelberg in Jerusalem begraben lag, nicht weit vom Grabe Sharif Husseins von Mekka.

Schließlich kam Dina. Sie war in einem kleinen hölzernen Aufzug jener Sorte, wie man sie noch in alten europäischen Herrschaftshäusern antrifft, aus dem zweiten Stock heruntergefahren. Wir umarmten und küßten uns, und Dina entschuldigte sich noch einmal bei uns, daß Salah nicht hatte kommen können. Sie entschuldigte sich auch, daß sie nicht zum Flughafen hatte kommen können. Später, beim Abendessen, das fürstlich war, entschuldigte sie sich, daß das Menu so bescheiden ausgefallen sei... An diesem Punkt konnte Amalia nicht mehr und sagte ihr: «Jetzt hören Sie sich genauso an wie meine jüdische Mutter...»

Wir verbrachten das Wochenende in Dinas Begleitung, und der Gesprächsstoff ging uns kein einziges Mal aus. Wir redeten über ihren Besuch in Israel, was sie die ganze Zeit über getan hatte, als Ta'mari Gefangener war, über die Verhandlungen zum Gefangenenaustausch, von den israelischen Soldaten, die nun wieder zu Hause waren. Am meisten aber redeten wir über Ta'mari – Ta'mari vorher und nachher, vor seiner Entlassung und danach. Trotz des Umstands, daß er nun schon seit mehr als acht Monaten wieder in Freiheit war, hatte Dina noch nicht genug Zeit mit ihm verbringen können, um alles in Erfahrung gebracht zu haben, was ihm in Ansar widerfahren war. Die Ereignisse überschlugen sich, nach wie vor.

Wir wurden durch den Garten geführt, der ebenfalls Spuren einstiger Grandeur und längerer Vernachlässigung trug. Der Tennisplatz war unbespielbar, im leeren Fischteich hausten quakende Kröten, und die gewaltigen Gewächshäuser standen leer. Dina deutete auf einen Eisenhut und bemerkte: «Genauso eine Pflanze haben Sie doch auch im Garten.»

Dann kehrten wir wieder zu unserem Thema zurück, ihrem Besuch in Israel. «Am meisten Angst», erinnerte sie sich, «hatte ich davor, daß die Reise zur falschen Zeit publik würde. Nicht daß ich erwartet hätte, sie in alle Ewigkeit geheimhalten zu können. Ich wollte nur nicht, daß sie im falschen Augenblick von den falschen Leuten publik gemacht wurde.

Im Grunde genommen», fuhr sie nach einigem Nachdenken

fort, «glaube ich, daß ich die Reise bis heute nicht richtig verdaut habe. Eines Tages werde ich mich hinsetzen und sie schreibend noch einmal nachvollziehen müssen.»
Wir kehrten zum Mittagessen in das gewaltige Speisezimmer des Hauses an die lange Tafel zurück, die uns drei an ihrem einen Ende überaus klein erscheinen ließ – über uns Kristallüster und neben uns Gaber, der uns jeden Wunsch von den Augen ablas.
Am nächsten Tag unternahm Dina – mit Fawzi am Steuer des Mercedes – mit uns eine Rundfahrt durch Kairo, auf der wir Orte wiedersahen, an denen wir während unseres Jahres an der israelischen Botschaft in der ägyptischen Hauptstadt häufig gewesen waren. Wir hielten auch kurz vor dem Haus am Nilufer im Viertel Zamalek, in dem wir damals gewohnt hatten, und feierten ein bewegtes Wiedersehen mit dem alten «Bawwab», dem Türsteher des Hauses; selbst Dina war sichtlich gerührt.
Am Abend kehrten wir in das Haus in Me'adi zurück. Bevor wir aufbrachen, überreichte uns Dina noch ein riesiges Paket. «Es ist ein Geschenk von mir an Reyout», sagte sie. In dem Paket war das Puppenhaus, das einst Prinzessin Alia gehört hatte.

Am 20. November 1984 riefen uns Dina und Ta'mari aus London an, um uns zu sagen, daß sie zum 17. Palästinensischen Nationalkongreß nach Amman reisten. Der PNC war das «Parlament» der PLO, und seine anstehenden Beratungen waren für Arafats Führungsanspruch von ausschlaggebender Bedeutung: Der Kongreß fand im Schatten der Spaltung statt.
Ta'mari hatte seit 1969 nur einen Nationalkongreß versäumt – weil er in Ansar war. Er hatte in Algerien stattgefunden, und Dina hatte als Beobachterin an ihm teilgenommen.
Am Abend des 24. November war der Fernseher in unserem Wohnzimmer auf den jordanischen Kanal eingestellt. Die Sitzungen des Nationalkongresses wurden live aus dem Kulturpalast von Amman übertragen. Wir wußten, daß der Nationalkongreß nur bei Anwesenheit von mehr als 50 Prozent der 379 Mitglieder beschlußfähig war. Bis zur allerletzten Minute wußten Arafat und seine Leute nicht, ob die notwendigen 190 Mit-

glieder auch tatsächlich unter den 3000 Menschen in der Halle waren.

Der Vorsitzende der Versammlung, Salim Za'anoun, rief die Namen der Delegierten auf, und jeder einzelne erhob sich, um seine Anwesenheit zu bestätigen. Wenn keine Antwort kam, erklärte Za'anoun den Betreffenden für abwesend. Arafats Stellvertreter waren vollauf damit beschäftigt, Namen aus Listen zu streichen und mitzuzählen. Die Spannung war unerträglich.

Im Auditorium – und in unserem Wohnzimmer – waren mehr als hundert Namen aufgerufen worden, bis wir den einen hörten, auf den wir warteten: Salah Ta'mari. Irgendwo ganz hinten in der gerammelt vollen Halle stand Ta'mari in einer der letzten Reihen auf, rief «anwesend!» und setzte sich wieder. Es war das erste Mal, seit er bei uns zu Hause gewesen war, daß wir ihn sahen. Was dann in Amman geschah, war uns eine Genugtuung: Binnen weniger Sekunden waren sämtliche Anwesenden auf den Beinen und bereiteten Ta'mari eine gewaltige Ovation. Der Vorsitzende reagierte auf die Begeisterung der Versammlung mit einer kleinen Abweichung vom Protokoll: «Willkommen, Held von Ansar!» Die Kameras zoomten auf Ta'mari. Dann schwenkten sie zur ersten Reihe, auf Yassir Arafat und den offiziellen Gastgeber neben ihm, König Hussein. Beide hatten sich erhoben und applaudierten.

Nach der Zählung stand fest, daß Arafat mehr als genug Delegierte hatte, um der Sitzung zur Beschlußfähigkeit zu verhelfen. Die fünf Tage währenden Beratungen des Kongresses bewiesen, daß er den Sieg davongetragen hatte, egal, welche Beschlüsse im einzelnen gefaßt worden waren. Hussein appellierte an den Kongreß, eine Resolution über eine politische Zusammenarbeit zwischen der PLO und Jordanien auf der Grundlage des Prinzips «Frieden gegen Land» sowie der UN-Resolutionen 242 und 238 anzunehmen. Diese UN-Resolutionen fordern den Abzug Israels aus den 1967 besetzten Gebieten bei Anerkennung seines Rechts auf eine Existenz innerhalb sicherer Grenzen.

Die PLO kam diesem Appell nicht nach. Viele Redner lehnten den Vorschlag des Königs rundweg ab. Andere, wie Farouk Kadoumi, der «Außenminister» der PLO, hoben hervor, daß die PLO – «nach dem Verlust des Libanon und Beiruts, der wichtigsten Kommandohöhen für die Revolution» – verpflichtet sei, bei gleichzeitiger Fortsetzung des bewaffneten Kampfes sämtliche politischen Möglichkeiten zu sondieren.

Ta'mari redete ebenfalls vor dem Nationalkongreß. Er unterstützte die Linie Kadoumis, faßte sie aber in seine Worte: «Der Verlust Beiruts und des Südlibanons waren für die PLO ein furchtbarer Schlag. Es geht uns jetzt wie den Juden auf der Wanderschaft.»

Die Kontakte zwischen der PLO und der jordanischen Regierung wurden fortgesetzt und führten zum Hussein-Arafat-Abkommen, das im Februar 1985 unterzeichnet wurde. Ta'mari verbrachte die meiste Zeit in Amman.

Es war Dina, die mir im April 1985 mitteilte, daß Ta'mari demnächst für ein paar Tage in Kairo sein werde. Sie habe es geschafft, ihn davon zu überzeugen, daß er ein paar Tage zum Ausspannen brauche. «Dann habt ihr beide Gelegenheit zu einem Wiedersehen», sagte sie mir.

Zwei Wochen später saß ich in dem Bus, der täglich zwischen Tel Aviv und Kairo verkehrt. Ich traf am Abend ein und rief Dina vom Busbahnhof in der Stadtmitte aus an. «Ich bin todmüde», erklärte ich ihr. «Treffen wir uns doch morgen.»

Als ich am nächsten Tag vor dem Haus in Me'adi stand, öffnete mir Ta'mari selbst. Ich hätte ihn beinahe nicht erkannt. Er hatte zugenommen. Sein Bart war weg. Auf seiner Stirn zeigten sich die ersten Falten, und seine Schläfen waren grau. Er war nicht mehr so wendig wie früher. Er trug ein schwarz-weiß gestreiftes Hemd, maßgeschneiderte Gabardinehosen und schwarze Lackschuhe. Wir überspielten unsere verständliche Rührung angesichts des Wiedersehens mit gegenseitigem Schulterklopfen und gingen dann in den Garten, um uns auszusprechen. Es waren drei Jahre vergangen, seit der israelische Rundfunkkorrespondent für arabische Fragen den gerade eben gefangengenommenen palästinensischen Terroristen interviewt und ihm herablassend eine Zigarette angeboten hatte. Jetzt, in diesem Kairoer

Garten, zog ich beinahe automatisch eine Packung Zigaretten aus der Tasche und bot ihm eine an. In diesem Augenblick fiel es mir plötzlich wieder ein. «Ich habe zufällig eine Schachtel Marlboro dabei», sagte ich. «Und ich habe das Rauchen aufgegeben», sagte er zu meiner Überraschung. «Zwei Monate schon. Hier ist mein Ersatz.» Er zog eine Packung Kaugummi heraus. «Da ist auch Nikotin drin, aber nicht viel.»
Gaber erschien mit einem Kaffeetablett, und Ta'mari goß mir eine Tasse ein. «Jetzt muß ich erst mal abwarten und sehen, ob Sie das auch trinken», sagte ich, «damit ich sicher bin, daß ich nicht vergiftet werde. Ich habe damals genau gewußt, wovor Sie Angst hatten.»
Salah lächelte, wurde aber bald wieder ernst. «Ich möchte, daß Sie wissen», sagte er, «daß ich vor meiner Abreise zu Arafat gegangen bin und ihm eröffnet habe, daß ich Sie in Kairo treffen wolle. Er hat mir seine Billigung und seinen Segen gegeben.»
«Und wenn er das nicht getan hätte...?»
«Dann wäre ich wohl nicht gekommen, nehme ich an.» Ich versuchte diese Botschaft zu entziffern. Meinem Eindruck nach bedeutete sie, daß Arafat daran interessiert war, den Dialog mit Israelis fortzuführen.
«Wie geht es Ihnen denn nun so?» erkundigte ich mich. Es war klar, daß uns Dina absichtlich allein ließ. Er seufzte. «Wie einem Läufer bei einem Rennen. Ich renne die ganze Zeit, um endlich irgendein Ziel zu erreichen. Dann gelingt es mir vielleicht, wieder zum Normaltempo zurückzufinden. Bis es soweit ist, brauche ich meinen ganzen Atem.»
Dann gab er geradeheraus zu: «Wissen Sie, Aharon, ich komme nicht zur Ruhe. Ich bin ein einsamer Wolf. Ich bin ein Komet auf der Suche nach einer Umlaufbahn. Ich nehme an, die meisten von uns Menschen haben in Wirklichkeit Angst davor, ihr Leben in die eigene Hand zu nehmen. Viermal in meinem Leben habe ich geglaubt, daß mein Ende gekommen sei: im Juni 1967, im September 1970, im Juni 1982 – und an dem Tag, an dem ich Ansar verließ.»
Er hatte «an dem Tag, als ich Ansar verließ» gesagt, nicht etwa

«an dem Tag, an dem ich nach Ansar kam». Ich begriff, daß sein Leben nach Ansar viel von seiner Würze verloren hatte. Ich sollte das immer wieder von ihm zu hören bekommen. Er redete in einem fort von Ansar, kehrte immer wieder zu dieser Zeit zurück, durchlebte sie für sich und jeden, der ihm zuhören wollte, noch einmal. Die meisten «normalen» Gefangenen versuchen ihre Zeit im Gefängnis so schnell wie möglich zu vergessen. Für Salah bedeutete Ansar eine Leistung, einen Höhepunkt in seinem Leben, Anfang und Ende von allem.

Ansar symbolisierte seine ganze Welt, auf Kleinformat komprimiert: den Konflikt, die Konfrontation mit dem Feind, die Einheit der Palästinenser, ihren Kampf – ja selbst die Möglichkeit einer Koexistenz mit dem Gegner. Seit damals stand – so empfand ich es – sein Leben unter dem Schatten von Ansar. Die Bewegung war für die Erfahrungen von Ansar nicht sonderlich empfänglich. Die Lehren von Ansar, wurde ihm erklärt, würden von jenen bewahrt, die selbst dabeigewesen seien. Für die PLO als ganzes hätten sie keine Bedeutung. Die Zeit in Ansar, von 1982 bis 1983, war «die beste Zeit seines Lebens» gewesen.

Ta'mari nahm den Kaugummi aus dem Mund, rollte ihn zwischen den Fingern und warf ihn dann in den Aschenbecher. Ich fühlte mich ein wenig leichter. Trotz seines eleganten Äußeren war er doch der alte geblieben. Er nahm sich einen frischen Kaugummi aus der Packung und sah ihn abwesend an, bevor er ihn in den Mund steckte.

Gerade noch ganz in seine eigenen Gedanken vertieft, fand er plötzlich in die Wirklichkeit zurück und sagte: «Irgendwie kann ich nicht mehr richtig im Leben Fuß fassen. Ich kann das Spiel nicht nach den Regeln der anderen spielen. Man verlangt von mir, einseitig und einäugig zu sein. Man glaubt, daß jeder, der ein bestimmtes Anliegen hat, die ganze Zeit dieselbe Position einnehmen muß. Ich selbst zumindest empfinde mich aber als liberal, gebildet, ja sogar großmütig.»

Er blieb eine Weile still und fuhr dann fort: «Letzten Endes, Aharon, bin ich mit meinem Schmerz allein. Ich habe das Gefühl, mich nirgends mehr einfügen zu können. Ich lege mich mit allen an. Wo ich im letzten Jahr auch hingekommen bin, haben mich die Leute gefragt, ob ich mit ihnen Streit suche oder an ihnen herumnörgeln wolle. Ich habe dann immer gesagt, daß ich mich mit überhaupt niemandem streiten will. Aber es ist verlorene Zeit. Ich *will* mich mit allen herumstreiten.»

Ich versuchte aus Ta'mari herauszubekommen, was derzeit in der PLO-Führung vor sich ging. Er war zuvor in Tunis und Amman gewesen, mittendrin im Gezerre um eine jordanisch-palästinensische Delegation, die mit den Amerikanern verhandeln sollte.

Ta'mari stellte klar, daß Arafat trotz seiner pragmatischen Schritte der letzten Zeit nicht die Absicht hatte, den militärischen Kampf zugunsten eines rein politischen Vorgehens aufzugeben. Tatsächlich legte Arafat kurz darauf seine Absichten im Gefolge der ‹Achille Lauro›-Entführung vom November 1985 öffentlich dar: Die Fatah sei nach wie vor gegen Entführungen, werde ihre Angriffe auf israelische Militärziele in den besetzten Gebieten und in Israel selbst jedoch fortsetzen.

Ich erinnerte Ta'mari an unser erstes Gespräch, in dem er davon geredet habe, man müsse «auf andere Kanäle» umschalten; er sei damals doch zu dem Schluß gekommen, daß der bewaffnete Kampf in eine Sackgasse geraten sei.

Er ignorierte die Zielrichtung meiner Frage absichtlich. «Die Araber haben ein Problem – ihr Denken bewegt sich in eindimensionalen Bahnen. Wenn ich von politischem Kampf rede, heißt man mich einen Verräter. Man beschuldigt mich, den bewaffneten Kampf aufgeben zu wollen. Wenn ich von bewaffnetem Kampf spreche, wird mir unterstellt, ich hätte mich voll und ganz auf die Seite der Extremisten geschlagen. Die Wahrheit aber ist, daß alle Formen des Kampfes zu ein und derselben Zeit weitergehen müssen, Hand in Hand, und daß es immer Leute geben wird, die von der Wirksamkeit der Gewaltanwendung überzeugt sind.»

Seine Aussagen erschienen mir widersinnig und in sich widersprüchlich, und ich fragte ihn, ob er wirklich von Israel oder irgendeinem anderen zivilisierten Land erwarte, daß es mit den Palästinensern in Verhandlungen eintrete, solange sie ihre mörderischen Anschläge auf unschuldige Menschen fortsetzten. «*Das* ist doch der Kern des Problems», sagte ich ihm. «Versteht ihr denn nicht, daß die einzige Möglichkeit, eine politische Lösung auf den Weg zu bringen, darin besteht, daß ihr nicht mehr zum Mittel des Terrorismus greift?»

«Wenn es nur nach mir ginge», erwiderte er, «würde ich euch in Israel das Leben zur Hölle auf Erden machen – aber ganz anders, als ihr euch das vorstellt. Nicht mit Bomben und Feuer und Tod. Zu einer ganz anderen Hölle, die euch von innen heraus zerstören würde – als Israelis. Ich würde damit mehr erreichen als mit zehn Panzerdivisionen.

Ich würde ein Orchester von 10000 Kindern auf die Beine stellen, das durch die besetzten Gebiete marschieren und auf seinen Pfeifen und Trommeln spielen würde. Es würde jeden Tag spielen, den ganzen Tag, die ganze Woche. Es würde nichts anderes tun als spielen. Wie würdet ihr wohl darauf reagieren? Wie würdet ihr auf Kinder reagieren, die kein Zuhause haben, keine Heimat, die das elementarste ihrer Rechte einfordern, indem sie Trommeln und Pfeife spielen? Sie würden so lange spielen, bis ihr es nicht mehr hören könntet. Euch würden die Ohren platzen, und vielleicht würde euch sogar das Herz brechen.»

Hier war der Unterschied zwischen Ta'mari, dem Kämpfer, und Ta'mari, dem Träumer, deutlich zu sehen. Er fuhr fort: «Würdet ihr imstande sein, tatenlos zuzusehen, wie Kahane eine Demonstration von singenden und musizierenden Kindern auseinanderprügelt? Nein. Sie und anständige Menschen wie Sie würden ihn so etwas nicht tun lassen. Und ich habe eine Menge Leute wie Sie getroffen, während ich im Lager war. Wie lange würde es dauern, bis Sie mit Steinen nach Kahane würfen, um ihn an seinem Tun zu hindern? *Ihr* Volk würde ihn aufhalten – nicht die Palästinenser. Ich würde sogar noch weitergehen.» Und jetzt riß ihn die Begeisterung mit sich fort: «Ich würde an die Palästinenser in der ganzen Welt appellieren – in Chicago, Bethlehem, Jerusalem, Algerien, Libyen –, zur selben Zeit auf die Straße zu gehen und zu singen. Alle würden zur gleichen Zeit das gleiche Lied singen. Die Welt könnte all diese Millionen Menschen doch nicht einfach ignorieren, oder?»

Seine leidenschaftliche «Rede» war keine rhetorische Gratis-Galavorstellung für mich gewesen. Er machte noch nicht einmal den Versuch, mich von irgend etwas zu überzeugen. Er war der Gefangene seiner eigenen Zerrissenheit, seiner eigenen, komplizierten inneren Welt, seiner ganz speziellen Wahrheit. Und es war seine Wahrheit, wie widersprüchlich sie sein mochte.

Seine Stimme brach. «Aber ich merke, daß ich wieder einmal an die nackte Wand rede. Ich fühle mich wie ein Handwerker ohne Werkzeug. Aber warten Sie ab. Ich werde einen Weg finden. Eines Tages werden diese Ideen Fleisch und Blut bekommen.»

Mit einigen Pausen – fürs Mittagessen und eine gelegentliche Tasse Kaffee – hatten wir den ganzen Tag im Gespräch verbracht. Die Dämmerung war hereingebrochen. Die uralten Palmen des Gartens wiegten sich im Abendwind. Die Frösche quakten, und uns überkam eine tiefe, melancholische Nachdenklichkeit.

«Während ich drüben war», sagte er, und damit meinte er Israel und Ansar, «habe ich etwas gelernt, was ich im Grunde schon wußte – daß Koexistenz absolut notwendig und absolut unumgänglich ist. Nach allem, was ich gesehen habe, glaube ich wirklich, daß die Juden ein Recht darauf haben, sich sicher zu fühlen. Ihr habt das Recht, euer großes Erbe, eure Kultur, eure Identität zu bewahren und eure Kinder zu schützen. Aber kein einziger dort war imstande, mich von ‹historischen› oder ‹biblischen› oder ‹gottgegebenen› Rechten zu überzeugen. Vielleicht bin ich naiv. Doch ich glaube, daß wir irgendwann in der Zukunft einmal die Koexistenz erreichen werden – vielleicht in hundert, vielleicht in zweihundert Jahren. Aber bis dahin wird die Farbe Rot die Szene beherrschen. Warum? Weil der Weg zur Koexistenz lang und tragisch ist. Mir kommt es so vor, als ob wir alle die Saat der Tragödie in uns tragen.

Weder Pragmatismus noch Mäßigung werden daran etwas ändern können», fuhr er fort. «Ich will nach Bethlehem zurück. Bin ich in euren Augen ein Extremist, weil ich nach Hause will? Werde ich ein Gemäßigter, wenn ich mich einverstanden erkläre, nur den halben Weg nach Hause zu gehen?»
«Das Problem ist nicht euer Wunsch, nach Hause zu gehen», entgegnete ich, «sondern die unmenschlichen Methoden, die ihr anwendet, um dorthin zu kommen. Und wegen eurer Methoden ist niemand auch nur bereit, mit euch über das Problem zu reden.»
Er hatte eine Antwort darauf. «Was die Methoden angeht, handelt es sich nicht um eine Frage von gemäßigt oder extremistisch. Es handelt sich um eine Frage der Art der Herausforderung und der Art der Reaktion. Ihr könnt von den Extremisten nicht verlangen, daß sie mit ihrem Tun aufhören, solange die Extremisten auf eurer Seite tun, was ihnen gerade paßt. Ich habe den bohrenden Verdacht, daß es nicht einmal ginge, wenn morgen in der PLO einer aufstünde und sagte, wir geben den bewaffneten Kampf auf. Jede Besetzung ist gewaltsamer Natur. Es wird immer einen jungen Burschen geben, der Steine wirft – und Steinewerfen ist eine Form des bewaffneten Kampfes, eine Form von Gewalt. Aber es ist auch eine Form der Antwort.»
Ta'mari grübelte ständig über diese Dinge nach. Er quälte sich mit Fragen, auf die er keine Antwort wußte. Auch ich hatte – nicht minder schwierige – Fragen, deren Beantwortung ihm schwerfiel. Selbst am Ende unseres langen Gesprächs, das sich bis in die Nacht hinzog, waren wir einer Einigung um nichts näher gekommen. Uns trennte nach wie vor ein tiefer Abgrund. Unser einziger Erfolg bestand einstweilen darin, daß es uns gelungen war, nicht in ihn hineinzufallen.
Drei Monate später – ich beschäftigte mich noch immer mit Ta'mari, seiner persönlichen Krise, seiner ideologischen Krise, seiner Stellung in der Fatah – gaben mir dann die Schlagzeilen in den Zeitungen eine gewisse Antwort auf meine Fragen.
Die PLO hatte eine Liste von Kandidaten vorgelegt, die an den projektierten Gesprächen zwischen Palästinensern, Jordanien,

den Vereinigten Staaten und – indirekt – Israel teilnehmen sollten. Palästinenser und Jordanier sollten eine gemeinsame Delegation bilden, und ihr erster Gesprächspartner sollte Richard Murphy, der Unterstaatssekretär für Nahost-Fragen, sein. Die Liste wurde Hussein von Arafat vorgelegt und von Jordanien an die Vereinigten Staaten und Israel weitergegeben. Sie enthielt sieben Namen. Salah Ta'mari war einer davon.

Shimon Peres, der israelische Premierminister, erklärte im Juli 1985, die Liste sei für Israel unannehmbar: «Israel ist nur bereit, mit Palästinensern aus den besetzten Gebieten zu sprechen.» Andersherum gesagt lehnte Israel alle bis auf zwei von den sieben ab: Hanna Siniora und Faiz Abu Rahma, beide in den besetzten Gebieten wohnhaft. Die Vereinigten Staaten schlossen sich an. Hussein wurde davon in Kenntnis gesetzt, daß Murphy zu einem Treffen mit den anderen nicht bereitstehe.

Daß Ta'mari mit auf der Liste stand, trug in keiner Weise dazu bei, die Verhandlungen auf den Weg zu bringen. Andererseits machte es sein Leben mit Sicherheit riskanter. Extremistische Dissidentengruppen drohten ganz offen: «Die palästinensischen Vertreter in der ‹Kapitulationsdelegation› werden für ihren Verrat einen hohen Preis entrichten.» Die Ermordung Fahad Kawassmas in Amman, die nicht allzu lange zurücklag, verlieh dieser Drohung Nachdruck. Kawassma, der seines Amtes enthobene Bürgermeister von Hebron, hatte Kontakte zu Angehörigen der israelischen Friedensbewegung unterhalten.

In meinen Augen war Ta'maris Benennung für diese Delegation ein Zeichen dafür, daß seine Stellung in der Fatah eher noch stärker war als zuvor. Die Idee einer gemeinsamen Delegation wurde dann allerdings wieder verworfen, und Ta'mari verschwand aus den Schlagzeilen.

Gegen Ende des Sommers 1985 kamen Dina und Ta'mari nach London, um sich mit uns zu treffen. Wir hatten begonnen, dieses Buch zu schreiben. Sie verbrachten viele Stunden und Tage mit uns und trugen ihr Teil dazu bei, unsere gemeinsame Geschichte zu erzählen.

Amalias Nachwort

Eine Schar grauweißer Tauben flatterte um den schwarzen Kamin auf dem Dach des Nachbarhauses. Ta'mari stand in der Küche und wusch leere Aschenbecher aus. Der kleine Abfalleimer war zum Überlaufen voll mit Zigarettenkippen, Streichhölzern und Nikotin-Kaugummipäckchen – stummen Zeugen langer Stunden des Redens, Rekonstruierens, des Nachprüfens und nochmaligen Überprüfens von Fakten, der Auseinandersetzungen über Details und des Zusammentragens bisher nicht fixierter biographischer Einzelheiten.

Der Küchenboden war von Wand zu Wand mit einem an den Rändern ein wenig abgetretenen Teppichboden ausgelegt. An einer Wand stand neben einem grünen Telefon ein Küchenstuhl. Über dem Telefon hing eine Pinnwand voller Notizen und Telefonnummern, auch der unseren, die auf einem vergilbenden Zettel stand. Auf diesem Stuhl saß Dina, als sie Aharon anrief, um ihm die Stimmen der von der PLO festgehaltenen israelischen Soldaten vorzuspielen.

Der typische Londoner Nieselregen draußen gab uns das Gefühl, es hier drinnen noch wärmer zu haben. Die Kinder hatten Hamburger von McDonald's gegessen und Schokolade getrunken, und die Verpackungen lagen auf dem Brett neben der Spüle. Es schien, daß auch jordanische Prinzen und nicht nur israelische Sabras an amerikanischer «Eßkultur» Geschmack fanden.

Plötzlich wandte sich Salah von der Spüle zu Dina um. «Du hast vergessen, den Tauben Krümel zu streuen», schalt er sie gutmütig. «Ich hab dir doch gesagt, daß sie sonst zu einem anderen Haus weiterziehen. Sieh mal, jetzt sind sie schon alle da drüben.»

Ich trat neben Ta'mari und sah hinaus.

«Heute mache ich das Mittagessen», sagte er zu mir. «Dann sehen Sie doch noch, daß ich nicht nur Reden halten, sondern auch kochen kann.»

«Brauchen Sie Hilfe?» fragte ich, obwohl ich die Antwort schon im voraus kannte.

«Ich brauche überhaupt keine Hilfe», sagte er abweisend.

«Natürlich nicht. Wenn Sie gesagt hätten, Sie brauchten welche, wo wäre da Ihr Stolz geblieben?» zog ich ihn auf. «Wir sind doch nur in der *Küche*, Salah. Es geht doch nur um das *Mittagessen.*»

«Was heißt hier *nur*?» gab er zurück. «Das ist *alles*, Amalia.» Dann fügte er noch hinzu: «Sie sehen heute blendend aus.»

«Ich bin heute sehr traurig», sagte ich. Er sagte gar nichts. «Und ich weiß, daß Sie auch traurig sind. Aber es ist schon recht – Sie müssen es nicht zugeben.»

Es war unser letzter Tag in London. Morgen würden wir wieder auf dem Rückweg sein, zurück nach Israel. Auch er würde abreisen. Seine Koffer waren bereits gepackt, auch die von Dina. Sie allerdings reisten in verschiedene Richtungen.

Wir hatten fast drei Wochen in diesem Haus verbracht, wie Verbannte auf einer unwirtlichen Insel, völlig abgeschnitten von der übrigen Welt. Drei Wochen, in denen wir zusammengewesen und dann wieder unserer eigenen Wege gegangen waren, drei Wochen voller Anfänge und Enden, voll langer Reisen und des Verharrens an einem Ort. Mit äußerster gegenseitiger Rücksichtnahme hatten wir versucht, längst vergessene und tief verschüttete Regionen der Vergangenheit zurückzuholen. Wir waren uns jedoch stets bewußt, daß es eine Grenze gab, die wir nicht überschreiten konnten und durften. Keiner von uns wollte etwas sagen, was das komplexe Netz der Beziehungen, das wir so vorsichtig geknüpft hatten, zum Einsturz bringen konnte.

Wir waren schließlich Feinde, in einem sehr realen Sinn. Und dennoch waren wir gute Freunde, deren Antennen genau auf die Nuancen in den Äußerungen des jeweils anderen, in seiner Stimme und seinem Blick eingestellt waren. In jenen drei Wochen war alles tief in unser Bewußtsein gedrungen: Salahs tiefe Stimme, Dinas mütterliche Wärme, meine Angst vor Fehlern im Gebrauch des Englischen, Aharons nicht enden wollende Überprüfungen des Tonbandgeräts, um ganz sicherzugehen, daß nichts verlorenging oder gelöscht wurde.

Das Haus hatte drei Stockwerke. Dicke Teppiche schluckten das Geräusch von Schritten auf den Treppen, und jeder, der aus dem Zimmer ging, schien sich einfach in Nichts aufzulösen, genauso wie jeder, der hereinkam, aus dem Nichts aufzutauchen schien. Salah – der am meisten redete – saß die ganze Zeit in einem Lehnsessel, der auf die Straße hinausblickte. Eines Morgens parkte in der Nähe ein Wagen mit libanesischem Kennzeichen. Dann war er verschwunden, nach einigen Tagen jedoch wieder da. Der Wagen gefiel uns nicht, aber die Ängste, die uns in den ersten paar Tagen begleitet hatten, wir könnten heimlich verfolgt oder beobachtet werden, hatten sich gelegt. Trotzdem saß Salah, wenn wir in dem italienischen Restaurant an der Straße aßen, stets in der Ecke, mit dem Rücken zur Wand.

Wir beschlossen an diesem letzten Abend, ins Kino zu gehen. Dina behauptete, seit Jahren keinen guten Film mehr gesehen zu haben. Wir schlugen *‹Die kleine Trommlerin›* mit Diane Keaton und Klaus Kinsky vor, in einem Kino am Leicester Square.

«Ich hab keine Lust», erklärte Salah. «Wie kann man sich so einen Mist zumuten? Außerdem hab ich ein tolles Buch zu lesen.»

Es handelte sich um *‹Die unerträgliche Leichtigkeit des Seins›* von Milan Kundera, ein Buch, das ich ihm gegeben hatte.

Dina gab nicht so schnell klein bei. «Sehen Sie mal zu, wie ich ihn herumkriege, doch mitzukommen», flüsterte sie Aharon zu. «Nur Geduld!»

Ich bemerkte plötzlich, daß die Tauben auf das Fensterbrett der Küche zurückgekehrt waren. Jemand hatte sich die Mühe gemacht, Brotkrümel auszustreuen. Ich fragte mich, wer es wohl gewesen war.

Dina schaffte es schließlich, Salah zum Mitkommen zu bewegen; er kündigte an, er wolle sich den Streifen ansehen – doch nur unter einer Bedingung: «Auf dem Nachhauseweg will ich aber noch ein bißchen Flipper spielen.»

«Das sehen wir dann, wenn es soweit ist», erwiderte Dina trokken.

Als der Film zu Ende war, war es bereits dunkel. Der Umstand, daß ein hoher Offizier der Fatah, die ehemalige jordanische Königin und zwei Israelis gerade eben noch gemeinsam in der zwölften Reihe eines Londoner Kinos gesessen und sich einen Film über den erbitterten Konflikt zwischen Israelis und Palästinensern angesehen hatten, interessierte keinen sonderlich. Das gehörte zum Drehbuch eines anderen, noch nicht gedrehten Films. Wir gingen auf einen Kaffee ins ‹*Swiss Corner*›. Es war das einzige Café, das noch offen hatte.

Salah bestellte einen Hamburger und Malzmilch. Seine vegetarischen Tage in Ansar waren Vergangenheit. «Auch diesmal», sagte er verärgert und enttäuscht, «wurde der Palästinenser wieder als unerträglicher, verabscheuungswürdiger Tölpel dargestellt. Ich hätte wissen müssen, daß es gar nicht anders sein konnte.»

«Ihr Freund John Le Carré», warf ich ein, «ist mit den Israelis auch nicht gerade freundlich umgesprungen.»

«Mag sein», erwiderte er. «Aber auch in diesem Film ist es nur der Palästinenser, der es fertigbringt, erst Leute per Fernzündung in die Luft zu jagen und zwei Minuten danach mit einer Frau ins Bett zu steigen. Nur der Palästinenser.»

Es war schon zu spät zum Flippern, als wir aufbrachen, und wir gingen durch das Dunkel zum Wagen. Der bevorstehende Abschied bedrückte uns, und Dina und ich gingen schweigend nebeneinander her. Salah und Aharon waren dicht hinter uns. Ich hörte Salah sagen:

«Sagen Sie mir, Aharon, warum mache ich das eigentlich? Warum laufe ich mit Ihnen auf der Straße herum, mitten in der Nacht, und gefährde womöglich meine ganze Zukunft?»
Seine Stimme war angenehm und sanft. Er stellte eine Frage, die ihn zutiefst bewegte, die ihn verwirrte, die für sein Selbstverständnis entscheidend schien.
Er beantwortete seine Frage selbst, auf die ihm eigene Art. Vielleicht, weil es unser letzter gemeinsamer Abend war. Vielleicht, weil er dachte, daß es kein anderes Mal mehr geben könnte. Vielleicht, weil es dunkel war und die Dunkelheit es leichter machte, Dinge zu sagen, die im Licht des Tages schwer zu sagen waren.
«Ich will Ihnen sagen, was ich hier mache. Was Sie hier machen. Was wir alle hier machen. Wir sind dabei, ein Band zu spannen – ein dünnes Band, doch ein Band der Vernunft. In der Geschichte aller nationalen Konflikte hat es solche Bänder gegeben – nur nicht in dem unseren. Jeder von uns tut sein Bestes, um den anderen zu dämonisieren, als sturer, gemeiner, gefährlicher hinzustellen.»
«Einstweilen», fuhr er fort, die Hände tief in den Taschen, «sind wir noch allein, doch ich bin mir gewiß, daß sich uns auch andere anschließen werden, Dutzende erst und dann Hunderte. Wenn die Kinder jener, die ihr umgebracht habt, und die Kinder jener, die wir umgebracht haben, erst einmal groß sind und das Sagen haben, wird hoffentlich alles anders sein. Ich weiß, daß meine Visionen nicht in diese Zeit passen – daß wir nicht in diese Zeit passen. Glauben Sie mir, dies ist die schlimmste Zeit der Geschichte.»

In Israel zurück, begannen wir rasch wieder «heimisch» zu werden. Wenige Tage nach unserer Ankunft wurden drei Israelis auf einer in Larnaka ankernden Yacht kaltblütig ermordet. Zwei Tage darauf bombardierten israelische Kampfflugzeuge Terroristenbasen bei Tunis. Salah machte sich zu dieser Zeit gerade auf den Weg nach Tunis, wo er seinen Schwager und Cousin Nur Ali treffen wollte. Er verpaßte sein Flugzeug. Nur Ali,

stellvertretender Stabschef der PLO und Offizier der Fatah, kam ums Leben.
Im September 1985 verabschiedete die israelische Knesset einen Zusatzparagraphen zum Terrorgesetz, der es Israelis untersagt, Kontakte mit Mitgliedern der PLO zu unterhalten. Auf Verstöße gegen dieses Gesetz stehen drei Jahre Haft.

Reyout und Or begannen das Schuljahr in einem neuen Kindergarten. Am ersten Tag forderte die Betreuerin die Kinder auf, ein Bild für einen Freund zu malen. Or bat uns, ihm etwas über das Bild zu schreiben.
«Was sollen wir denn draufschreiben?» fragten wir ihn.
«Schreibt ‹Shalom, Hussein! Wann besuchst du uns in unserem neuen Kindergarten?›»